# 사기
# 명문장
# 100구

史記

# 史記

성공과 실패의 세상사 들여다보기

# 사기
# 명문장
# 100구

계욱승 기획 | 공손책 지음 | 양중석 옮김

눌민

# 명산에 감추어 마땅한 이에게 전할 수 있기를

사마천(司馬遷)이 저술한 『사기(史記)』와 사마광(司馬光)이 편찬한 『자치통감(自治通鑑)』, 이 두 권의 책은 두 명의 위대한 사마(司馬)씨 역사가가 저술한 명작이다. 후자는 편년체(編年體), 전자는 기전체(紀傳體)로 집필되어 있다. 연도별로 사건을 기록한 편년체의 경우에는 흩어져 있는 여러 사건들의 단편을 독자가 직접 종합해야 하는 번거로움이 있다. 반면 기전체는 한 편 한 편의 고사를 중심으로 기술되어 있어 맥락을 파악하기에 훨씬 용이하다. 특히 사마천의 문학적인 재능은 대단해서, 책 전체에 가득한 성어와 명구(名句)가 현재까지도 이어져 내려오고 있다. 이것이 「온고지신 인문학」 시리즈에 『사기』를 포함시킨 가장 중요한 이유이다.

사마천의 부친 사마담(司馬談)은 태사령(太史令)의 직분으로 역사 기록을 책임졌다. 옛 사람들은 역사 기록에 대해 매우 신중한 태도를 지녔다. 사관(史官)이 역사를 기록하면 승상(丞相)이 기록의 공정성을 다시 판단했다. 사마천은 『사기』에서 부친과 자신을 '태사공(太史公)'이라 칭했는데, 이는 관직에 기대 권위를 얻고자 한 행동이라기보다는 역사를 기록하는 자의 신중함을 보이기 위한 것으로 사료된다.

「태사공자서(太史公自序)」에서 사마천은 『사기』의 유래에 대해 상세히 서술했다. 부친 사마담이 남긴 유지는 바로 『춘추(春秋)』를 지은 공자(孔子)의 뒤를 이어 고금(古今)의 역사를 망라하는 역사서를 저술하라는 것이었다. 이 때문에 사마천은 태사령 직위를 물려받은 뒤에 온 힘을 기울여 『사기』를 저술했다.

이후 사마천 일생에 획을 긋는 불행한 사건이 일어났다. 한무제(漢武帝)가 이사장군(貳師將軍) 이광리(李廣利)를 파견해 흉노를 정벌하게 했으나 대패한 뒤 후퇴했고, 뒤에 이광(李廣)의 손자 이릉(李陵)의 군대가 고립무원(孤立無援)의 상태에서 어쩔 수 없이 흉노에 항복하고 만 것이다. 조정의 신하들이 모두 이릉을 헐뜯는 가운데 사마천만이 홀로 이릉을 변호했다. 하지만 사마천의 이런 행동은 무제의 오해와 노여움을 샀다. 흉노와의 싸움에서 대패하고 후퇴한 이광리는 무제가 총애하던 이부인(李夫人)의 오라비였다. 무제는 이릉에 대한 변호를 이광리에 대한 비난으로 오해했고, 결국 사마천은 사형을 선고받았다.

당시 사형을 면하기 위해선 속죄금을 내거나 궁형(宮刑)을 당해야 했다. '형(刑)'은 본래 몸의 일부를 자른다는 의미로, 이는 대부(大夫) 이상의 신분에는 가하지 않았다. 대부 이상의 사람들은 불가피하게 형벌을 받게 되었을 때 명예를 지키기 위해 차라리 자살을 택하는 경우가 많았다. 이런 사회 분위기에도 불구하고 속죄금이 없었던 사마천은 살아남아 『사기』를 완성하기 위해 생식기를 제거하는 치욕스러운 궁형을 택했다.

사마천은 친구에게 쓴 「보임소경서(報任少卿書)」에서 자신의 심정을 상세하게 토로했다. "옛 성현들은 어려움을 겪은 후에 발분(發憤)하여 명작을 저술한 경우가 많았습니다. 주문왕(周文王)의 『역경(易經)』, 공자의 『춘추』, 굴원(屈原)의 『이소(離騷)』, 한비(韓非)의 『고분

(孤憤)』 등이 그렇습니다. 제가 『사기』를 저술하는 목표는 '하늘과 땅의 이치를 연구하고 고금의 변화에 통달하여 일가(一家)의 말을 이룩하기 위함'입니다. 책을 완성한 뒤에 '명산에 감추어 마땅한 이에게 전할 수 있기를' 희망합니다."

"명산에 감추어"라고 말한 이유는 무엇일까? 『사기』 안에는 당시 조정의 인사들이 좋아하지 않을 만한 역사적 사실이 상당수 기재되어 있었기 때문이다. 예를 들면 한고조(漢高祖) 유방(劉邦)이 항우(項羽)와의 협약을 배신하고 공격한 일이나 공신(功臣)들을 숙청한 일, 한문제(漢文帝)가 형제를 죽인 일, 한경제(漢景帝)가 주아부(周亞父)를 죽인 일, 한무제가 봉선(封禪)에 빠진 일이나 불로장생을 추구했던 일 들이 기록되어 있다. 사마천이 필생의 역작을 명산에 감추어두겠다고 한 것은 이렇듯 위험한 내용을 담고 있었기 때문이다. 사마천은 시간이 지난 뒤에 책의 가치를 알아보는 사람에게 『사기』가 발견되었으면 하는 희망을 가지고 있었다.

다행히도 사마천이 우려했던 일은 일어나지 않았다. 『사기』는 끊임없이 전승되어왔으며, 명산에 감출 필요도, 파묻힌 책을 후대인이 발굴해낼 필요도 없었다. 그 안에 있는 오묘한 표현과 내용 들은 현재까지 이어져 사람들에게 많은 감동을 주고 있다.

『사기』의 정수는 그 안에 있는 명언(名言), 명구(名句)이다. 명문장 중의 일부는 그가 처음 만든 것이 아니지만, 적절한 대목에서 이를 활용하여 더욱 빛을 발하게 해준 것은 의심할 여지 없는 사마천의 공로이다. 그 정수 중의 정수를 선별하여 독자에게 소개하고자 하는 것이 『사기 명문장 100구』를 집필하게 된 출발점이다.

현대의 바쁜 일상 속에서 사람들은 현실적이고 실용적인 가치를 추구한다. 역사에 흥미가 많은 극소수의 독자들을 제외한 대다수의 독자들에게 『사기』를 처음부터 끝까지 읽는 것은 굉장히 어려운 일일 것이다. 『사기 명문장 100구』는 이런 현실을 고려하여 집필되었다. 즉, 『사기』 중의 명문장을 골라 현대인들이 쉽게 읽을 수 있도록 소개하는 것이 이 책의 가장 핵심적인 기획 의도이다.

더 이상 『사기』를 명산에 감출 필요는 없다 하더라도, 이 책의 가치를 알아보는 사람에게 전해야 할 의무는 여전히 남아 있다. 여러 독자들이 이 책을 통해 유용한 지식을 얻게 되기를 희망한다.


- 2004년 12월, 공손책(公孫策)

밥을 먹다가 세 번이나 씹던 것을 토해낸다

제3장  바람 소리 쓸쓸하고 역수는 차갑구나
       - 열전(列傳) 속의 명문장 1

넣듯이 사들인다

**일러두기**

1   이 책은 대만 상주출판사(商周出版社)의 중문경전 100구(中文經典100句) 『사기(史記)』를 번역한 것으로,

　 한나라 때 사마천이 지은 『사기』에서 핵심적인 구절 100개를 가려내어 그 뜻과

　 그 속에 담긴 역사적 사건을 설명하고 역사적으로 쓰인 용례와 오늘날의 용례를 정리한 책이다.

2   책명은 「 」으로 묶어 표기하고, 편명은 「 」로 묶어 표기했다.

3   본문의 이해를 돕기 위해 역자가 내용을 보충한 경우에는 따로 주석을 달지 않고 본문 내용 중에 풀어서 설명했다.

# 제 1 장

---

큰 바람 몰아치니 구름이
날아오른다

– 본기(本紀) 속의 명문장

# 백성의 입을 막는 것은
# 물을 막는 것보다 심각하다

## 001

召公曰: "防¹民之口², 甚於³防水. 水壅而潰⁴,
소공왈: "방¹민지구², 심어³방수. 수옹이궤⁴,

傷人必多, 民亦如之⁵.
상인필다. 민역여지⁵.

是故爲水者決⁶之使導,
시고위수자결⁶지사도,

爲民者宣⁷之使言"
위민자선⁷지사언."

—「주본기」(周本紀)

---

1 防(방): 제방을 쌓아 막다.
2 民之口(민지구): 백성의 입. '之(지)'는 '~의'에 해당하는 조사.
3 於(어): '~보다', 즉 비교를 나타낸다.
4 水壅而潰(수옹이궤): '壅(옹)'은 '막다', '潰(궤)'는 '터지다'. 물이 막혔다가 터진다는 뜻.
5 民亦如之(민역여지): '如(여)'는 '같다'. '之(지)'는 대명사.
6 決(결): 물길을 트다.
7 宣(선): 표현하다. 공개적으로 말하다.

▶ 소공(召公)이 말했다. "백성의 입을 막는 것은 물을 막는 것보다 심각합니다. 물이 막혔다 터지면 다치는 사람들이 분명 많을 것인데, 백성들도 역시 물과 마찬가지입니다. 이 때문에 물을 다스리는 자는 수로를 열어 물이 흐르게 하고, 백성을 다스리는 자는 그들의 입을 열어 말을 하게 하는 것입니다."

---

주여왕(周厲王)은 사치스럽고 포학했다. 때문에 많은 백성들이 그에 대해 비난을 퍼부었다. 백성들의 비난을 받은 여왕은 분노하여 위나라 출신의 무당을 데려다가 사람들을 감시하게 했다. 무당에게 잡힌 이들은 죽임을 당했고, 여왕을 원망하는 사람들은 점점 줄어들었다. 비난은 줄었으나 백성들은 여전히 그에게 복종하지 않았고, 제후들도 그에게 조회하러 오지 않았다. 여왕이 탄압의 강도를 더욱 높이자 백성들은 감히 모여서 이야기하지 못하고 다만 길에서 서로 눈짓만 할 뿐이었다. 여왕은 자신을 비방하는 말이 사라지자 매우 기뻐하며 소공에게 말했다. "나는 잡다한 소리들을 모두 없애버렸소. 이제 감히 나의 정치에 대해 비판하는 자들은 없소."

　소공이 말했다. "지금 상황은 다만 비판하는 자들의 입을 막아버린 것일 뿐입니다! 백성의 입을 막는 것은 물을 막는 것보다 훨씬 심각한 일입니다. 막힌 물이 터져서 쏟아지기라도 한다면 큰 재앙이 될 것이 분명합니다. 민의(民意)라는 것도 이와 마찬가지입니다. 그래서 치수(治水)에 능한 자는 물길을 잘 인도하여 흐르게 하고, 치민(治民)에 능한 자는 백성들에게 말할 수 있는 여지를 주는 것입니다. [...] 백성들의 말들 중에 훌륭한 의견들을 골라서 시행해야 합니다. 만약 백성의 입을 막아버린다면, 천자께 충성을 바칠 사람이 얼마나 되겠습니까?"

여왕은 이 말을 듣지 않았고, 백성들은 감히 자신의 속내를 말하지 못했다. 3년이 지나자 사방에서 반란이 일어났고, 여왕은 나라 밖으로 달아날 수밖에 없었다. 소공은 주공(周公)과 함께 정치를 관장했는데 이를 '공화(共和)'라고 칭했다. 14년이 지나 여왕이 나라에 돌아오지 못한 채 국외에서 죽자, 소공과 주공은 태자인 주선왕(周宣王)에게 정권을 이양했다.


**역사를 사로잡은 명문장**

치수로 유명한 우(禹)임금이 황하(黃河)의 물길을 바로잡은 이래로, 물길을 잘 통하게 하는 것이 둑을 쌓아 막는 것보다 훨씬 중요하다는 사실은 당연한 이치로 여겨졌다. 마찬가지로 주소공 이후로 "백성의 입을 막는 것은 물을 막는 것보다 심각하다"라는 말 역시 지극히 당연한 이치를 담은 명구가 되었다.

춘추시대에 정(鄭)나라의 지식인들은 종종 향교에 모여서 시정(時政)을 논했다. 어떤 사람이 대부(大夫) 자산(子産)에게 향교를 폐지할 것을 건의하자 자산이 말했다. "왜 향교를 폐지해야 하는가? 여러 의견들 중에 사람들이 좋아하는 것은 적극적으로 시행하고, 사람들이 싫어하는 것은 내가 고칠 것이다. 그들은 나의 스승과도 같다. 왜 굳이 향교를 폐지하겠는가? 내가 정성을 다해 백성들의 말을 듣고 선행을 쌓아야만 원망이 적어질 것이다. 원망하는 말을 억지로 막아버린다면, 마치 하천을 정비하면서 둑을 쌓아 막는 것과 같다. 둑이 무너지면 반드시 큰 화를 입을 것이다. 이때가 되면 재앙을 피하려 해도 이미 늦을 것이니, 차라리 미리 작은 물길을 내어 물이 흐르도록 하는 편이 낫다. 이보다 더 중요한 것은 비판의 말을 듣고 잘못된 병폐에 대해 약을 쓰는 것이다."

후세에 이 명구를 활용한 훌륭한 임금과 현명한 재상이 많았지만, 자신의 과실을 듣고 화를 내며 백성의 입을 막아버린 어리석은 군주도 적지 않았다. 나라의 흥망성쇠는 바로 이 '막다(防)'라는 글자로 결정되었다 해도 과언이 아니다.

**명문장의 활용**

폭우가 내려서 수재가 났는데 관련 부서의 책임자가 비판 여론을 수용하지 않는다면, 우리는 그에게 다음과 같이 물을 수 있다. "수재를 막는 것이 분명 급선무지만, 천재지변이라는 상황을 이용해서 비판 여론을 막으려 들다니, 도대체 백성의 입을 막는 것이 물을 막는 것보다 위험하다는 이치를 모르시는 겁니까?"

# 앞서면 남을 제압하고,
# 뒤지면 남에게 제압당한다

## 002

會稽守通¹謂梁曰: "江西皆反,
회 계 수 통 ¹ 위 량 왈: " 강 서 개 반,

此亦天亡秦之時也.
차 역 천 망 진 지 시 야.

吾聞先即制人², 後則爲人所制³.
오 문 선 즉 제 인 ², 후 즉 위 인 소 제 ³.

吾欲發兵, 使公及桓楚將."
오 욕 발 병, 사 공 급 환 초 장."

—「항우본기(項羽本紀)」

---

1  會稽守通(회계수통): '會稽(회계)'는 지명. '守(수)'는 '군수(郡守)', '通(통)'은 '은통(殷通)'
   으로 인명(人名).
2  先即制人(선즉제인): '即(즉)'은 '곧'으로, 다음에 나오는 '則(즉)'과 같다.
3  爲人所制(위인소제): '爲A所B'는 'A에게 B를 당하다'라는 의미의 피동형. 여기서 '人(인)'
   은 '다른 사람'을 뜻한다.

▶ 회계군수 은통(殷通)이 항량(項梁)에게 말했다. "강서 지역은 모두 반란을 일으켰으니 지금은 하늘이 진나라를 망하게 하려는 때입니다. 내가 들으니 앞서면 남을 제압하고, 뒤지면 남에게 제압당한다 합니다. 나는 군대를 일으키려는데 그대와 환초(桓楚)를 장수로 삼고 싶습니다."

---

이 말이 처음 등장하는 것은 『순자(荀子)』이다. 주동적인 행동과 피동적인 행동이 가져오는 결과는 천양지차(天壤之差)이다. 먼저 주동적으로 행동을 개시하는 것은 매우 중요하다.

진이세(秦二世) 원년 7월, 진승(陳勝)과 오광(吳廣) 등이 군대를 일으켰다. 그 해 9월에 회계군수 은통이 항량에게 본문대로 말했다.

이때 환초는 택중으로 도망가 있었다. 항량이 말했다. "환초는 도망가서 그가 어디 있는지 아는 사람이 없습니다. 오직 항우만이 그의 행방을 알고 있습니다." 항량은 말을 마치고 밖으로 나와 항우에게 검을 가지고 처소 밖에서 기다리라고 했다. 항량이 다시 들어와 군수와 함께 앉아 말했다. "항우를 들어오게 해서 환초를 불러오는 명을 받들게 하십시오." 군수가 말했다. "좋소." 항량은 항우를 들어오게 했다. 잠시 후 항량은 항우에게 눈짓을 하며 말했다. "지금이다."

그러자 항우는 칼을 뽑아 군수의 머리를 베었다. 항량이 군수의 머리를 들고 인수(印綬)를 차자 문하의 사람들이 크게 놀라 소란을 피웠는데, 그로 인해 항우의 칼에 맞아 죽은 자가 백여 명이나 되었다. 사람들은 땅에 엎드려 떨면서 감히 일어나지 못했다. 항량은 예전에 알고 지내던 관리를 불러 정황을 설명하고 마침내 군대를 장악했다.

### 역사를 사로잡은 명문장

은통의 말은 지극히 이치에 맞는 명언이다. 항량도 그 말이 의미하는 바를 분명히 이해하고 있었다. 먼저 입을 열어 말을 꺼낸 것은 은통이었다. 하지만 이 상황에서 항량은 진정한 '앞서 일을 벌이는 자'가 되기 위해 은통의 목을 베었다. 은통은 공연히 목숨을 잃고 말았다.

항우는 어려서부터 숙부 항량을 따랐다. 글을 가르쳐도 오래 배우지 못했으며, 검술을 배워도 금방 싫증을 냈다. 항량이 꾸짖자 항우가 말했다. "글은 단지 이름만 기록할 수 있으면 그만입니다. 또 검술은 한 사람밖에 상대하지 못하니 배울 가치가 없습니다. 원컨대 만 명을 상대할 수 있는 방법을 배우고자 합니다." 그래서 항량은 그에게 병법을 알려주었다.

진시황이 남순(南巡)하여 회계산에 이르렀을 때 항량과 항우는 그 화려한 행차를 지켜보고 있었다. 항우는 황제의 행차를 보고는 당돌하게도 "저 정도라면 내가 대신 가질 만하군." 하고 말했다. 깜짝 놀란 항량은 항우의 입을 틀어막으며 꾸짖었지만, 조카의 범상치 않은 면을 기특하게 여겨 특별히 아꼈다.


### 명문장의 활용

"앞서면 남을 제압하고, 뒤지면 남에게 제압당한다", "만 명을 상대하는 법을 배운다", "저 정도라면 내가 대신 가질 만하군" 같은 말들은 이해하기 어렵지 않은 명구들이다. 다만 중국어 표현에서 주의해야 할 점은 "앞서면 남을 제압한다"라는 말과 "먼저 손을 쓰는 자가 강한 자이다(先下手爲强)"라는 말 사이에 뉘앙스의 차이가 있다는 점이다. 전자는 전체적인 국면을 두고 이르는 것이고, 후자는 세부적인 상황에 적용할 수 있다.

# 초나라에 세 집만 남더라도,
# 진나라를 멸망시킬 것은 분명 초나라다

范增往說[1]項梁曰: "陳勝敗固當[2].
범 증 왕 세[1] 항 량 왈: "진 승 패 고 당[2].

夫秦滅六國, 楚最無罪.
부 진 멸 육 국, 초 최 무 죄.

自[3]懷王入秦不反[4], 楚人憐之至今,
자[3] 회 왕 입 진 불 반[4], 초 인 련 지 지 금,

故楚南公曰'楚雖三戶, 亡秦必楚'也."
고 초 남 공 왈 '초 수 삼 호, 망 진 필 초' 야."

—「항우본기」

---

1 說(세): 유세하다. 설득하다.

2 固當(고당): '固(고)'는 '진실로', '當(당)'은 '당연하다'.

3 自(자): ~로부터.

4 反(반): 돌아오다. '返(반)'과 통한다.

▶ 범증(范增)이 항량에게 가서 그를 설득했다. "진승(陳勝)이 패배한 것은 실로 당연한 일입니다. 저 진(秦)나라가 여섯 개의 나라를 멸했을 때, 망한 나라 중에 초(楚)나라가 가장 죄가 없었습니다. 초회왕(楚懷王)이 진나라에 들어가 돌아오지 못한 이후로 초나라 사람들은 지금까지도 그를 가련하게 여기고 있습니다. 그러므로 초남공(楚南公)이 말하길 '초나라에 세 집만 남더라도 진나라를 망하게 할 것은 분명 초나라일 것이다'라고 했던 것입니다."

---

진나라가 6국을 멸망시켰을 때, 초나라는 실력이 아니라 속임수에 의해 멸망당했다. 어리석은 군주였던 초회왕이 속임을 당해 진나라에 억류되어 죽은 이래로, 초나라 사람들은 진나라를 대단히 미워했다. 남공은 초나라의 음양가(陰陽家)였는데, 그는 "초나라에 세 집만 남더라도 진나라를 망하게 할 것은 분명 초나라일 것이다"라는 예언을 남겼다.

　범증은 항량에게 유세할 때 이 사실을 언급했다. 뒤에 이어지는 말은 다음과 같다. "그런데 지금 진승이 제일 먼저 봉기하여 초나라의 후사를 세우지 않고 자신이 즉위했으니 그 세력은 길게 갈 수 없는 것입니다. 지금 그대께서 강동에서 기병하자 초나라의 장수들이 벌떼같이 일어나 그대께 귀의하고 있습니다. 이는 대대로 초나라 장수를 지내온 그대께서 초나라의 후손으로 대를 이어줄 것이라 생각하기 때문입니다." 항량은 범증의 말에 동의했고, 민간에서 남의 양치기 노릇을 하고 있던 초회왕의 손자를 찾아 왕위에 올렸다. 훗날 회왕의 손자가 받은 시호도 할아버지와 동일한 회왕(懷王)이었다.

## 역사를 사로잡은 명문장

범증이 지적한 '정통(正統)'이라는 부분은 정치에 있어서 대단히 중요한 힘이다.

왕망(王莽)의 찬탈은 서한(西漢) 말년에 군주가 백성을 돌보지 못했기 때문에 생긴 일이다. 왕망은 인자한 이미지를 조작해 자신을 포장했으나 일단 그의 개혁 정책이 실패로 돌아가자 사람들은 옛 왕조를 그리워하기 시작했다. 각지에서 의용군이 일어나 유씨(劉氏)를 추종했고, 결국 광무제(光武帝) 유수(劉秀)가 다시 왕위를 차지했다.

동한(東漢) 말년에 동탁(董卓)이 난을 일으키자 각지의 영웅들이 봉기했으나 결국에는 삼국이 정립하는 형세가 이루어졌다. 조조(曹操)는 천자를 뒤에 두고 제후들을 호령했으니, 이 경우에는 천자가 바로 정통이었다고 할 수 있다. 유비(劉備)는 한실의 후예였으니 혈통을 갖추고 있었다. 손견(孫堅)은 낙양의 궁전 우물에서 옥새를 찾아 냈으니 역시 하나의 정통을 갖추고 있었다고 볼 수 있다. 조조, 유비, 손견이 지닌 정통을 설명하는 방식이 절대적이라고 할 수는 없다. 그렇다고 해도 정통이 가진 힘이 막강하다는 점은 분명하다. 범증이 말한 '정통'은 사람들을 뭉치게 만드는 중요한 정치적 전략인 것이다.

## 명문장의 활용

이 구절은 부흥이나 복수를 결의할 때 사용할 수 있다. 설령 아주 작은 힘이 남아 있더라도 그 힘을 복수에 쓰겠다는 강한 결의를 나타낸다. 이와 유사한 표현으로 '와신상담(臥薪嘗膽)'이 있다. 이는 완전히 멸망하지 않았다면 다시 힘을 모아 복수할 수 있다는 뜻이다.

# 뜻이 사소한 데 있지 않다

范增說項羽曰: "沛公居山東時, 貪於財貨[1].
범 증 세 항 우 왈 : "패 공 거 산 동 시 , 탐 어 재 화 [1] .

好[2]美姬. 今入關, 財物無所取[3].
호 [2] 미 희 . 금 입 관 , 재 물 무 소 취 [3] .

婦女無所幸, 此其志不在小."
부 녀 무 소 행 , 차 기 지 부 재 소 ."

—「항우본기」

---

1 貪於財貨(탐어재화): '於(어)'는 '~에'. 재물에 탐을 내다.
2 好(호): 좋아하다.
3 所取(소취): '所(소)'는 '~하는 바'. 취하는 바, 취한 것.

▶ 범증이 항우를 설득했다. "패공은 산동에 있을 때 재화를 탐하고 미색을 좋아했는데, 지금 관중에 들어가서는 재물을 취하지 않고 여자를 가까이 하지 않으니, 이는 그의 뜻이 사소한 데 있지 않다는 것입니다."

---

초회왕은 여러 장수들에게 '먼저 관중에 들어가는 자를 왕으로 삼겠다'고 선언했다. 항우는 진나라의 주력 부대들을 하나하나 격파하면서 용맹을 떨쳤으나, 유방은 진나라 장수를 매수하고 백성을 회유하여 진의 수도인 함양에 먼저 도착했다. 항우는 이 소식을 듣고 대노했고, 함곡관(函谷關)을 격파하고 함양성 밖에 도착했다.

유방은 함곡관에 들어간 뒤에 번쾌(樊噲)와 장량(張良)의 건의를 받아들여 아방궁의 보물과 미녀들을 모두 봉해두고 항우를 기다렸다. 항우가 마침내 함곡관으로 들어와 희수 서쪽에 이르렀다. 이때 유방은 패상에 주둔하고 있어 아직 항우를 만나지 못하고 있었다. 유방의 부하인 조무상(趙毋傷)이 사람을 보내 항우에게 전했다. "패공(沛公, 유방)이 관중의 왕이 되고 자영(子嬰)을 재상으로 삼아 진귀한 보물을 다 차지하려고 합니다." 이 말을 들은 항우는 크게 노해 말했다. "내일 아침 패공의 군대를 격파하리라."

이때 항우는 40만의 병사를 이끌고 신풍의 홍문에 있었는데, 유방의 병사는 겨우 10만에 불과했다. 범증은 우유부단한 항우의 성격을 잘 알고 있었기에 그의 마음을 다지기 위해 말했다. "패공은 산동에 있을 때 재화를 탐하고 미색을 좋아했는데, 지금 관중에 들어가서는 재물을 취하지 않고 여자를 가까이 하지 않으니, 이는 그의 뜻이 사소한 데 있지 않다는 것입니다. 제가 사람을 시켜 기(氣)를 살펴보게 하니 용과 범의 기세가 오색 찬연합니다. 이는 곧 천자의 기세입니다. 서둘러 공격하여 기회를 놓치는 일이 없도록 하십시오."

## 역사를 사로잡은 명문장

유방과 항우의 결전은 세기의 대결이라 할 만하다. 훗날 제갈량(諸葛亮)과 주유(周瑜)의 대결 역시 이에 견줄 수 있다. 주유는 제갈량이 훗날 근심거리가 될 것이라는 사실을 알아 그를 해치려 했음에도 뜻을 이루지 못했다. 범증은 유방의 인물이 범상치 않음을 알아 손을 쓰려고 했으나 우유부단한 항우는 결단을 내리지 못했다. 욕심 많은 사람이 자신의 욕심을 누를 수 있다면 그가 의도한 것이 결코 사소하지 않다는 사실을 알 수 있다. 범증은 이 점을 정확하게 파악하고 있었다.

북송(北宋)의 명신 왕안석(王安石)과 사마광은 당시 화려함을 숭상하던 유행을 따르지 않고 극도의 절제력을 보여주었다. 왕안석은 중앙 관직을 버려두고 지방관을 자청했으며, 사마광은 평소 화려한 것을 싫어하여 '문희연(聞喜宴, 과거 합격자들을 위한 연회)'에서조차 천자가 하사한 꽃을 꽂으려 하지 않았을 만큼 검소한 성품을 지니고 있었다. 출세한 뒤에도 자신을 억누르며 방종하지 않던 이 둘은 과연 훗날 역사에 길이 남을 명신(名臣)이 되었다.

## 명문장의 활용

파이를 나눠 먹을 때 큰 쪽을 양보한다면 자신의 겸손함을 보여주기 위해서 본성을 누르는 것이다. 사람이 본성을 억누르는 이유는 무엇일까? 그 뜻이 작은 데 있지 않기 때문이다. 눈앞의 이익을 포기한다는 것은 그 사람의 도량이 작지 않다는 사실을 보여준다.

# 항장이 칼춤을 추는데
# 노리는 것은 패공이다

良曰: "甚急¹. 今者²項莊拔劍舞,
량 왈 : "심 급 ¹. 금 자 ² 항 장 발 검 무,

其意常在沛公也."
기 의 상 재 패 공 야 ."

—「항우본기」

---

1 甚急(심급): '甚(심)'은 '매우'. '急(급)'은 '다급하다'.

2 今者(금자): 지금.

▶ 장량이 말했다. "매우 위급하오. 지금 항장(項莊)이 검을 뽑아 들고 춤을 추는데 그 의도는 패공에게 있소."

---

4편에서 이어지는 내용이다.

범증의 권유를 받은 항우가 유방을 공격하기 전날 밤의 일이다. 항우의 숙부인 항백(項伯)은 유방의 신하인 장량에게 신세를 진 일이 있어, 장량을 살리기 위해 그에게 이 사실을 미리 알린다. 항백은 장량에게 유방을 버리고 달아나라고 권했지만 장량은 유방을 배신할 수 없다며 거절했고, 결국 사건의 전말을 알게 된 유방은 다음 날 항우를 찾아가 사죄하기로 했다.

유방은 이튿날 아침에 백여 기를 대동하고 홍문에 이르러 항우에게 사죄했다. 항우는 유방의 사과에 마음을 풀고 연회를 베풀었다. 연회 도중에 범증은 항우에게 여러 차례 유방을 죽이라는 암시를 주었으나 항우는 응답하지 않았다. 그러자 범증이 일어나 나와 항장을 불러 말했다. "그대는 들어가서 술잔을 올린 뒤 검무를 출 것을 청하라. 그러다가 기회를 보아서 패공을 앉은자리에서 죽여라." 항장이 검을 뽑아 춤을 추자 항백은 그 의도를 알아채고 일어나 함께 검무를 추며 몸으로 유방을 보호했다. 항장은 좀처럼 유방을 공격할 수 없었다.

이때 장량이 군문에 가서 번쾌를 만나 위급한 상황을 말해주었다. 번쾌는 파수를 서는 호위병들을 밀쳐내고 장막으로 들어섰다. 번쾌가 매섭게 항우를 노려보자 항우는 그의 이름을 묻고 술을 하사했다. 번쾌는 방패를 땅에 엎어놓고, 그 위에 돼지 다리를 올려놓고 검을 뽑아 잘라 먹었다. 항우는 감탄하며 더 마실 수 있는지 물었다. 번쾌가 말했다. "신은 죽음도 피하지 않는 사람인데 어찌 술을 사양하 겠습니까?" 이어서 번쾌는 유방이 세운 공적을 나열하고 지금 유방 을 죽이려는 상황을 조목조목 비판했다. 항우는 대답할 말이 없어 번 쾌에게 앉으라 했고, 번쾌는 장량을 따라 앉았다.

**역사를 사로잡은 명문장**

연회 자리에서 칼춤을 추는 것은 명분상 흥을 더하겠다는 것이나 실상은 다른 음모가 있다. 본심을 감추고 연회를 베푼다는 점에서 본다면 송태조(宋太祖) 조광윤(趙匡 胤)에게도 이와 유사한 일이 있었다.

조광윤은 여러 장수들의 지지를 받아 황제의 자리에 올랐다. 수도를 지키는 금군 (禁軍)의 병권(兵權)을 장악하기 전, 그는 연회를 열어 장수들을 대접했다. 어느 정도 술이 오른 뒤에 조광윤은 장수들을 향해 말했다. "만약 여러분이 아니었다면 짐에게 오늘 같은 영광은 없었을 것이오. 하지만 황제의 자리에 오른 뒤에 짐은 마음이 불안 하여 편히 잠을 이룰 수가 없소. 기회가 주어진다면 누가 황제의 자리를 마다하겠소?"

자리에 있던 장수들이 당황하며 절대로 배신하지 않겠다고 강조하자, 조광윤은 재 차 말했다. "짐은 여러분을 믿소. 하지만 만약에 그대의 부하가 부귀를 얻고 싶어 여러 분을 황제의 자리에 올리려 한다면, 그때는 여러분도 유혹을 참아낼 수 없을 것이오."

그 자리에 있던 장수들은 당황하여 다음 날 모두 사직하고 절도사로 부임하기를 청 했다. 조광윤은 이렇게 금군의 병권을 회수했다. 비록 연회 자리에 칼춤은 없었으나 의 도를 감추고 연회를 베풀었다는 점에서 홍문연과 같은 의미를 찾아낼 수 있다.

**명문장의 활용**

겉으로는 그럴듯하게 꾸미지만 속으로 다른 의도를 품고 있는 경우를 '항장의 칼춤'이 라는 명구로 표현할 수 있다. '그 의도는 패공에게 있다'까지 말해버리면 여운이 사라 진다.

# 큰일을 할 때는
## 사소한 예절을 신경 쓰지 않는다

**006**

樊噲[1]曰: "大行[2]不顧細謹[3], 大禮不辭小讓.
번쾌[1]왈: "대행[2]불고세근[3], 대례불사소양.

如今人方爲刀俎[4], 我爲魚肉[5],
여금인방위도조[4], 아위어육[5],

何辭爲[6]?"
하사위[6]?"

—「항우본기」

---

1 樊噲(번쾌): 장수 이름. 백정 출신으로 후에 유방을 따라 군사를 일으켰다. 유방이
   즉위한 후에 무양후(舞陽侯)에 봉해졌다.
2 大行(대행): 사소하지 않은 큰일.
3 細謹(세근): 지엽적이고 사소한 일에 신경 쓰다.
4 刀俎(도조): 칼과 도마.
5 魚肉(어육): 생선과 고기. 도마 위에 올라와 있는 위태로운 목숨을 비유한다.
6 何辭爲(하사위): '何爲(하위)'는 '무슨 소용이 있겠는가', '辭(사)'는 '작별 인사'. 작별
   인사가 무슨 소용이 있겠는가.

▶ 번쾌가 말했다. "큰일을 할 때는 사소한 예절을 신경 쓰지 않고, 큰 예절을 행할 때는 작은 예절을 따지지 않는 법입니다. 지금 저들이 칼과 도마라면 우리는 그 위에 놓인 물고기 신세인데 무슨 인사를 하십니까?"

---

5편에서 이어지는 내용이다.

번쾌가 앉은 지 얼마 되지 않아 유방이 일어나 측간에 가면서 그를 밖으로 불러냈다. 유방이 나간 뒤에 항우는 진평(陳平)에게 유방을 불러오게 했다. 유방이 "지금 하직 인사도 하지 않고 나왔으니 어떻게 하는 것이 좋겠소?"라고 묻자 번쾌가 대답했다. "큰일을 할 때는 사소한 예절을 신경 쓰지 않고, 큰 예절을 행할 때는 작은 예절을 따지지 않는 법입니다. 지금 저들이 칼과 도마라면 우리는 그 위에 놓인 물고기 신세인데 무슨 인사를 하십니까?" 유방은 그곳을 떠나며 장량에게 남아서 사죄하라고 했다.

유방이 샛길을 통해 군영에 이르렀을 무렵, 장량이 들어가 사죄했다. "패공께서 술을 이기지 못해 하직 인사를 드릴 수 없었습니다. 그리하여 삼가 신 장량으로 하여금 백벽(白璧) 한 쌍을 받들어 대왕 족하에 옥두(玉斗) 한 쌍을 대장군 족하에 공손히 바치게 했습니다." 항우가 물었다. "패공은 어디에 있는가?" 장량이 대답했다. "대왕께서 심히 질책하려는 마음이 있다는 것을 듣고 빠져나가 홀로 떠났는데 이미 군영에 당도했을 것입니다." 항우는 구슬을 받아 자리 위에 두었으나, 범증은 옥두를 받아 땅에 놓고 검을 뽑아 깨뜨리며 말했다. "어린아이와는 함께 일을 도모할 수 없다. 항왕의 천하를 빼앗을 자는 반드시 패공일 것이다. 우리는 패공의 포로가 되겠구나."

## 역사를 사로잡은 명문장

평민 시절의 유방을 두고 무뢰배라고 말한다 해도 과언이 아니다. 그의 성격을 봤을 때 그가 홍문연의 위기를 벗어나는 다급한 상황에 작별 인사를 생각했을 가능성은 별로 없다. 이 일화는 개국 군주였던 유방의 체면을 생각해서 사마천이 삽입한 이야기일 것이라는 의심이 든다. 이후 유방은 달아나면서 혼자 말을 탔으며, 여러 장수들은 걸어서 뒤를 따랐다. 이것이야말로 사소한 예절을 신경 쓰지 않는 행동이며, 심하게 말하면 의리가 없다고도 할 수 있다. 유방은 이후 초나라 군대의 추격을 피해 달아날 때도 함께 타고 있던 아이들 때문에 수레가 무거워져 속도가 나지 않는다며 자신의 아이들을 수레 밖으로 걷어찼다.

## 명문장의 활용

"큰일을 할 때는 사소한 예절을 신경 쓰지 않고, 큰 예절을 행할 때는 작은 예절을 따지지 않는다." 어렵지 않은 말이지만 말하는 사람을 식견 있어 보이게 해준다. 어르신이나 상사에게 '지나치게 체면을 차리실 필요가 없다'고 이야기하고 싶을 때 이 말을 한다면, 마음은 있으면서도 체면 때문에 주저하고 있던 상대방은 당신에게 감사할 것이다. 이 말은 "태산은 작은 흙을 사양하지 않고, 강과 바다는 작은 물줄기를 골라내지 않는다(泰山不讓小壤, 河海不擇細流)"라는 말과 함께 사람의 포용력, 대국(大局)을 보는 능력을 논할 때 사용된다.

"어린아이와는 함께 일을 도모할 수 없다"라는 말은 '회재불우(懷才不遇)', 즉 뛰어난 재주를 품고 있으나 자신을 알아주는 주군을 만나지 못한 사람들이 종종 쓸 수 있는 말이다. 당연히 상사의 면전에 두고 이 말을 써서는 안 될 것이다. 범증은 이 말로 삶과 죽음의 기로에 선 위급한 순간에 자신의 뜻대로 되지 않는 답답함을 토로했다. 훗날 범증은 항우에게 버림받고 쓸쓸한 죽음을 맞이했다.

# 내게도 국 한 그릇
## 나누어달라

## 007

漢王曰: "吾與項羽俱[1]北面[2]受命懷王.
한 왕 왈 : "오 여 항 우 구[1] 북 면[2] 수 명 회 왕 .

曰 '約爲兄弟', 吾翁即若[3]翁.
왈 ' 약 위 형 제 ', 오 옹 즉 약[3] 옹 .

必欲烹而[4]翁, 則幸[5]分我一桮羹."
필 욕 팽 이[4] 옹 , 즉 행[5] 분 아 일 배 갱 ."

—「항우본기」

---

1 俱(구): 모두. 함께.
2 北面(북면): 북쪽을 바라본다. 임금은 북쪽, 신하는 남쪽에 앉는 것과 관련하여 신하의
  예절을 가리킨다.
3 若(약): 2인칭 대명사.
4 而(이): 2인칭 대명사.
5 幸(행): 바라다. 희망하다.

▶ 한왕(漢王)이 말했다. "나와 항우는 모두 북면하여 회왕의 명을 받고 형제가 되기로 약속했으니 나의 아버지는 곧 그대의 아버지이다. 정히 그대의 아비를 삶겠다면 내게도 국 한 그릇 나누어달라."

---

유방은 항우와 싸우면서 패배를 거듭했으나 동맹군인 팽월(彭越)과 한신(韓信)이 항우의 후방을 괴롭힌 덕분에 싸움을 이어나갈 수 있었다. 팽월이 여러 차례 반란을 일으켜 군대의 보급선을 끊자 항우는 골치가 아팠다. 마침내 항우는 높은 도마를 준비하여 유방의 부친인 태공(太公)을 그 위에 올려놓고 유방에게 통보했다. "지금 빨리 투항하지 않으면 너의 아비를 삶아 죽이겠다." 그러자 유방이 전했다. "나와 그대는 형제가 되기로 약속했으니 나의 아버지가 곧 그대의 아버지이다. 정히 그대의 아비를 삶겠다면 내게도 국 한 그릇 나누어달라." 항우가 대노하여 태공을 죽이려 하자 항백이 말했다. "천하의 일이란 아직 알 수 없는 것이며, 또한 천하를 도모하는 자는 자신의 집을 돌보지 않는 법입니다. 그를 죽인다 한들 유익함은 없고 그저 화를 더할 뿐입니다." 결국 항우는 항백의 말을 듣고 태공을 놓아주었다.

**역사를 사로잡은 명문장**

유방의 입장에서 항우에게 투항했다면 부친의 목숨을 구할 수 있었을까? 그럴 가능성도 있지만 유방 자신의 목숨은 부지하기 어려웠을 것이다. 결국 유방에게는 항복할 만한 여지가 없었다. 설령 그렇다고 하더라도 부친의 목숨을 두고 저런 말을 한 이상, 패륜아라는 비난을 면하기 어렵다.

항우의 입장에서도 이 방법은 그다지 현명했다고 할 수 없다. 태공의 생명을 담보로 유방을 협박하고자 했다면, 몰래 사람을 보내 위협하는 편이 보다 효과적이었을 것이다. 공개적인 방식을 택한 것은 아무런 도움이 되지 않았다. 만일 태공을 정말 삶았다면 '잔혹한 군주'라는 오명을 벗을 수 없었을 것이니 말이다.

항백은 실로 이해하기 어려운 인물이다. 초나라와 한나라가 사력을 걸고 싸우는 상황에서 늘 항우를 설득하며 적군을 도와주었으니 간첩이라고 불려도 할 말이 없다. 항우는 늘 사리에 맞는 말을 하는 범증의 말은 듣지 않고 항백의 말만 들었다. 항우가 실패한 원인은 바로 여기에서 찾을 수 있다.

이 이야기를 「항우본기」에 수록한 것에서 사마천의 재치를 확인할 수 있다. '아버지를 삶겠다면 내게도 국 한 그릇 나누어달라'는 유방의 말을 「고조본기」에 실었더라면 사마천은 목숨을 부지할 수 없었을 것이며, 우리가 『사기』를 읽을 수도 없었을 테니 말이다.

### 명문장의 활용

지금은 '국 한 그릇 나누어달라'는 말이 이윤을 나눠달라는 의미로 사용된다. 다소 경박한 감이 있어 가벼운 농담으로 쓸 수는 있지만 진지하게 말하는 상황에서는 적절하지 않다. 특히 이 장에 소개된 본뜻으로는 절대로 사용해서는 안 된다.

# 호랑이를 길러
# 우환을 남긴다

## 008

漢欲西歸, 張良、陳平說曰: "漢有天下太半,
한 욕 서 귀, 장 량、진 평 세 왈: "한 유 천 하 태 반,

而諸侯皆附¹之². 楚兵罷³食盡,
이 제 후 개 부¹ 지². 초 병 피³ 식 진,

此天亡楚之時也.
차 천 망 초 지 시 야.

不如⁴因⁵其機而遂取之.
불 여⁴ 인⁵ 기 기 이 수 취 지.

今釋⁶弗擊, 此所謂'養虎自遺患'也."
금 석⁶ 불 격, 차 소 위 '양 호 자 유 환' 야."

—「항우본기」

---

1 附(부): 붙다. 편들다.

2 之(지): 대명사. '漢(한)'을 가리킨다.

3 罷(피): 지치다.

4 不如(불여): 'A不如B' 구문으로 B가 더 나은 선택임을 뜻한다. A는 생략되기도 한다.

5 因(인): ~을 인하여. ~을 이용하여.

6 釋(석): 놓아두다. 버려두다.

▸ 한왕이 서쪽으로 돌아가려고 하자 장량과 진평이 권했다. "한이 천하의 거의 절반을 차지했고 제후들도 모두 귀의했습니다. 그런데 초나라 군사들은 지치고 군량도 떨어졌으니, 이는 하늘이 초나라를 망하게 하려는 때입니다. 그러니 차라리 이 기회를 틈타 취하는 것이 좋을 것입니다. 지금 놓아주고 공격하지 않는다면 이것이 이른바 '호랑이를 길러 스스로 우환을 남긴다'는 것입니다."

---

유방과 항우의 대립을 살펴보면 그 둘의 기량 차이가 보인다. 또한 장량, 한신 등의 탁월한 지모를 빼놓을 수 없다. 항우는 군량이 떨어지고 병사들이 지치자 유방과 화친의 맹약을 맺고 이를 지키려 했다. 이때 장량과 진평이 기회를 놓치지 말라고 설득했고, 유방은 그 말을 따랐다.

한(漢) 5년, 유방은 양하 남쪽까지 항우를 추격해 진을 치고 회음후(淮陰侯) 한신, 건성후(建成侯) 팽월과 회합해 초군을 공격하기로 약속했다. 그런데 한군이 고릉에 이르러도 한신과 팽월의 군대가 오지 않았다. 초군은 그 틈을 타 한군을 공격하여 크게 무찔렀고, 유방은 다시 진지로 들어가 참호를 깊게 파고 수비만 했다. 유방이 장량에게 물었다. "제후들이 약속을 따르지 않으니 어찌하면 좋겠소?" 이에 장량이 대답했다. "초군이 이제 곧 패하려 하는데, 한신과 팽월은 아직 나누어 받은 봉지가 없으므로 그들이 오지 않는 것은 당연한 일입니다. 군왕께서 천하를 그들과 함께 나눌 수만 있다면 지금이라도 즉시 그들을 오게 할 수 있을 것입니다. 진현 동쪽에서 해안 지역까지를 모두 한신에게 주고, 수양 이북에서 곡성까지를 팽월에게 주어 각자 자신의 이익을 위해 싸우게 한다면 초나라를 무찌르는 것은 쉬운 일입니다."

유방은 장량의 의견에 동의했고, 사신을 보내 한신과 팽월에게 말했다. "힘을 합쳐 초군을 공격합시다. 초군이 격파되면 진현 동쪽에서 해안에 이르는 지역을 제왕(齊王, 한신)에게, 수양 이북에서 곡성까지를 팽상국(彭相國, 팽월)에게 드리리다." 한신과 팽월은 즉시 진격하여 항우를 해하에 몰아넣었다.

### 역사를 사로잡은 명문장

적에게 인자한 것은 곧 자신에게 잔인한 것과 마찬가지이다. 범증은 홍문연의 계략이 실패한 뒤 '천하를 얻게 될 것은 바로 패공(유방)일 것'이라고 단언하지 않았던가? 하지만 항우는 늘 유방을 한 수 아래라고 깔보았고, 유방을 죽일 수 있었던 여러 번의 기회를 모두 놓치고 말았다. 호랑이를 살려 우환을 남긴 사례는 이 외에도 무수히 많다. 오왕(吳王) 부차(夫差)가 구천(句踐)을 놓아주었다가 결국 패망했듯이 말이다.

### 명문장의 활용

유사한 표현으로 "호랑이를 풀어 산으로 돌려보낸다(縱虎歸山)"가 있다. 위에서 간단하게 언급한 월왕 구천과 오왕 부차의 경우는 '종호귀산'이 보다 적합한 표현이 될 것이다. 호랑이가 우리에 갇혀 있을 때 제거하지 않고 산으로 돌려보낸다면 그 후의 우환은 가늠할 수 없다.

유방이야말로 호랑이라고 할 수 있다. 항우는 유방을 홍문연에서 놓아주어 결국 화를 입었다.

# 힘은 산을 뽑고
# 기세는 세상을 덮는다

## 009

項王乃悲歌忼慨, 自爲詩曰: "力拔山兮[1]氣蓋世,
항 왕 내 비 가 강 개, 자 위 시 왈: "역 발 산 혜[1] 기 개 세,

時不利兮騅不逝, 騅不逝兮可奈何?
시 불 리 혜 추 불 서, 추 불 서 혜 가 내 하?

虞兮虞兮奈若何[2]?" 歌數闋, 美人和之[3]
우 혜 우 혜 내 약 하[2]?" 가 수 결, 미 인 화 지[3]

項王泣數行[4]下, 左右皆泣, 莫能仰視.
항 왕 읍 수 항[4]하, 좌 우 개 읍, 막 능 앙 시.

—「항우본기」

---

1 兮(혜): 운율을 맞추기 위해 넣는 의미 없는 어기사.
2 奈若何(내약하): '奈何(내하)'는 '어찌'. 너를 어찌할까.
3 和之(화지): '和(화)'는 '화답하다'. '之(지)'는 대명사로 항우의 노래를 가리킨다.
4 行(항): 줄기.

▶ 항왕은 이에 강개한 심정을 비통하게 노래하며 스스로 시를 지어 읊었다. "힘은 산을 뽑고 기세는 온 세상을 덮지만, 시운이 불리하니 오추마가 나아가지 않는구나. 오추마가 나아가지 않으니 어찌해야 하는가? 우여, 우여, 너를 어찌할까?" 항왕이 여러 차례 노래를 부르자 미인이 화답했다. 항왕이 몇 줄기 눈물을 흘리니 측근들이 모두 울며 차마 쳐다보지 못했다.

---

장량과 진평이 유방에게 항우와 맺은 맹약을 배신하고 그를 칠 것을 권하자, 유방은 이를 받아들였다. 이후 유방은 승세를 타고 한신 및 팽월 등과 연합해 항우를 해하에 몰아넣는 데 성공했다. 항왕의 군대는 해하에 방벽을 구축하고 있었는데, 군사는 적고 군량은 다 떨어진 데다 한군(漢軍)과 제후의 군대에게 여러 겹으로 포위되어 있었다. 밤중에 한군이 사방에서 초나라의 노래를 부르니 항우가 크게 놀라 말했다. "한군이 이미 초나라의 땅을 모두 빼앗았단 말인가? 어찌하여 초나라 사람들이 이리 많은가?"

항우는 한밤중에 일어나 장막 안에서 술을 마셨다. 항우에게는 총애하던 우희(虞嬉)와 준마 오추마(烏騅馬)가 있었다. 위기에 처한 항우는 강개한 심정을 비통하게 노래하며 스스로 시를 지어 읊었다. 다음 날 유방과 마지막 전투를 치른 항우는, 결국 오강(烏江)에서 자결했다.

### 역사를 사로잡은 명문장

영웅의 용기와 기개를 표현할 때 "힘은 산을 뽑고 기세는 세상을 덮는다"라는 표현이 자주 쓰인다. 『사기』에는 이후 우희가 어떻게 되었는지에 대해 언급이 없다. 후에 나온 『초한춘추(楚漢春秋)』라는 소설에서는, 우희가 항우에게 답가(答歌)를 부른 뒤에 목을 찔러 자결했다. 이 장면을 극화한 것이 바로 유명한 《패왕별희》이다.

### 명문장의 활용

비장하게 최후를 맞이한 항우를 따를 것인지, 온갖 치욕을 참아내고 마지막 승리를 차지한 유방을 본받을 것인지는 독자 자신의 선택에 달려 있다. 다만 유방이 승리하기까지 온갖 좌절을 견뎌냈다는 사실만은 기억해둘 필요가 있다. 치욕과 좌절을 견디는 것은 생각처럼 쉽지 않다. 유방의 승리는 온갖 좌절과 치욕을 견뎌낸 보상이다.

# 겉으로는 잔도를 수리하며 몰래 진창을 건넌다

010

漢王之¹國. […] 去輒²燒絶棧道³.
한 왕 지 ¹ 국. […] 거 첩 ² 소 절 잔 도 ³.

以備諸侯盜兵襲之. 亦示項羽無東意⁴.
이 비 제 후 도 병 습 지. 역 시 항 우 무 동 의 ⁴.

(同章) 漢王用韓信之計, 從故道還.
(동 장) 한 왕 용 한 신 지 계, 종 고 도 환.

襲雍王章邯. 邯迎擊漢陳倉.
습 옹 왕 장 함. 함 영 격 한 진 창.

—「고조본기(高祖本紀)」

1 之(지): 가다.
2 輒(첩): 바로.
3 棧道(잔도): 산이나 강에 걸쳐서 만든 다리.
4 東意(동의): 동쪽에 대한 뜻. 동쪽으로 향할 뜻.

44

▶ 한왕(漢王)은 봉국으로 떠났다. […] 떠난 뒤에 바로 잔도를 불태워 끊음으로써 제후들의 병사가 비겁하게 뒤에서 습격할 것에 방비하면서, 동시에 항우에게 동쪽으로 되돌아갈 뜻이 없음을 보여주었다. (같은 장) 한왕은 한신의 계책을 써서 옛 길을 따라 돌아가 옹왕(雍王) 장함(章邯)을 습격했다. 장함은 진창에서 한의 군대를 공격했다.

---

한 원년 4월, 대장군 항우는 군사를 해산했고, 제후들은 각자 자신의 봉국(封國)으로 돌아갔다. 유방이 봉국으로 떠날 때 항우는 사졸 3만 명으로 하여금 그를 따르게 했는데, 초나라와 다른 제후국에서 유방을 흠모하여 따르는 자가 수만 명이었다. 유방은 잔도를 불태워 끊음으로써 제후들이 뒤에서 습격할 것에 방비하면서 동시에 동쪽으로 되돌아갈 뜻이 없음을 보였다. 남정(南鄭)에 도착했을 때 장수와 사졸 들 중에는 이미 도망친 자가 많았으며, 남아 있던 사람들도 모두 고향 노래를 부르며 돌아가고 싶어 했다.

이때 한신이 유방을 설득했다. "항우는 공로가 있는 장수들을 모두 왕에 봉했는데, 유독 대왕만을 남정에 머물게 했으니, 이는 유배시킨 것과 다름없습니다. 우리 군대의 군리(軍吏)와 사졸 들은 모두가 산동(山東) 사람이라 밤낮으로 고향으로 돌아갈 것을 바라고 있으니, 그들이 동쪽으로 돌아가고 싶은 의기가 이렇듯 왕성할 때를 틈탄다면 큰 공을 세울 수 있을 것입니다. 하지만 천하가 평정되어 백성들이 모두 평안해지면 다시는 그들을 이용할 수 없습니다. 차라리 계책을 세워 동진하시어 천하의 패권을 쟁취하십시오."

유방은 한신의 계책을 받아들여 잔도를 고치는 척하면서 몰래 진창을 통해 동쪽으로 전진했다. 번쾌와 주발(周勃) 등에게 병사를 맡겨 잔도를 수리하면서 석 달 안에 반드시 완수하도록 독려했고, 많은 사람들이 공사 과정 중에 목숨을 잃었다. 내막을 모르는 이웃 지역의 제후들은 잔도를 지키며 유방을 감시했다. 그러나 한신이 이끄는 주력군이 진창을 통해 몰래 동쪽으로 전진해 잔도의 입구를 지키고 있던 병사들을 당황시켰다.

### 역사를 사로잡은 명문장

군대를 쓸 때는 '정병(正兵)'과 '기병(奇兵)'을 적절하게 사용하는 것이 중요하다. 이 원칙을 충실하게 지킨다면 지나치게 복잡한 전술을 추구할 필요가 없을 것이다. 2차 세계대전 중의 노르망디 상륙 작전 같은 전투도 '겉으로는 잔도를 수리하면서 몰래 진창을 건넌다'는 전략을 활용한 것이다.

### 명문장의 활용

비즈니스 전쟁에서도 승리를 위해선 속임수를 마다하지 않는다. 실제로 A회사에 관심이 있는 것처럼 거짓 정보를 흘려 경쟁자들의 시선을 분산시킨 뒤에 B회사에 집중 투자하여 실익을 거두는 일이 비일비재하다. 굳이 두 개의 목표물을 산정하여 적을 혼란시키지 않더라도, 실제 의도를 감추고 작전을 세우는 경우라면 이 말을 활용할 수 있다.

# 하나만 알고
# 둘은 알지 못한다

## 011

高祖曰: "公知其一, 未知其二. 夫運籌策[1] 帷帳[2]
고 조 왈: "공 지 기 일, 미 지 기 이. 부 운 주 책[1] 유 장[2]

之中, 決勝於千里之外, 吾不如子房.
지 중, 결 승 어 천 리 지 외, 오 불 여 자 방.

鎭[3]國家, 撫[4]百姓, 給饋餉, 不絶糧道,
진[3] 국 가, 무[4] 백 성, 급 궤 향, 부 절 량 도,

吾不如蕭何; 連百萬之軍, 戰必勝,
오 불 여 소 하; 연 백 만 지 군, 전 필 승,

攻必取, 吾不如韓信. 此三者,
공 필 취, 오 불 여 한 신. 차 삼 자,

皆人傑也, 吾能用之,
개 인 걸 야, 오 능 용 지,

此吾所以[5]取天下也."
차 오 소 이[5] 취 천 하 야."

—「고조본기」

1 運籌策(운주책): '運(운)'은 '운용하다', '籌策(주책)'은 '계책', 계략을 세우는 일.
2 帷帳(유장): 장막. 여기서는 전략을 세우는 군막을 가리킨다.
3 鎭(진): 진압하다, 통제하다.
4 撫(무): 위무하다.
5 所以(소이): ~한 이유.

▶ 고조가 말했다. "그대들은 하나만 알고 둘은 알지 못하는구려. 군막 안에서 계책을 세워 천 리 밖에서 승리를 결판내는 것은 내가 자방(子房. 장량)만 못하오. 나라를 어루만지고 백성들을 위로하며 양식을 공급하고 운송로를 끊이지 않게 하는 것은 내가 소하(蕭何)만 못하오. 백만 대군을 통솔해 싸우면 반드시 승리하고, 공격하면 어김없이 빼앗는 것은 내가 한신만 못하오. 이 세 사람은 모두 빼어난 인재인데 내가 그들을 임용할 수 있었으니, 이것이 내가 천하를 얻을 수 있었던 까닭이오."

---

유방이 낙양의 남궁에서 주연을 베풀 때였다. 유방이 말했다. "짐에게 숨김없이 속내를 말해보시오. 짐이 천하를 얻을 수 있었던 까닭은 무엇이며, 항우가 천하를 잃은 까닭은 무엇이오?" 고기(高起)와 왕릉(王陵)이 대답했다. "폐하는 오만하시어 다른 사람을 모욕하지만 항우는 인자하면서도 사람을 아낄 줄 압니다. 그러나 폐하는 사람을 시켜 성을 공격해 땅을 점령하게 한 뒤, 항복을 받아낸 자에게 그곳을 주어 천하와 이로움을 함께하셨습니다. 항우는 어질고 재능 있는 자를 시기해 공이 있는 자에게 해를 끼치고 어진 자를 의심하며, 싸움에서 이겼는데도 다른 사람에게 공적을 주지 않고 땅을 얻고서도 다른 사람들과 이로움을 나누지 않았으니, 이것이 항우가 천하를 잃은 까닭입니다."

그러자 유방이 말했다. "그대들은 하나만 알고 둘은 모르는구려. […] 이것이 내가 천하를 얻을 수 있었던 까닭이오. 항우는 범증 한 사람뿐이었는데도 그를 중용하지 않았으니, 이것이 그가 나에게 사로잡힌 까닭이오."

**역사를 사로잡은 명문장**

유방은 전력 면에서는 항우와 상대가 되지 않았다. 그러나 유방은 항우와의 다툼에서 어려움을 겪을 때 장량의 건의에 따라 적절하게 한신이나 팽월 등에게 작위를 내렸고, 그들이 자신을 힘써 돕도록 만들어 성공적으로 위기를 극복했다. 천하의 대세가 결정되기 이전에 작위를 내리는 것은 결속을 다지기 위한 것이다. 이는 천하가 안정된 후에 논공행상을 하는 것과는 의미가 다르다.

여기에는 정치적인 계산이 숨어 있다. 통일 이전에 작위를 이용해 천하를 얻고자 했다면, 통일 이후에 작위를 내리는 것은 나라를 잘 다스리기 위한 목적을 달성하기 위한 것이다. 유방은 본문의 말을 통해 자신에게 인재를 알아보는 안목이 있음을 과시하면서, 동시에 필요한 인재들을 초빙할 수 있다는 가능성을 열어두었다.

**명문장의 활용**

이 고사에 담긴 "군막 안에서 계책을 세워 천 리 밖에서 승리를 결판낸다(夫運籌策帷帳之中, 決勝於千里之外)"라는 명언은 역대로 군사(軍師)나 모사(謀士)에 대한 최고의 평가였다. 본래 뛰어난 재능을 타고난 사람은 구속받기 싫어하는 법인데, 그런 훌륭한 인재를 노비 부리듯 잡아두는 경영자들은 '하나만 알고 둘은 모르는' 사람들이다.

# 하늘에는 두 개의 태양이 없고, 백성에게는 두 명의 군주가 없다

## 012

太公¹家令²說太公曰: "天無二日, 土無二王.
태 공¹ 가 령² 세 태 공 왈: "천 무 이 일, 토 무 이 왕.

今高祖雖子, 人主也; 太公雖父, 人臣也.
금 고 조 수 자, 인 주 야; 태 공 수 부, 인 신 야.

奈何令人主拜人臣³! 如此,
내 하 령 인 주 배 인 신³! 여 차,

則威重⁴不行."
즉 위 중⁴ 불 행."

—「고조본기」

1 太公(태공): 유방의 부친.
2 家令(가령): 가신(家臣), 집안일을 돌보는 사람.
3 令人主拜人臣(령인주배인신): '령(令)'은 '~로 하여금 ~하게 하다'라는 사동문을 만드는
   표현. '인주(人主)'는 유방을, '인신(人臣)'은 유방의 부친을 가리킨다.
4 威重(위중): 위엄(威嚴).

50

▶ 태공의 가신이 태공에게 말했다. "하늘에는 두 개의 태양이 없고, 땅에는 두 명의 군주가 없습니다. 지금 고조께서 비록 집에서는 자식이지만 백성들의 군주이시며, 태공께서는 비록 아버지가 되시지만 신하이십니다. 어찌 군주로 하여금 신하에게 절을 하도록 하십니까? 이렇게 하면 황제의 위엄이 서지 않습니다."

---

유방은 5일에 한 번씩 태공(太公, 유방의 부친)에게 문안을 올리면서 일반 서민의 부자지간 예절을 따랐다. 이에 태공의 가신이 '하늘에는 오직 하나의 태양이 있듯이 땅에는 두 명의 군주가 있을 수 없다'며 태공을 설득했다. 그 후 유방이 문안 왔을 때 태공은 빗자루를 들고 문전에서 맞이하며 뒤로 물러섰다. 유방이 크게 놀라며 어가에서 내려 태공을 부축했다. 그러자 태공이 말했다. "황제께서는 천하 백성들의 군주이시니 어찌 나로 인하여 천하의 법도를 어지럽힐 수 있겠습니까?" 이에 유방은 태공을 추존하여 '태상황(太上皇)'이라 하고, 가신의 말을 가상히 여겨 그에게 금 5백 근을 하사했다.

**역사를 사로잡은 명문장**

천하가 통일된 이후에는 위계질서가 확립되어야 한다. 그렇지 않으면 나라가 혼란에 빠질 것이 자명하다. 그러나 천하를 얻기 전에는 반드시 예를 갖추어 현명한 인재를 존중해야 하니, 그렇지 않으면 인심이 그에게 귀의하지 않을 것이다.

서한과 동한 사이, 왕망이 정권을 찬탈하자 사방에서 영웅들이 들고 일어났다. 마원(馬援)은 공손술(公孫述)과 유수(劉秀)를 모두 만나보았는데, 공손술은 마원을 오만하게 대한 반면 유수는 그를 격의 없이 가깝게 대해주었다. 훗날 마원은 유수에게 충성을 다해 누차 큰 공을 세웠다. 공손술은 '하늘에는 두 개의 태양이 없다'는 생각에 너무 일찍 빠져 있었던 것이다.

### 명문장의 활용

오늘날에도 이 명구는 여전히 존재 가치가 있다. 정부나 기업을 막론하고 어떤 조직이든 간에 어느 정도의 권력 집중은 필요하다. 하지만 조직의 우두머리가 '민주(民主)'에서 획 하나를 뺀 '민왕(民王)'으로 군림하고자 한다면, 그가 실패할 것은 자명하다.

# 큰 바람 몰아치니
# 구름이 날아오른다

## 013

高祖過沛[1], 悉召故人[2]父老子弟縱酒.
고조과패[1], 실소고인[2]부로자제종주.

發沛中兒得百二十人, 敎之[3]歌.
발패중아득백이십인, 교지[3]가.

酒酣[4], 高祖擊筑[5], 自爲歌詩曰:
주감[4], 고조격축[5], 자위가시왈:

"大風起兮雲飛揚,
"대풍기혜운비양,

威加海內兮歸故鄕,
위가해내혜귀고향,

安得猛士兮守四方!" 令兒皆和習之.
안득맹사혜수사방!" 영아개화습지.

—「고조본기」

---

**1** 沛(패): 유방의 고향인 패현(沛縣).

**2** 故人 (고인): 친구.

**3** 之(지): '之(지)'는 대명사로 아이들을 가리킨다.

**4** 酒酣(주감): 술이 어느 정도 올랐을 때. '酣(감)'은 취기가 오른 상태를 말한다.

**5** 筑(축): 고대의 현악기.

▶ 고조는 도성으로 돌아오는 길에 패현을 지나면서, 친구들과 마을의 어르신들, 자제들을 모두 초청하여 마음껏 술을 마시며 패현의 아이 120명을 선발하여 노래를 가르쳤다. 술이 거나해지자 고조가 축을 타며 직접 노래를 지어 불렀다. "큰 바람 몰아치니 구름이 날아오르고, 위엄을 천하에 떨치며 고향에 돌아왔도다. 어찌하면 용사를 얻어 천하를 지킬 수 있을까!" 고조는 아이들 모두에게 따라 부르게 했다.

---

공을 이루고 고향에 돌아온 유방은 흥에 겨워 즉석에서 노래를 지었다. 아이들에게 새로 지은 노래를 따라 부르게 하더니, 자리에서 일어나 춤을 추며 벅찬 마음에 눈물을 흘렸다. 그리고 패현의 사람들에게 말했다. "나그네는 본래 고향을 그리워하기 마련이오. 내가 비록 관중에 도읍을 두고 있으나, 만 년이 지난 후라도 내 혼백은 여전히 내 고향 패현을 그리워할 것이오. 내가 패공의 신분으로 포학무도한 자들을 토벌하여 마침내 천하를 소유했으니, 이곳 백성들에게 부역을 면제해주어 대대로 납세와 복역을 할 필요가 없게 할 것이오."

패현의 어르신들과 옛 친구들은 날마다 유쾌하게 술을 마시고 지난 일을 이야기하며 즐거워했다. 여남은 날이 지나 유방이 돌아가려 하자 패현의 어른들은 한사코 그에게 머물기를 청했다. 유방이 "일행이 너무 많아 어르신들께서 그 비용을 감당할 수가 없습니다."라고 말하고 떠나가니, 패현 사람들은 마을을 비우고 마을 서쪽으로 나가 유방 일행을 배웅하며 예물을 바쳤다. 이에 유방은 다시 머물러 천막을 치고 3일 동안 술을 마셨다. 패현의 부형들이 모두 머리를 조아리고 말했다. "패현은 다행히 부역이 면제되었으나 이웃 풍읍(豐邑)은 부역을 면제받지 못했습니다. 폐하께서 그들을 불쌍히 여겨주시기를 간청합니다." 그러자 유방이 말했다. "풍읍은 내가 태어나 자란 곳이니 가장 잊을 수 없는 곳이오. 다만 예전에 풍읍 사람들이 옹치(雍齒)를 따르고 나를 배반했기 때문에 그런 것이오." 그러나 패현의 부형들이 한사코 간청했고, 유방은 패현과 마찬가지로 풍읍의 부역도 면제해주었다.

### 역사를 사로잡은 명문장

독자를 격동시키는 사마천의 문장력은 이 구절에서도 잘 드러난다. 금의환향한 유방의 득의양양한 모습과 함께, 천하를 얻는 일보다 더 힘들지 모를 천하를 지키는 일을 근심하는 유방의 모습을 생생하게 표현하고 있다. 고을의 아이들에게 노래를 가르치는 모습에서 후배들에게 큰 뜻을 심어주려는 유방의 의지가 잘 드러난다.

### 명문장의 활용

풍운(風雲)이 일어나는 좋은 기회를 만났을 때, 뜻이 있는 자라면 유방의 기백을 모범으로 삼아 본받을 만하다. 그러나 일단 뜻을 펼쳐 천하를 얻고 난 뒤에는 용맹한 인재를 얻어 사방의 적들을 방비해야 할 것이다. 승리에 도취되어 향락에 빠진다면 힘들게 얻은 천하를 하루아침에 잃을 수도 있다는 점을 명심해야 한다.

# 천명은 어길 수 없다

## 014

高祖爲流矢¹所中, 行道病. 病甚, 呂后迎良醫.
고 조 위 유 시 ¹ 소 중, 행 도 병. 병 심, 여 후 영 양 의.

醫入見, 高祖問醫, 醫曰: "病可治."
의 입 견, 고 조 문 의, 의 왈: "병 가 치."

於是高祖嫚罵²之曰:
어 시 고 조 만 매 ² 지 왈:

　"吾以布衣³提三尺劍取天下,
　"오 이 포 의 ³ 제 삼 척 검 취 천 하,

　此非天命乎? 命乃在天, 雖扁鵲⁴何益!"
　차 비 천 명 호? 명 내 재 천, 수 편 작 ⁴ 하 익!"

—「고조본기」

---

1　流矢(유시): 출처를 알 수 없는 화살.
2　嫚罵(만매): 함부로 욕하다.
3　布衣(포의): 베옷. 여기서는 베옷을 입은 평민을 가리킨다.
4　扁鵲(편작): 고대의 유명한 의사.

▶ 고조가 화살에 맞아 돌아오는 도중에 병이 났다. 병세가 심해지자 여후가 명의를 불러왔다. 의원이 들어가서 고조를 배알하니 고조가 병세를 물었다. 의원이 말했다. "폐하의 병은 치료될 수 있습니다." 고조가 그를 나무라며 말했다. "내가 평민 신분으로 세 자 길이의 검을 들고 천하를 얻었으니, 이는 천명이 아니겠는가? 사람의 명은 하늘에 달려 있는 것이니, 설령 편작(扁鵲)이라 한들 무슨 도움이 되겠는가!"

---

유방은 경포를 공격하는 도중에 화살에 맞아 상처를 입었다. 상처가 심해져 돌아오는 도중에 병이 나자 여후(呂后, 유방의 황후)는 고조를 치료하기 위해 명의를 불러왔다. 의원은 치료할 수 있다며 유방을 안심시켰지만, 유방은 자신을 속이지 말라며 호통을 쳤다. 결국 의원에게 황금을 하사하고 물러가라 했다.

잠시 후에 여후가 유방에게 물었다. "폐하께서 돌아가신 뒤에 소상국(蕭相國, 소하)이 죽으면 누구로 하여금 그를 대신하게 하지요?" 유방이 대답했다. "조참(曹參)이 대신할 수 있을 것이오." 그다음 사람을 묻자 유방이 말했다. "왕릉이 할 수 있을 것이오. 그러나 왕릉은 고지식하므로 진평이 그를 돕도록 하는 것이 좋소. 진평은 충분한 지혜를 가지고 있지만 단독으로 대사를 맡기 어려울 것이오. 주발은 중후하나 문재가 모자라오. 그러나 유씨의 한왕조를 안정시킬 자는 틀림없이 주발이니 그를 태위로 삼을 만하오." 여후가 다시 그다음을 묻자 유방이 말했다. "그다음의 일은 당신이 알 바 아니오."

새로 왕조를 연 군주라면 누구나 자신이 통일한 천하가 오래도록 후세에 전해지길 원할 것이다. 그러나 유방처럼 천명을 정확하게 알고 있던 군주는 많지 않다. 명(明) 왕조를 건립한 주원장(朱元璋)이 샤오빙(燒餠, 중국식 화덕 빵)을 먹고 있을 때 유기(劉基)가 알현을 청했다. 주원장은 한 입 베어 먹은 샤오빙을 다시 그릇에 담고는 유기에게 안에 든 것이 무엇인지 맞혀보라고 했다. 그러자 유기가 대답했다. "동글동글한 달, 동글동글한 해를 황금 용이 베어 물었구나." 이 말을 들은 주원장은 유기에게 국운(國運)을 물었다. 유기가 대답했다. "팔백 년은 너무 적고, 삼백 년은 너무 많습니다(八百年嫌少, 三百年嫌多)." 얼핏 모순처럼 들리는 이 말의 속뜻은, 국운이라는 것은 백성에게 달려 있는 것이기에 군주의 행동 여하에 따라 바뀔 수 있다는 것이다.

### 명문장의 활용

유방의 말처럼 천명은 어길 수 없는 것이지만 그 천명은 결국 사람의 행동에 따라 결정된다. 유기가 주원장에게 했던 말도 결국은 사람의 행동 여하에 따라 미래의 운명이 결정된다는 의미로 이해할 수 있다. "천명은 어길 수 없다"라는 말은 불가피한 상황에서 현실을 받아들일 수밖에 없을 때 하는 말이다. 아무 일도 하지 않는다면 천명이 그에게 내려지는 일 또한 없을 것이다.

# 사람이 죽으면
## 다시 살아날 수 없다

# 015

其少女[1]緹縈自傷泣, 乃隨其父至長安, 上書曰:
기 소 녀[1]제 영 자 상 읍, 내 수 기 부 지 장 안, 상 서 왈:

"妾父爲吏, 齊中皆稱[2]其廉平,
"첩 부 위 리, 제 중 개 칭[2]기 렴 평,

今坐[3]法當[4]刑, 妾傷夫死者不可復生,
금 좌[3]법 당[4]형, 첩 상 부 사 자 불 가 부 생,

刑者不可復屬, 雖復欲改過自新,
형 자 불 가 부 속, 수 부 욕 개 과 자 신,

其道無由[5]也, 妾願沒入[6]爲官婢,
기 도 무 유[5]야, 첩 원 몰 입[6]위 관 비,

贖[7]父刑罪, 使得自新."
속[7]부 형 죄, 사 득 자 신."

—「효문본기(孝文本紀)」

1 少女(소녀): 막내딸.
2 稱(칭): 칭송하다.
3 坐(좌): 연루되다.
4 當(당): 선고받다.
5 無由(무유): '由(유)'는 '방법'. 방법이 없음.
6 沒入(몰입): 몰수.
7 贖(속): 속죄하다.

▶ 그의 막내딸 제영이 슬피 울며 아비를 따라 장안에 도착하여 황제께 글을 올렸다. "소녀의 부친은 관리였습니다. 제(齊) 땅에서는 모두에게서 청렴하고 공정하다는 칭송을 들었사온데 지금 법을 어겨 형벌을 받게 되었습니다. 소녀는, 사형에 처해진 자는 다시 살아날 수 없고 육형을 당한 자는 다시는 원래의 모습을 회복할 수 없음을, 비록 잘못된 행실을 고치어 스스로 새사람이 되고자 해도 그럴 길이 없음을 슬퍼합니다. 바라옵건대 소녀가 관비가 되어 대신 속죄하고 제 아비가 새사람이 될 수 있도록 해주십시오."

---

제(齊)의 태창령(太倉令) 순우공(淳于公)이 죄를 지어 육형(肉刑)을 당하게 되었다. 태창공은 아들이 없고 딸만 다섯이었다. 그는 압송당하며 말했다. "자식을 낳았으되 아들이 없으니 어려운 일이 있어도 전혀 도움이 되지 않는구나." 그러자 막내딸 제영이 슬피 울며 부친을 따라 장안까지 와서 황제께 글을 올렸다.

천자는 제영의 뜻을 가련히 여겨 조서를 내려 다음과 같이 말했다. "유우씨(有虞氏, 요임금) 시대에는 범죄자에게 특별한 색이나 무늬 있는 옷을 입혀 치욕의 표시로 삼게 했을 뿐이다. 그러나 백성들은 이를 수치스럽게 생각해 법을 범하지 않았다고 들었다. 이는 무슨 까닭인가? 다스림이 지극했기 때문이다. 그러나 지금의 법에는 육형이 세 가지나 있어도 범죄는 그치지 않고 있으니, 그 잘못이 도대체 어디에 있는가? 짐의 덕이 두텁지 못하고 교화가 밝지 않기 때문이 아니겠는가? 교화의 방법이 훌륭하지 못해 어리석은 백성들이 범죄의 길로 빠지고 있음을 심히 부끄러워하노라. […] 몸을 상하게 하는 형벌을 받으면 종신토록 회복할 수 없으니 얼마나 고통스럽겠는가? 이것이 어찌 백성의 부모인 천자의 뜻이겠는가? 앞으로 육형을 폐지하도록 하라."

### 역사를 사로잡은 명문장

유방은 일찍이 "살인자는 죽이고, 사람을 해치거나 남의 물건을 훔친 자는 그에 해당하는 벌을 받는다"라는 내용의 '약법삼장(約法三章)'을 약속했다. 하지만 여기에 거론된 죄목을 제외하고 나머지는 진(秦)의 법령을 그대로 따랐기에, 한문제의 시기까지도 얼굴에 글자를 새기거나 신체의 일부를 절단하는 등의 육형이 남아 있었다. 이것이 제영의 상소를 받고 감동한 문제에 의해 사라졌다. 하지만 이 또한 완전히 사라진 것은 아니었다. 『사기』의 저자인 사마천도 무제의 시기에 궁형(宮刑)을 받아 거세된 것이 그 증거이다.

### 명문장의 활용

"사람이 죽으면 다시 살아날 수 없다"라는 말은, 현대에는 망자(亡者)의 유족들을 위로하며 남아 있는 사람들이라도 열심히 살아가야 한다는 의미로 사용된다. 이 말의 원래 의미를 되새기면, 망자의 유족을 위로하는 상황보다는 사형 제도를 폐지, 혹은 축소시키자는 논의에 보다 적합하다.

# 제2장

## 제비나 참새가 어찌 고니의 뜻을 알겠는가

— 세가(世家) 속의 명문장

# 사방 10리의 전답과
# 5백 명의 백성

**016**

"昔有過氏¹殺斟灌²以伐斟尋³, 滅夏后帝相.
"석유과씨¹살짐관²이벌짐심³, 멸하후제상.

帝相之妃后緡方娠, 逃於有仍⁴而生少康⁵.
제상지비후민방신, 도어유잉⁴이생소강⁵.

少康爲有仍牧正⁶. 有過又欲殺少康,
소강위유잉목정⁶. 유과우욕살소강,

少康奔有虞⁷. 有虞思夏德, 於是妻之以二女而
소강분유우⁷. 유우사하덕, 어시처지이이녀이

邑之於綸, 有田一成, 有衆一旅. 後遂收夏衆,
읍지어륜, 유전일성, 유중일려. 후수수하중,

撫其官職, 使人誘之, 遂滅有過氏, 復禹之績,
무기관직, 사인유지, 수멸유과씨, 복우지적,

祀夏配天, 不失舊物."
사하배천, 불실구물."

—「오태백세가(吳太伯世家)」

1 有過氏(유과씨): 하(夏)나라 때 한착(寒浞)의 아들 요(澆)가 봉해진 제후국. '氏(씨)'는 고대 국가 이름 뒤에 붙이던 칭호.

2 斟灌(짐관): 하나라 때 왕실과 동성인 제후국.

3 斟尋(짐심): 하나라 때 왕실과 동성인 제후국.

4 有仍(유잉): 하나라 때의 제후국으로 후민(后緡)의 친정.

5 小康(소강): 하나라의 다섯번째 임금.

6 牧正(목정): 목축을 주관하던 관리의 장.

7 有虞(유우): 순임금의 후손들이 봉해진 하나라 때의 제후국.

64

▸ "옛날 유과씨(有過氏)가 짐관(斟灌)의 군주를 죽이고 다시 짐심(斟尋)을 공격하여 하후제(夏后帝) 상(相)을 살해했습니다. 제상(帝相)의 왕비 후민(后緡)은 그때 마침 아이를 배고 있었는데, 유잉(有仍)으로 달아나 소강(小康)을 낳았습니다. 소강은 장성하여 유잉의 목정(牧正)이 되었습니다. 유과씨가 다시 소강을 살해하려고 하자 소강은 다시 유우(有虞)로 달아났습니다. 유우의 군주는 하나라로부터 받은 은혜를 생각해서 두 딸을 소강에게 시집보내고 그에게 윤읍(綸邑)을 하사하여 사방 10리의 전답과 5백 명의 백성을 거느리게 했습니다. 이것을 기반으로 소강은 하나라 백성들을 다시 규합하고 관직을 정돈했습니다. 이어서 사람을 침투시켜 유과씨를 멸망시키고 하나라 우임금의 업적을 부흥시켰습니다. 또 하늘에 제사를 지낼 때 하나라의 선조도 함께 모심으로써 잃어버렸던 하나라의 면모를 회복했습니다."

---

오왕 부차는 대부 백비(伯嚭)를 태재로 삼았다. 부차는 군사들에게 활쏘기를 훈련시키며 항상 월(越)나라에 원수를 갚을 생각만 했다. 이듬해 부차는 나라 안의 정예병들을 모두 이끌고 월나라 군사들과 부초(夫椒)에서 싸워 크게 이김으로써 고소성(姑蘇城)에서 패배한 원수를 갚았다. 월왕 구천은 중무장한 병사 5천을 이끌고 회계산(會稽山)으로 들어가 농성전을 벌였으나, 결국 대부 문종(文種)을 보내 강화를 청하면서 오나라를 섬기겠다고 했다. 부차가 이를 허락하려고 하자 오자서(伍子胥)가 반대하며 말했다. "[…] 지금 오나라는 유과씨처럼 강하지 못한 반면 구천은 소강보다 세력이 더욱 큽니다. 이 기회를 이용하여 월나라를 철저하게 멸망시키지 않고 관대하게 용서한다면 그들은 후에 우리 오나라의 근심거리가 될 것입니다. 또한 구천은 고난을 잘 견디는 성품을 갖고 있으니 지금 그를 죽이지 않는다면 나

중에 후회해 봐야 소용없을 것입니다."

오왕 부차는 자서의 말을 듣지 않고 월나라와 강화를 맺었고, 결국 훗날 월나라에 의해 멸망당했다.

### 역사를 사로잡은 명문장

적을 관대하게 대하는 것은 곧 자신을 잔인하게 대하는 것과 같다. 소강이 중흥하게 된 것과 구천이 다시 국세를 회복한 일은, 패배를 이겨내고 다시 승리하고자 하는 군주들에게 모범이 되었다. 반면 오자서의 직간을 거절했다가 결국 패배한 부차의 이야기는 승리의 달콤함에 취하기 쉬운 군주가 거울로 삼을 만하다.

### 명문장의 활용

『좌전(左傳)』에 다음과 같은 오자서의 예언이 실려 있다. "월나라는 10년 동안 백성의 수를 늘리고 재정을 확보하면서, 오나라에 대한 적개심을 가르칠 것이다. 20년이 지나면 오나라의 궁실은 장차 연못이 되어버릴 것이다." 과연 월나라는 22년 뒤에 오나라를 멸망시켰다.

바꿔서 말하면 "사방 10리의 전답과 5백 명의 백성", 즉 최소한의 기반만 있으면 패배를 설욕할 수 있다. 하지만 복수에 성공하기 위해서는 오랜 시간 원한을 잊지 않고 대항할 수 있는 끈기와 인내가 필요하다.

# 군주보다 신하를
# 잘 아는 이는 없다

## 017

管仲病, 桓公問曰: "群臣誰可相者?"
관중병, 환공문왈: "군신수가상자?"

管仲曰: "知臣莫如君."
관중왈: "지신막여군."

公曰: "易牙[1]如何?"　　對曰: "殺子以適君, 非人情, 不可."
공왈: "역아[1]여하?"　　대왈: "살자이적군, 비인정, 불가."

公曰: "開方[2]如何?"　　對曰: "倍[3]親以適君, 非人情, 難近."
공왈: "개방[2]여하?"　　대왈: "배[3]친이적군, 비인정, 난근."

公曰: "竪刀[4]如何?"　　對曰: "自宮以適君, 非人情, 難親."
공왈: "수조[4]여하?"　　대왈: "자궁이적군, 비인정, 난친."

管仲死, 而桓公不用管仲言, 卒近用三子, 三子專權.
관중사, 이환공불용관중언, 졸근용삼자, 삼자전권.

—「제태공세가(齊太公世家)」

1　易牙(역아): 춘추시대 제환공(齊桓公)의 내시. 자신의 아들을 삶아 바쳐 환공의 환심을
　　샀다. 환공 사후에 반란을 일으켰다.
2　開方(개방): 춘추시대 위(衛)나라의 공자. 제나라가 출병하여 위나라를 공격하자,
　　위왕은 개방에게 예물을 들고 가 환공과 담판을 짓도록 했다. 이후 15년간 부모가 있는
　　위나라에 방문하지 않은 채 제나라에서 환공을 섬겼다.
3　倍(배): 배신하다. '背(배)'와 통한다.
4　竪刀(수조): 춘추시대 제환공의 내시. 환공의 총애를 받았다.

▶ 관중(管仲)이 병이 나자 환공이 물었다. "여러 신하들 가운데 재상을 시킬 만한 이는 누구인가?" 관중이 말했다. "군주보다 신하를 잘 아는 사람은 없지요." 환공이 물었다. "역아(易牙)는 어떤가?" "제 자식을 죽여 임금에게 영합했으니 인정에 어긋납니다. 안 됩니다." 환공이 다시 물었다. "개방은 어떤가?" "부모를 배반하고 임금에게 영합했으니 인정에 어긋납니다. 가까이 두기 어렵습니다." 환공이 다시 물었다. "수조는 어떤가?" "제 생식기를 잘라 임금에게 영합했으니 인정에 어긋납니다. 친애하기 어렵습니다." 관중이 죽자 환공은 관중의 말을 따르지 않고 이 세 사람을 가까이 두어 중용했고. 그리하여 이 셋이 권력을 휘둘렀다.

---

춘추 오패(五覇) 중 하나인 제환공(齊桓公)은 매우 비참한 결말을 맞이했다. 관중이 죽은 다음 해에 환공은 병이 들었고, 역아와 수조는 함께 난을 일으켜 환공을 고립시켰다. 이 사실을 안 환공은 눈물을 흘리며 말했다. "만약 죽은 자도 지각이 있다면 내가 무슨 면목으로 관중을 만나겠는가?" 환공이 죽은 뒤에 그의 다섯 아들은 왕위 다툼을 벌이느라 환공의 장례를 치르지 않았고, 환공은 시신에서 나온 벌레가 문밖까지 기어나갈 때까지 방치되었다.

### 역사를 사로잡은 명문장

25편의 "하늘이 주는 것을 받지 않으면 도리어 벌을 받는다(天與弗取, 反受其咎)"의 내용을 보라. 부차는 오자서의 말을 듣지 않았다가 풀어준 원수에게 패배를 당했다. 부차는 구천에게 항복을 청했으나 구천은 받아들이지 않았고, 부차는 오자서를 볼 면목이 없다면서 소매로 얼굴을 가리고 자결했다. 이 일은 환공의 죽음보다 시간상 나중에 벌어졌다.

　남북조시대 남량(南梁)의 무제(武帝) 소연(蕭衍)도 맨손으로 제국을 건립한 황제였으나, 훗날 반란군이 쳐들어왔을 때 주위의 신하들이 모두 달아난 상태에서 굶어 죽었다. 부차나 소연 모두 제환공의 고사를 제대로 알지 못했던 모양이다.

### 명문장의 활용

"아비보다 자식을 잘 아는 이는 없다", "아내보다 남편을 잘 아는 이는 없다"와 같이 "누구보다 아무개를 잘 아는 이는 없다"라는 표현은 일상생활에서 쉽게 사용된다. 한마디로 말해서 가장 가까운 사람이 그 사람을 가장 잘 이해할 수 있다는 것인데, 본래의 표현은 당부의 말이었다는 것을 기억해야 한다.

머리를 감다가 세 번이나 젖은 머리카락을
움켜쥐고 달려 나가고, 밥을 먹다가
세 번이나 씹던 것을 토해낸다

# 018

周公戒伯禽曰: "我文王之子, 武王之弟,
주공계백금왈: "아문왕지자, 무왕지제,

成王之叔父, 我於天下亦不賤矣.
성왕지숙부, 아어천하역불천의.

然我一沐三捉髮[1], 一飯三吐哺[2],
연아일목삼착발[1], 일반삼토포[2],

起以待士, 猶恐失天下之賢人, 子之魯,
기이대사, 유공실천하지현인, 자지노,

愼無以國驕人."
신무이국교인."

— 「노주공세가(魯周公世家)」

1 捉髮(착발): 머리카락을 움켜쥐다. '握髮(악발)'이라고도 한다.
2 吐哺(토포): 씹던 것을 토해내다. 입안에 음식이 있을 때 현자가 찾아오면 미처 그것을
씹어 삼킬 새 없이 뱉어내고 만났다는 뜻이다.

▶ 주공(周公)이 백금(伯禽)에게 당부의 말을 했다. "나는 문왕(文王)의 아들이고 무왕(武王)의 동생이며 성왕(成王)의 숙부이니 나 역시 천하에 천한 신분은 아니다. 그러나 나는 머리를 감다가 세 번이나 젖은 머리카락을 움켜쥐고 달려 나갔고, 밥을 먹다가 세 번이나 씹던 것을 토해내고 일어나 현사(賢士)들을 접대하면서 오히려 천하의 현인들을 놓칠까 걱정했다. 그대가 노나라에 당도하면 나라를 갖게 되었다고 해서 사람들을 교만하게 대해서는 안 될 것이다."

---

주무왕(周武王)은 주왕(紂王)을 주벌하고 주왕조를 건립했다. 이후 희(姬)씨 종족들에게 각 지역을 나누어 주었다. 무왕이 죽었을 때 태자인 성왕(成王)은 강보에 싸인 어린아이였다. 주공 단(旦)은 무왕이 죽었다는 소문을 듣고 어수선한 틈을 이용해 반란이 일어날까 걱정했다. 주공은 성왕을 대신해 섭정(攝政)의 신분으로 나라를 다스렸다. 그러자 관숙(管叔)과 그 밖의 동생들이 나라에 유언비어를 퍼뜨리며 말하고 다녔다. "주공은 장차 성왕을 해치고 천자의 자리를 차지할 것이다."

주공이 유언비어를 듣고 태공(太公) 망(望)과 소공(召公) 석(奭)에게 말했다. "내가 의심을 받으면서도 왕을 대리하여 섭정하는 것은 천하의 제후들이 주왕실을 배반할 것을 걱정해서입니다. 그래서 나는 나의 섭정을 우리의 선왕들이신 태왕(太王), 왕계(王季), 문왕(文王)에게 고할 수 없었습니다. 세 분의 왕께서 오랫동안 천하를 위해 걱정하고 애를 쓴 나머지 이제야 비로소 공업이 이루어졌는데, 무왕께서 일찍 돌아가시고 성왕의 나이는 너무 어립니다. 오직 주나라의 왕업을 완성하고 싶어 이렇게 섭정을 하고 있는 것입니다." 이 말을 들은 두 사람은 주공과 힘을 합해 성왕을 도왔다.

한편 주공은 그 아들 백금을 노(魯)에 봉하여 자기 대신 취임하여 다스리게 했다. 그는 임지로 떠나는 백금에게 현인들을 잘 대접하라는 당부의 말을 했다.

### 역사를 사로잡은 명문장

조조가 적벽대전을 치르기 전에 창을 뉘어놓고 시를 읊었는데 그 시의 마지막 부분이 바로 "주공이 씹던 것을 토해내니, 천하의 사람들이 그에게 귀의했다(周公吐哺, 天下歸心)"라는 구절이다. 이 구절을 통해 조조는 사람들의 마음을 얻어 천하를 차지하겠다는 자신의 포부를 표현했다. 조조가 만일 군주에게 다른 마음을 품지 않았던 주공의 충성까지 본받아 제위를 노리지 않고 임금을 잘 보좌했다면, 훗날 '천자를 끼고 제후들을 호령했다'는 오명을 입지 않았을 것이다. 물론 조조가 적벽대전에서 승리하여 천하를 통일한 제왕이 되었더라면 역사의 평가가 완전히 달라졌을 것이다.

### 명문장의 활용

이 이야기와 연관 있는 명구가 있다. "주공은 떠도는 말을 두려워했고, 왕망은 겸손하게 선비들에게 몸을 낮추었다(周公恐懼流言日, 王莽謙恭下士時)." 왕망은 왕조를 찬탈한 역신(逆臣)이었으나 그도 한때는 겸손하게 행동하며 선비들을 예우한다는 좋은 평판을 받았다. 만일 주공이 잘못된 소문으로 오해를 받고 있었을 때 세상을 떠났거나, 왕망이 좋은 평판을 받고 있었을 때 죽었다면 두 사람에 대한 역사의 평가 또한 완전히 달라졌을 것이다.

# 뼈를 쪼개 땔감으로 쓰고,
# 자식을 바꾸어 잡아먹는다

## 019

楚以圍宋五月不解, 宋城中急, 無食,
초 이 위 송 오 월 불 해, 송 성 중 급, 무 식,

華元¹乃夜私見楚將子反. 子反告莊王.
화 원¹ 내 야 사 견 초 장 자 반. 자 반 고 장 왕.

王問: "城中何如?"
왕 문: "성 중 하 여?"

曰: "析骨²而炊, 易子而食."
왈: "석 골² 이 취, 역 자 이 식."

莊王曰: "誠哉言! 我軍亦有二日糧."
장 왕 왈: "성 제 언! 아 군 역 유 이 일 량."

以信故, 遂罷兵去.
이 신 고, 수 파 병 거.

— 「송미자세가(宋微子世家)」

---

1 華元(화원): 춘추시대 송(宋)나라 사람. 송나라는 당시 강대국이었던 진(晉)나라와
　초나라 사이에 있어 양쪽의 침략을 받아 괴로운 상황이었다. 화원은 이 두 나라 사이를
　중재하여 자국의 평화를 도모했다.
2 析骨(석골): 뼈를 쪼개다.

▶ 초나라가 송도(宋都)를 포위하고 5개월이 지나도록 포위를 풀지 않자 성안은 위급한 상태에 놓이고 양식마저 떨어졌다. 화원(華元)이 어느 날 깊은 밤에 초나라 진영에 잠입하여 장수 자반(子反)에게 성안의 정황을 이야기하고 강화를 제안했다. 자반이 이를 초장왕(楚莊王)에게 고하자 장왕이 자반에게 물었다. "성안의 상황은 어떤가?" 자반이 대답했다. "성안의 사람들은 해골을 패 장작으로 삼아 취사를 하고 있으며, 어린아이들을 바꾸어 잡아먹으면서 주린 배를 채우고 있습니다." 장왕이 말했다. "그 말이 사실이라면 참으로 참혹한 일이오! 실은 우리 군사들 양식도 이틀치밖에 없소." 결국은 초나라는 신의를 지킨다는 명분으로 포위를 풀고 물러났다.

---

초장왕은 춘추 오패 중 한 사람이다. 이전에 송양공(宋襄公)도 한때 패자라 칭한 적이 있지만, 초나라의 국력은 송나라와 비교할 수 없을 만큼 막강했다. 송양공은 실리가 아닌 명분을 지나치게 중시했고, 이 때문에 송나라의 국력은 갈수록 쇠했다.

　노문공(魯文公) 16년에 송나라와 원한이 있는 초나라의 사자가 송나라 땅을 지나가게 되었다. 송나라에서는 그를 붙잡아 죽였다. 그해 9월에 초장왕은 초나라 사자를 죽인 죄를 묻기 위해 군사를 일으켜 송나라 도성을 포위했다. 초나라는 이듬해 5개월간 송도(宋都)를 포위해 승리를 눈앞에 두었지만 송나라의 참혹한 사정을 듣고 신의를 지킨다는 명분으로 포위를 풀고 군대를 후퇴시켰다.

**역사를 사로잡은 명문장**

'자식을 바꾸어 잡아먹는' 이유는 차마 제 자식을 죽일 수 없기 때문이다. 이는 전쟁의 잔혹한 참상을 적나라하게 보여주는 말로, 성안에 물자가 전혀 없는 상태를 말한다. 한편 입장을 바꾸어 생각해보면, 이런 상황이 되도록 항복하지 않은 것을 결사항전의 자세로 이해할 수도 있다. 초나라에서 군대를 후퇴시킨 것은 그 때문일지도 모른다.

### 명문장의 활용

『맹자(孟子)·이루(離婁)』를 보면 "자식을 바꾸어 가르친다(易子而敎)"라는 구절이 있다. 아버지는 자식을 가르칠 때 뜻대로 되지 않으면 화를 낸다. 결국 아이를 잘 가르칠 수 없을 뿐만 아니라 아이도 반감을 갖게 된다. 이런 일을 피하기 위해 친구들끼리 서로 자식을 바꾸어 가르친다는 내용이다.

전쟁과 같은 비극, "자식을 바꾸어 잡아먹는" 참극에 대해서는 더 이상 언급하지 않겠다. 다만 맹자의 "자식을 바꾸어 가르치는" 구절을 통해 부모가 자식에게 지나치게 권위적으로 행동하면 안 된다는 점을 분명히 해두고 싶다.

# 밖으로 원수를 천거함을 꺼리지 않고,
# 안으로 자식을 천거함을 꺼리지 않는다

## 020

晉會諸侯. 悼公問群臣可用者.
진 회 제 후. 도 공 문 군 신 가 용 자.

祁傒¹擧²解狐. 解狐, 傒之仇.
기 혜 ¹ 거 ² 해 호. 해 호, 혜 지 구.

復問, 擧其子祁午.
부 문, 거 기 자 기 오.

君子曰:"祁傒可謂不黨³矣! 外擧不隱⁴仇.
군 자 왈 :" 기 혜 가 위 부 당 ³ 의 ! 외 거 불 은 ⁴ 구.

內擧不隱子."
내 거 불 은 자 ."

― 「진세가(晉世家)」

1 祁傒(기혜): 춘추시대 진(晉)나라의 대부. 기(祁) 땅에 식읍이 있었다.
2 擧(거): 추천하다. 천거하다.
3 黨(당): 편당(偏黨)을 이루다. 사사롭게 세력을 결성하다.
4 隱(은): 감추다. 가리다.

▶ 진(晉)의 군주가 제후들을 소집했다. 도공(悼公)이 조정에 쓸 만한 사람이 누가 있는지 묻자, 기혜(祁傒)가 해호(解狐)를 천거했다. 해호는 기혜와 원수지간이었다. 도공이 다시 기혜에게 물었다. 기혜가 이번에는 자신의 아들인 기오(祁午)를 천거했다. 사람들이 기혜에 대해 다음과 같이 평했다. "기혜야말로 가히 공정한 사람이라고 할 만하다! 밖으로는 자기 원수를 천거함을 꺼리지 않았고, 안으로는 자기 자식을 천거함을 꺼리지 않았다."

───────────────────────────────

진(晉)은 춘추시대에 가장 먼저 패자(霸者)가 되었던 나라이다. 진문공(晉文公)이 제후들을 모아 회맹(會盟)한 이후로 진도공(晉悼公)의 시기에도 패업을 떨쳤는데, 그럴 수 있었던 가장 큰 이유는 여러 훌륭한 인재를 임용한 데 있다. 이 이야기에서 기혜가 천거한 해호도 일찍이 자신의 원수인 조간자(趙簡子)를 천거했다. 조간자가 원수인 자신을 추천한 해호에게 감사하자, 해호는 사사로운 원한이 공적인 일에 영향을 줄 수 없다고 말했다.

### 역사를 사로잡은 명문장

북송의 왕안석은 기존 법령의 부당함을 고쳐 신법(新法)을 제창했다. 국가의 병폐를 치유하려는 바람직한 목적을 가지고 있었음에도 시행 과정에 있어 인재 등용이 적당하지 않아 많은 폐단을 불러왔고, 결국 백성들의 원망을 샀다. 왕안석이 신임했던 신법당 중에 등관(鄧綰)이라는 이가 있었는데, 그는 자신을 임용해준 왕안석에게 아부하기 위해 왕안석의 아들과 사위에게 관직을 내려줄 것을 청하는 상소문을 올렸다. 이 사실을 안 왕안석은 분노하여 황제에게 직접 등관을 해임할 것을 요청했다. 황제는 왕안석의 말에 따라 등관을 해임했다.

**명문장의 활용**

"밖으로 원수를 천거함을 꺼리지 않고, 안으로 자식을 천거함을 꺼리지 않는다"라는 말은 앞뒤 순서가 중요하다. 기혜는 훌륭한 인재를 원수라는 이유로 배척하지 않았기에 자기 자식을 추천할 수 있었고, 해호도 원수를 추천한 적이 있기에 또 다른 원수에게 존경받을 수 있었다. 왕안석은 당쟁에 깊이 관련되어 있었기 때문에 자식을 추천할 만한 상황이 아니었다. 심지어 부하가 그에게 잘 보이고자 아부를 했을 때 그를 쫓아낼 수밖에 없었다.

# 입술이 없어지면
## 이가 시리다

## 021

宮之奇[1]曰: "虞[2]之與虢[3], 脣之與齒,
궁 지 기 [1] 왈: " 우 [2] 지 여 괵 [3] , 순 지 여 치 ,

脣亡則齒寒."
순 망 즉 치 한 ."

— 「진세가」

---

1 宮之奇(궁지기): 춘추시대 우(虞)나라의 대부.
2 虞(우): 춘추시대의 나라 이름.
3 虢(괵): 춘추시대의 나라 이름.

▶ 궁지기(宮之奇)가 말했다. "우(虞)와 곽(虢)의 관계는 입술과 이의 관계와 같으니, 입술이 없어지면 이가 시립니다."

---

진(晉)이 우의 군주에게 곽을 정벌한다 하고 길을 빌려달라고 청하면서, 그 대가로 굴산(屈産)의 명마와 수극(垂棘)의 옥을 선물로 주었다. 우나라 대부 궁지기가 우공(虞公)에게 간하며 말했다. "길을 빌려주시면 안 됩니다. 만일 우리가 길을 빌려주어 곽국(虢國)이 멸망한다면 결국은 우리 우나라도 망할 것입니다." 우공이 말했다. "진과 우는 동성(同姓)인 희성(姬姓) 제후국이다. 어찌 그들이 우리를 공격하겠는가?" 궁지기가 말했다. "태백(太伯)과 우중(虞仲)은 모두 주나라 태왕(太王)의 아들입니다. 태백은 도망치는 바람에 주나라의 왕위를 물려받지 못했습니다. 곽중(虢仲)과 곽숙(虢叔)도 모두 태왕의 뒤를 이었던 왕계(王季)의 아들입니다. 두 사람은 주문왕을 위해 경사(卿士)의 일을 맡아 주나라에 큰 공을 세워 그들의 공훈이 기록되어 왕실에 보관되어 있고, 또한 맹약의 서류를 만들어 맹부(盟府)에 보관하도록 했습니다. 그들이 곽을 정벌하여 멸망시키는데 어찌 우나라라고 해서 애석하게 생각하겠습니까? 하물며 진이 우리 우나라와 친하다고는 하지만 자신들의 선조인 환숙(桓叔)과 장백(庄伯)의 가족들보다 더 친하다고 할 수 있겠습니까? 환숙과 장백의 가족들은 무슨 죄를 지었기에 진의 군주는 그들을 한 사람도 빠짐없이 죽인 것입니까? 우와 곽의 관계는 입술과 이의 관계입니다. 입술이 없어지면 이가 시린 법입니다."

우공은 궁지기의 간절한 말을 듣지 않고 진에 길을 빌려주었다. 궁지기는 가족들을 데리고 우나라를 떠났다. 그해 겨울에 진이 괵을 멸했다. 괵공은 도망쳐 주나라로 갔다. 진의 군사들은 개선하여 돌아오던 중에 기습하여 우나라를 멸망시켰고, 우나라 군주와 대부인 백리해(百里奚)를 포로로 잡았다.

### 역사를 사로잡은 명문장

진의 순식(荀息)은 보물을 미끼로 우나라에 길을 빌리는 계책을 올렸고, 탐욕스러운 우의 군주는 이를 받고 진이 괵을 칠 수 있도록 길을 빌려준다. 하지만 괵이 멸망당한 뒤에 우도 멸망했고, 뇌물로 받았던 보물도 고스란히 빼앗겼다. 작은 욕심 때문에 대의를 보지 못하는 경우에 이 말을 사용한다.

### 명문장의 활용

'순망치한(脣亡齒寒)'이란 성어는 명쾌한 의미를 담고 있으면서 광범위하게 사용된다. 이 고사의 에필로그는 다음과 같다. 순식이 우나라에 보냈던 굴산의 말과 수극의 옥을 헌공(獻公)에게 보내자 헌공이 웃으며 말했다. "예전의 말이 돌아왔으되 이[齒]를 보니 나이를 더 먹었구나." 말의 나이는 치아의 상태로 확인하기 때문에 말을 매매하는 사람들은 말의 치아 상태를 관찰한다. "말이 나이를 먹었다"라는 표현은 세월이 흐른 것에 대한 감개를 나타내는 말로도 사용된다.

# 일단 울면 사람들이
# 그 소리에 놀랄 것이다

## 022

(伍擧) 曰:"有鳥在於阜[1], 三年不蜚[2]不鳴,
(오거)왈:"유조재어부[1], 삼년불비[2]불명,

是何鳥也?"
시하조야?"

莊王曰: "三年不蜚, 蜚將沖天; 三年不鳴,
장왕왈: "삼년불비, 비장충천; 삼년불명,

鳴將驚人."
명장경인."

—「초세가(楚世家)」

---

1 阜(부): 작은 언덕.

2 蜚(비): 날다. '飛(비)'와 통한다.

▶ (오거(伍擧)가 말했다.) "언덕에 새가 한 마리 앉아 있는데 3년이 되도록 날지도, 울지도 않습니다. 이것이 도대체 무슨 새입니까?" 장왕이 말했다. "3년을 날지 않았지만 일단 날면 하늘 끝까지 날 것이다. 3년을 울지 않았지만 일단 울면 사람들이 그 소리에 놀랄 것이다."

---

초장왕은 즉위하고 3년이 지나도록 정사를 돌보지 않은 채 밤낮으로 술과 여자에 취해 세월을 보냈다. 장왕이 나라 안에 다음과 같이 명령을 내렸다. "감히 나에게 간하려는 자가 있다면 결코 용서하지 않고 죽이리라!" 오거가 간하기 위해 장왕이 있는 곳으로 들어왔을 때, 장왕은 왼손으로 정(鄭)나라 미녀를, 오른손으로 월(越)나라 미녀를 껴안은 채 악기를 연주하는 가운데 앉아 있었다. 오거가 장왕을 보고 울지 않는 새의 비유를 들자 장왕은 다음과 같이 말했다. "3년을 날지 않았지만 일단 날면 하늘 끝까지 날 것이다. 3년을 울지 않았지만 일단 울면 사람들이 그 소리에 놀랄 것이다. 알아들었으니 그대는 물러가 있어라!"

하지만 몇 달이 지나도록 나아지는 것이 없었다. 그러자 대부 소종(蘇從)이 다시 장왕의 처소로 들어와 이제 정사를 돌보시라며 간했다. 장왕이 소종을 향해 말했다. "그대는 내가 내린 명령을 듣지 못했는가?" 소종이 대답했다. "제가 죽어 주군께서 깨달음을 얻으신다면 그것은 신이 바라던 바입니다."

장왕이 듣고 즉시 정사를 돌보기 시작했다. 부패한 관리들 수백 명을 주살하고 다시 새로이 수백 명의 관리를 임용했다. 오거와 소종을 중용하여 정사를 맡기자 초나라 백성들이 크게 기뻐했다.

**역사를 사로잡은 명문장**

젊은 군주가 정사를 돌보지 않고 향락에 빠져 있다가 충신의 조언을 듣고 새 정치를 펼치는 유사한 이야기는 그 밖에도 종종 발견된다. 군주가 향락에 빠지는 것은 충신을 찾아내기 위한 일종의 전략일 수 있다. 새로운 정치를 다짐하자마자 부패한 관리 수백 명을 주살했다는 것은 이미 나름의 방식으로 정세를 파악하고 있었다는 반증이기 때문이다. 자신에게 듣기 싫은 간언을 하는 자는 사형에 처하겠다는 엄포에도 불구하고 목숨을 걸고 간언한 신하를 중용한 것은, 신하들의 진심을 알아보기 위한 행동이었을까? 정신을 차린 장왕이 곧바로 두 명의 충신을 중용하여 강력한 개혁 정책을 폈다는 사실을 보면 설득력 있는 가정임에 분명하다.

**명문장의 활용**

"일단 울면 사람들이 그 소리에 놀랄 것이다"라는 말은 조용히 기회를 기다리다가 일단 때가 되면 움직일 수 있도록 적극적으로 준비하는 태도를 가리킨다. 아무것도 하지 않은 채 소극적으로 시간을 허비하고 있다면, 이것은 단지 하늘에서 성공이 뚝 떨어지길 바라는 행동에 지나지 않는다.

# 덕에 달린 것이지
# 솥에 달린 것이 아니다

**023**

楚伐陸渾戎¹, 遂至洛², 觀兵³於周郊.

초 벌 육 혼 융¹, 수 지 낙², 관 병³ 어 주 교.

周定王使王孫滿⁴勞⁵楚王.

주 정 왕 사 왕 손 만⁴ 로⁵ 초 왕.

楚王問鼎小大輕重, 對曰:"在德不在鼎."

초 왕 문 정 소 대 경 중, 대 왈:"재 덕 부 재 정."

—「초세가」

---

1 陸渾戎 (육혼융): 육혼 지방의 융족(戎族). 육혼은 지금의 하남성 낙양 서남쪽에 있다.

2 洛 (낙): 낙양.

3 觀兵 (관병): 열병(閱兵). 군주나 지휘관이 군대를 살피는 일.

4 王孫滿 (왕손만): 주정왕(周定王)의 신하.

5 勞 (로): 위로하다.

▶ 초나라가 육혼융(陸渾戎)을 정벌하고 마침내 낙양에 도착해 주나라 왕성 교외에서 열병식을 가졌다. 주정왕(周定王)이 왕손만(王孫滿)을 시켜 장왕의 노고를 치하했다. 초장왕이 왕손만에게 구정(九鼎)의 크기와 그 무게에 관해 묻자 왕손만이 대답했다. "덕에 달린 것이지 솥에 달린 것이 아닙니다."

---

초장왕은 노고를 치하하기 위해 찾아온 왕손만에게 구정의 크기와 그 무게에 관해 물었다. 구정이란 천자의 권위를 상징하는 큰 솥이다. 이 솥의 무게를 물었다는 것은 솥을 가져가고 싶은 마음이 있다는 것을 넌지시 보여준 것이다. 의도를 눈치챈 왕손만이 대답했다. "천자가 되는 것은 솥에 달린 것이 아니라 그 덕에 달린 것인데 어찌 솥에 대해 물으십니까?"

장왕이 대답했다. "주나라는 이제 쇠미해져 구정에만 의지하여 천하를 지배할 수 없소! 우리 초나라는 도검과 갈고리에 붙어 있는 쇠만 녹여도 구정을 주조할 수 있소!"

왕손만이 대답했다. "군왕께서는 옛날 일을 잊으셨습니까? 옛날에 순임금의 우(虞)나라와 우임금의 하(夏)나라가 창성했을 때는 멀리 있는 변방의 국가들이 찾아와 조공을 바쳤습니다. 아울러 천하구주(九州)의 장관들이 쇠붙이들을 모두 모아 공물로 바쳤고, 이를 녹여 만든 것이 바로 구정(九鼎)입니다. 그 위에 온갖 세상의 수많은 괴이한 것들을 모두 그려 넣어 백성들로 하여금 그 괴이한 것들이 세상을 해롭게 한다는 것을 알게 했습니다. 하나라의 걸왕(桀王)이 세상의 도리를 무너뜨리자 구정은 은(殷)나라로 옮겨졌습니다. 은나라는 그 후로 6백 년 동안 유지되었습니다. 그러나 은의 주왕(紂王)이 광

포하고 잔학한 행위를 저질러 구정은 다시 주나라로 옮겨졌습니다. 세상에 덕이 밝혀지면 정은 무거워져 옮기기 어려워지고, 세상의 덕이 어지러워지면 정은 가벼워져 옮기기 쉬워집니다. 옛날에 성왕께서 구정을 겹욕(郟鄏)에 안치하고 점을 친 결과 주왕실은 30대에 걸쳐 7백 년을 간다는 하늘의 명이 있었습니다. 주나라의 덕이 비록 쇠했으나 하늘의 명이 아직 바뀌지 않았으니 정의 무겁고 가벼움에 대하여 물을 필요가 있겠습니까?" 장왕은 이 말을 듣고 즉시 군사들을 거두어 물러갔다.

### 역사를 사로잡은 명문장

이 일이 있은 뒤 전국시대에 진(秦)이 구정을 빼앗고자 군사를 출병시켰다. 주나라의 대부 안솔(顔率)이 제왕(齊王)을 찾아가 유세했다. "무도한 진나라에 구정을 빼앗기느니 제나라에 전하겠습니다." 이 말을 들은 제왕은 병사를 출진시켜 진나라 군대를 물리쳤다. 전쟁에서 승리한 뒤에 제왕은 구정을 요구했다. 다시 제왕을 찾아간 안솔이 말했다. "어느 나라를 거쳐 운반하시겠습니까?" 제왕은 아무리 생각해봐도 마땅한 경로가 떠오르지 않았고, 결국 구정을 가져가는 일을 포기했다.

두 이야기를 통해 볼 때, 춘추시대만 해도 주나라는 대의명분을 통해 정권을 유지했지만, 전국시대에 들어서면서 강대국에 의지할 수밖에 없었다는 사실을 알 수 있다.

### 명문장의 활용

춘추 오패 중에서 초장왕은 유일하게 '왕(王)'을 참칭했다. '존왕양이(尊王攘夷, 왕실을 존중하고 오랑캐를 물리침)'가 주류 사상이었던 시기에 초장왕이 왕손만에게 무안을 당하고 돌아간 것은 당연한 일이다. 덕망이 부족하면서 헛된 욕심을 부리는 자에게 "덕에 달린 것이지 솥에 달린 것이 아니다"라는 왕손만의 꾸짖음은 촌철살인의 풍자이다.

# 같은 것을 미워하면
서로 따른다

初, 子比<sup>1</sup>自晉歸, 韓宣子<sup>2</sup>問叔向<sup>3</sup>曰:
초, 자 비<sup>1</sup>자 진 귀, 한 선 자<sup>2</sup>문 숙 향<sup>3</sup>왈:

"子比其濟<sup>4</sup>乎?"
"자 비 기 제<sup>4</sup>호?"

對曰: "不就."
대 왈: "불 취."

宣子曰: "同惡相求, 如市賈<sup>5</sup>焉, 何爲不就?"
선 자 왈: "동 오 상 구, 여 시 고<sup>5</sup>언, 하 위 불 취?"

對曰: "無與同好, 誰與同惡?
대 왈: "무 여 동 호, 수 여 동 오?

—「초세가」

---

1 子比(자비): 춘추시대 초영왕(楚靈王)의 아들.
2 韓宣子(한선자): 진(晉)나라의 육경(六卿) 중 한 사람.
3 叔向(숙향): 진나라의 대부.
4 濟(제): 성공하다.
5 賈(고): 상인.

▶ 옛날에 자비(子比)가 진(晉)에서 망명하고 있다가 초나라로 돌아간다는 소식을 들은 한선자(韓宣子)가 숙향(叔向)에게 물었다. "자비가 귀국하여 성공해 초왕의 자리에 앉을 수 있겠습니까?" 숙향이 대답했다. "성공하지 못할 것입니다." 한선자가 말했다. "(초영왕을) 미워하는 것이 마치 시장의 장사치들 같은데 어찌 성공하지 않겠습니까?" 숙향이 말했다. "자비와 좋아하는 것이 같은 사람이 없는데. 누가 함께 미워하겠습니까?"

---

이야기는 자비의 부친인 초영왕(楚靈王)으로부터 시작된다. 초영왕이 폭정을 펼치자 백성들은 이를 감당해낼 수 없었다. 그때 초나라와 대대로 원수를 지고 있던 오나라에서는, 망명 중인 초나라 공자 둘, 즉 자비와 기질(棄疾)을 이용해 초나라에서 난을 일으켜 태자를 죽이고 영왕을 추방시켰다. 공자 자비는 즉위해 왕이 되지만, 약 열흘 후에 공자 기질에게 살해당해 왕위를 빼앗겼으니, 기질이 바로 초평왕(楚平王)이다.

본문에서 이어지는 숙향의 말을 조금 더 살펴보면 다음과 같다. "자비가 진에 망명해 와 13년을 살도록 진나라나 초나라 사람들 중 그와 친하게 지내는 사람이 있다는 소리를 듣지 못했습니다. 그를 따르는 사람이 없다고 말할 수 있겠습니다. […] 자비의 여러 정황을 살펴볼 때 스스로 화를 불러 몸을 망칠 것입니다. 그가 어려움을 모두 극복하고 군주를 살해하는 데 성공하더라도 아무도 그를 도와주지 않아 결국 초왕의 자리를 차지할 수 없을 것입니다. 초나라의 왕위는 기질에게 돌아갈 것입니다. 기질은 진(陳)과 채(蔡)의 땅을 다스리고 있으며, 또한 방성(防城)이 그의 지배 아래 있습니다. 그가 다스리는 땅은 어떤 사악한 일도 발생하지 않고 도적들도 깊숙이 숨어 감히 함부로 날뛰지 못합니다. 또한 사사로운 욕심을 부리지 않아 민심을 얻고 있으니, 백성들 중에 그를 원망하는 이는 아무도 없습니다." 과연 이후에 숙향의 말처럼 되었다.

### 역사를 사로잡은 명문장

한선자가 숙향에게 자비의 일에 관해 물어본 이유는 자비에게 투자하기 위해서였다. 하지만 숙향은 공자 자비가 인덕이 부족하여 주변에 그를 따르는 사람들이 없다는 사실을 지적했다. "백성에게 베풀지 않으면 밖에서 도움을 받지 못한다(無施於民, 無援於外)"라는 격언에 들어맞는 상황이라고 할 수 있다.

### 명문장의 활용

이 말은 본래 『역경(易經)』에 나온 말이다. 마음 맞는 사람들끼리 서로 친하게 지낸다는 의미의 '동성상응(同聲相應), 동기상구(同氣相求)'가 후대에 '동성상응, 동오상구(同惡相求)'로 활용되었다. 전자는 뜻을 같이하는 자들이 협력하는 점에 초점을 두었다면, 후자는 싫어하는 것에 반발하는 혁명을 일으킨다는 점에 중심이 실려 있다. 이와 유사한 표현으로 '동기연지(同氣連枝)'가 있다. 형제자매 사이가 서로 이어져 있는 것을 가리킨다.

# 하늘이 주는 것을 받지 않으면
# 도리어 벌을 받는다

## 025

范蠡曰:"會稽之事, 天以越賜吳, 吳不取.
범려왈:"회계지사, 천이월사오, 오불취.

今天以吳賜越, 越其可逆天乎?
금천이오사월, 월기가역천호?

且夫君王蚤[1]朝晏[2]罷, 非爲吳邪?
차부군왕조[1]조안[2]파, 비위오사?

謀之二十二年, 一旦而棄之, 可乎?
모지이십이년, 일단이기지, 가호?

且夫天與弗取, 反受其咎[3].
차부천여불취, 반수기구[3].

'伐柯者其則不遠', 君忘會稽之厄乎?"
'벌가자기칙불원', 군망회계지액호?"

—「월왕구천세가(越王句踐世家)」

---

1 蚤(조): 일찍. '무(早)'와 통한다.
2 晏(안): 늦게.
3 咎(구): 재앙.

▶ 범려(范蠡)가 말했다. "회계(會稽)에서의 일은 하늘이 우리 월나라를 오나라에 준 것인데 오나라가 받지 않았습니다. 오늘 하늘이 오나라를 월나라에 주는데 어찌 하늘의 명을 거역하겠습니까? 게다가 왕께서 새벽에 일어나 저녁 늦게야 쉬신 것은 오나라를 얻기 위한 일이 아니었습니까? 22년 동안 계획을 세웠는데 하루아침에 포기하는 것이 가하겠습니까? 하물며 하늘이 내린 것을 받지 않으신다면 도리어 하늘로부터 벌을 받을 것입니다. 『시경(詩經)』에 '도끼로 나무를 베어 도끼 자루를 만드는데, 도끼 자루의 모양은 멀리 있지 않다(伐柯者其則不遠)'라고 했습니다. 임금께서는 회계에서의 치욕을 잊으셨습니까?"

---

본문은 '와신상담' 고사의 마지막 부분에 해당한다. 구천이 부차에게 포위당해 항복하자 부차는 구천을 풀어주었다. 그날의 수모를 잊지 않기 위해 구천은 '땔나무 위에서 잠을 자고 쓸개의 쓴맛을 맛보며' 복수를 다짐했고, 결국 복수를 실현하기에 이른다. 반대 상황이 되었을 때 부차 역시 예전의 구천처럼 비굴하게 잘못을 빌었고, 구천은 예전에 부차가 자신을 살려준 은혜를 생각하여 그의 사죄를 받아주려 했다. 이때 범려가 구천을 일깨워주었다. 구천이 대답했다. "차마 그렇게 대할 수는 없소." 그러자 범려가 사자에게 직접 말했다. "왕께서 정무를 모두 나에게 맡기셨소. 오나라의 사자에게 빨리 이곳을 떠날 것을 명하는 바이오. 그렇지 않고 머뭇거린다면 나는 그대에게 죄를 묻겠소." 오왕의 사자로 온 공손웅(公孫雄)은 상심한 나머지 슬피 울며 자리에서 일어나 오군 진영으로 돌아갔다. 구천이 애처롭게 여겨 오왕에게 사자를 보내 자기 말을 전하게 했다. "내가 그대를 용동(甬東)으로 보내 1백 가를 주어 살게 하겠소." 오왕이 사양하며 말했다.

"나는 이미 늙어 왕을 모실 수 없소!" 말을 마치고 스스로 목숨을 끊어 죽었다.

## 역사를 사로잡은 명문장

"하늘이 주는 것을 받지 않으면 도리어 벌을 받는다"라는 말은 머뭇거리는 주군에게 결단을 종용할 때 쓴다. 『한서(漢書)』를 보면, 항우와 유방이 서로 대치할 때 괴통(蒯通)은 한신에게 이 말을 들어, 유방이나 항우 중 어느 한쪽을 편들지 말고 안정적인 정립(鼎立)의 형세를 취할 것을 권유했다. 하지만 한신은 괴통의 말을 듣지 않고 유방을 도왔고, 훗날 토사구팽을 면치 못했다.

『삼국지연의(三國志演義)』를 보면, 조비(曹丕)가 황위(皇位)를 찬탈하자 제갈량이 주저하는 유비에게, 촉한에서 제위(帝位)에 오를 것을 종용하며 이 말을 했다는 기록이 있다.

## 명문장의 활용

기회는 무척이나 갑작스럽게 찾아온다. 그러한 기회를 잡는다는 것은 분명 특별한 재능임이 분명하다. 보통 사람들은 늘 기회를 놓치고 아쉬워하기 마련이다. 본문에서 살펴본 구천처럼, 22년 동안 복수를 위해서 칼을 갈았음에도 일순간 마음이 흔들려 결단을 내리지 못한다면 '도리어 그 화를 입는' 처지가 될 가능성이 매우 높다.

현대사회에서 겸손은 더 이상 미덕이 아니다. "하늘이 주는 것을 받지 않는" 태도는 비즈니스 전쟁터에서 성격적인 결함이라는 말을 피할 수 없을 것이다. '적을 인자하게 대하는 것은 곧 자신에게 잔혹하게 구는 것'이니 말이다.

# 어려움을 나눌 수는 있지만
# 함께 즐길 수는 없다

**026**

句踐以霸, 而范蠡稱上將軍. 還反國,
구천이패, 이범려칭상장군. 환반국,

范蠡以爲大名¹之下, 難以久居,
범려이위대명¹지하, 난이구거,

且句踐爲人可與同患, 難與處安², 爲書辭句踐.
차구천위인가여동환, 난여처안², 위서사구천.

—「월왕구천세가」

---

**1** 大名(대명): 커다란 명예나 명성.
**2** 處安(처안): 안락함에 처하다.

▶ 구천이 패자(霸者)가 된 뒤에 범려는 상장군이 되었다. 월나라로 돌아온 뒤에 범려는 큰 명성 아래에서는 머무르기 어렵고, 게다가 구천의 사람됨은 어려울 때는 함께할 수 있어도 편안할 때는 함께하기 어렵다고 판단해 구천에게 사직서를 썼다.

---

범려는 월왕 구천을 20여 년간 보필하여 마침내 오나라를 멸망시키고 회계산에서의 치욕을 갚았다. 이후 북쪽으로 출병하여 회하를 건너, 제(齊)나라와 진(晉)나라를 압박하여 중원 여러 나라에 위엄을 떨쳤고, 주나라 왕실을 잘 받들었다. 구천이 패왕이 된 뒤 범려는 상장군이 되었다. 이후 다음과 같이 사직서를 올렸다. "신이 듣건대 국왕이 근심하시면 신하는 고생을 아끼지 말아야 하고, 국왕이 모욕을 당하면 신하는 죽어야 한다고 합니다. 이전에 왕께서 회계에서 모욕을 당하셨을 때 제가 죽지 않았던 것은 복수를 위해서였습니다. 이제 그 치욕을 갚았으니, 회계에서 모욕을 당하시도록 만든 죄를 받겠습니다." 구천이 말했다. "나는 월나라를 둘로 나누어 그대에게 주려 하오. 거절하면 그대를 벌하겠소." 범려가 말했다. "군주는 자신의 명령을 집행하고, 신하는 자신의 희망을 실행할 뿐입니다." 그러고는 보물을 간단히 챙겨 집안 식솔들과 함께 배를 타고 나가 끝내 돌아오지 않았다. 범려는 이후 산동으로 떠나 장사로 큰돈을 벌었다. 그가 바로 재물의 신이라 불리는 도주공(陶朱公)이다.

**역사를 사로잡은 명문장**

서한 경제(景帝) 때 칠국의 난이 발생하자 태위 주아부가 군대를 이끌어 이를 평정했다. 훗날 승상의 자리에 올랐지만 주아부는 다만 군대를 이끄는 데에만 능숙했을 뿐 정치에 대해서는 문외한이었다. 매번 황제에게 직간하다가 결국 황제와 정면충돌하는 일까지 생겼다. 한번은 경제가 주아부를 궁중에서 접견하고 음식을 내렸는데, 탁자에는 자르지 않은 고깃덩어리만 놓여 있었다. 주아부가 시중드는 자에게 젓가락을 가져오라 이르자 경제가 입을 열었다. "경은 이렇게 큰 고기에도 만족하지 못하는가?" 주아부는 사태를 파악하고 급히 관모를 벗어 머리를 조아리고 사죄했으나 너무 늦은 일이었다. 경제는 걸어 나가는 주아부를 보고 말했다. "저 불평 많은 사람은 어린 황제를 보좌할 신하가 아니다." 훗날 주아부는 역모를 저질렀다는 혐의로 옥에서 죽는다. 주아부에게 범려와 같은 안목이 있었더라면 이렇듯 비극적인 결말을 맞지는 않았을 것이다.

### 명문장의 활용

"이름이 높아진 자의 아래에서는 오래 머물러선 안 된다(大名之下, 不可久居)"라는 말은, 제왕의 업적이 완성되었을 때 신하는 마땅히 거취를 결정해야 한다는 뜻이다. 함께 고생했던 공로에 대해 보상을 받고자 주저해서는 결코 안 된다. 더구나 황제가 '어려움을 나눌 수는 있지만 함께 즐길 수는 없는' 사람이라면 더욱 경계해야 한다.

# 토끼가 죽으면
# 사냥개를 삶는다

## 027

范蠡遂去. 自齊遺大夫種[1]書曰: "蜚鳥盡.
범 려 수 거. 자 제 유 대 부 종[1] 서 왈: "비 조 진.

良弓藏; 狡兔死. 走狗烹.
양 궁 장; 교 토 사. 주 구 팽.

越王爲人長頸鳥喙[2] 可與共患難.
월 왕 위 인 장 경 조 훼[2] 가 여 공 환 난.

不可與共樂. 子何不去?"
불 가 여 공 락. 자 하 불 거?"

種見書. 稱病不朝.
종 견 서. 칭 병 부 조.

—「월왕구천세가」

---

1 種(종): 문종(文種)을 가리킨다. 춘추시대 초나라 추(鄒) 지역 사람으로, 월나라의
  대부가 되었다. 범려와 함께 구천을 섬겨 오나라를 멸망시키는 공을 세웠다.
2 鳥喙(조훼): 새의 부리.

▶ 범려가 마침내 떠나 제나라에 이르러 대부 문종(文種)에게 편지를 보냈다. "하늘을 나는 새가 없어지면 좋은 활은 창고에 묻히고, 교활한 토끼가 죽으면 사나운 사냥개는 삶겨 죽임을 당합니다. 월왕은 목이 길고 새처럼 입이 삐죽하니, 어려움을 나눌 수 있지만 즐거움은 나눌 수 없는 사람입니다. 어찌하여 아직도 그의 곁에 머무르시는 것입니까?" 문공은 편지를 읽고 병을 칭해 조정에 나가지 않았다.

---

범려와 문종은 구천이 원수를 갚는 데 가장 큰 공을 세운 두 신하이다. 범려는 일찍이 구천에게 "군사에 있어서는 문종이 저만 못하고, 내정에 있어서는 제가 문종만 못합니다."라고 말했다. 훗날 오나라에 복수하고 월왕의 곁을 떠나 제나라로 망명하여 살던 범려는 대부 문종에게 편지를 보내 구천을 떠나라고 충고했다. 문종은 편지를 읽자 병을 칭하고 조정에 나가지 않았다. 하지만 얼마 후에 사람들은 문종이 반란을 획책하고 있다고 참소했고, 월왕은 문종에게 칼을 주며 말했다. "그대는 나에게 오나라를 멸하기 위한 일곱 가지 계책을 알려 주었소. 과인은 그중 세 가지만 사용해 오나라를 멸했소. 그대는 아직 네 가지 계책을 가지고 있으니, 지하에 계신 선왕을 위해 그 계책을 쓰시오." 이 말을 들은 문종은 스스로 목숨을 끊었다.

**역사를 사로잡은 명문장**

한고조 유방은 천하를 평정한 뒤에 늘 한신의 존재를 불안해했다. 그의 봉지를 점차 삭감해나가고 나중에는 그에게서 병권을 빼앗았다. 이런 상황에서 한신은 말했다. "하늘을 나는 새가 없어지면 좋은 활은 창고에 묻히고, 교활한 토끼가 죽으면 사나운 사냥개는 삶겨 죽임을 당한다더니." 한신은 문종과 마찬가지로 병을 핑계로 조회에 나가지 않는 잘못을 저지른다. 조회에 나가지 않는 것은 군주의 입장에서는 신하 노릇을 하지 않겠다는 것으로 받아들일 수 있다. 결국 한신도 문종과 마찬가지로 천수를 누리지 못하고 죽었다.

### 명문장의 활용

'토사구팽'과 관련된 이야기는 시대를 막론하고 이어져왔으며, 현재까지도 끊임없이 생산되고 있다. 기업에서 큰 공을 세운 고급 간부라고 해도 이 도리를 이해하지 못하면 이용 가치가 떨어진 뒤에 '팽(烹)'당하리라는 것을, 짐작하기 어렵지 않다.

# 부잣집 자식은
## 저잣거리에서 죽지 않는다

### 028

朱公¹中男殺人, 囚於楚.
주공¹중남살인, 수어초.

朱公曰: "殺人而死, 職也.
주공왈: "살인이사, 직야.

然吾聞千金之子²不死於市³."
연오문천금지자²불사어시³."

告其少子往視之.
고기소자왕시지.

— 「월왕구천세가」

---

1 朱公(주공): 도주공(陶朱公). 월왕 구천을 도와 오나라를 멸망시킨 범려(范蠡)를 말한다.
2 千金之子(천금지자): 부잣집 자식.
3 市(시): 저잣거리, 사람들이 많이 모여 있는 곳. 예전에는 사형을 저잣거리에서
  집행했다.

▶ 주공(朱公)의 둘째 아들이 사람을 죽인 죄로 초나라에 갇혔다. 주공이 말했다. "살인했으면 죽는 것이 마땅하다. 그러나 듣자하니 부잣집 자식은 저잣거리에서 죽지 않는다고 한다." 그리 말하고 막내아들에게 가서 살피게 했다.

---

범려는 월나라를 떠난 뒤에 도(陶) 땅에 살면서 막내아들을 낳았다. 이 막내가 청년이 될 무렵 둘째 아들이 사람을 죽여 초나라에 갇혔다. 범려는 부잣집 아들은 사형을 면할 수 있다는 말을 하면서 막내아들을 시켜 살피게 했다. 황금 천 일(鎰)을 주어 떠나보내려는데, 큰아들이 말했다. "집안에 장남이 있어 집안을 살피므로 그를 가독(家督)이라 부릅니다. 지금 동생이 죄를 지었는데, 아버님께서 저를 보내지 않고 막내를 보내는 것은 제가 현명하지 않기 때문일 것입니다." 큰아들은 자결하려 했다. 부인도 만류하며 큰아들을 보내라고 하자, 주공은 어쩔 수 없이 허락하며 당부했다. "그곳에 도착하면 장 선생 댁에 황금 천 일을 갖다드려라. 그가 하는 대로 따르되, 절대 그와 논쟁하지 마라." 큰아들은 돈이 모자랄 경우를 대비해 수백 금의 황금을 따로 챙겨 초나라로 향했다.

초나라에 도착한 큰아들은 장 선생을 만나 아버지가 시키는 대로 황금을 바쳤고, 장 선생은 범려의 아들을 살리기 위해 초나라 왕에게 말했다. "요새 별자리가 불길하니 마땅히 사면령을 내려 덕을 쌓으시는 편이 좋겠습니다." 초왕은 그 말을 받아들여 사면령을 내렸고, 범려의 아들도 사면 대상에 포함되었다. 큰아들은 사면령이 내려졌다는 소식을 들었으나 이것이 장 선생이 힘쓴 덕분이라는 사실은 몰랐다. 그는 장 선생을 찾아가 말했다. "장차 대사면이 있을 것이라

하니 저는 이제 안심할 수 있겠습니다. 그래서 작별 인사를 하러 왔습니다." 장 선생은 그가 공연히 황금을 준 일을 후회하여 찾아왔다는 사실을 눈치채고 선물로 받은 황금을 돌려주었다. 장 선생은 비록 가난했으나 처음부터 그 돈을 받을 생각이 없었다. 일을 마친 뒤에 돌려주려고 했던 것인데, 큰아들의 행동이 괘씸했다. 장 선생은 다시 초왕을 찾아가 말했다. "사람들이 말하길, 이번 사면이 도주공의 아들을 풀어주기 위한 사사로운 의도가 있다고 합니다." 초왕은 다시 사면령을 거둬들였고, 범려의 아들은 결국 사형을 당했다.

큰아들이 황금과 둘째아들의 시신을 가지고 돌아오자 범려가 말했다. "진작 일이 이렇게 될 줄 알고 있었다. 큰아들은 어렸을 때 가난하게 살아 재물을 아까워한다. 막내는 어려서부터 부유해 재물을 아낄 줄 모른다. 그래서 애초에 막내를 보내려 했던 것이다."

**역사를 사로잡은 명문장**

"부잣집 아들은 사형당하지 않는다"라는 말은 사실 "유전무죄(有錢無罪)"와 같은 말로, 공정하지 못한 사회를 비꼬는 의미를 담고 있다. 부조리한 일이지만 시대를 막론하고 이런 문제는 언제나 있었다. 동시에 이 일화에서 "아비보다 자식을 잘 아는 이는 없다(知子莫如父)"라는 말의 의미도 새겨볼 수 있다.

**명문장의 활용**

범려는 자식들의 성향을 정확하게 파악하고 있었다. 정치의 급류 속에서 몸을 보전한 것, 장사로 큰돈을 벌어 천하에 이름을 날린 것, 이는 사람을 보는 안목이 남달랐기에 가능했다.

# 솜털은 보지만
# 제 속눈썹은 보지 못한다

## 029

齊使者曰: "幸也越之不亡也! 吾不貴其用智之
제 사 자 왈 : " 행 야 월 지 불 망 야 ! 오 불 귀 기 용 지 지

如目, 見毫毛[1]而不見其睫[2]也.
여 목 , 견 호 모 [1] 이 불 견 기 첩 [2] 야 .

今王知晉之失計, 而不自知越之過,
금 왕 지 진 지 실 계 , 이 부 자 지 월 지 과 ,

是目論也. 王之所待[3]於晉者,
시 목 론 야 . 왕 지 소 대 [3] 어 진 자 ,

非有馬汗[4]之力也, 又非可與合軍連和也,
비 유 마 한 [4] 지 력 야 , 우 비 가 여 합 군 연 화 야 ,

將待之以分楚衆也. 今楚衆已分,
장 대 지 이 분 초 중 야 . 금 초 중 이 분 ,

何待於晉?"
하 대 어 진 ?"

— 「월왕구천세가」

1 毫毛(호모): 터럭. 아주 작은 부분을 비유한다.
2 睫(첩): 속눈썹.
3 待(대): 기대하다.
4 馬汗(마한): '말이 흘리는 땀'이라는 뜻으로, 전공(戰功)을 비유한다.

▶ 제나라의 사자가 말했다. "다행이군요, 월나라가 망하지 않았으니! 왕께서 계획하고 있는 책략은 마치 눈[目]과 같아 솜털 같이 미세한 것을 볼 수 있으면서도 제 속눈썹은 보지 못하니, 훌륭하다고 할 수 없습니다. 오늘 왕께서 진(晉)의 잘못은 아시면서 월나라의 잘못을 알지 못하시니 눈 이야기를 한 것입니다. 왕께서 진에게 바라시는 것은 한마지로(汗馬之勞)에 의한 전공도 아니고 함께 연합하여 동맹을 맺는 것도 아니며, 다만 초나라의 군사들을 분산시키는 것입니다. 지금 초나라 군대는 이미 분산되었는데 진에게 무엇을 바라십니까?"

---

월왕 구천이 오나라를 멸망시킨 뒤 중원 지역으로 진출하자 이를 막을 수 있는 자가 없었다. 그가 죽은 뒤 6대 후손인 무강(無疆)에 이르러, 월나라는 군사를 일으켜 북쪽으로는 제나라를 정벌하고 서쪽으로는 초나라를 공격하여 중원의 제후국들과 강대함을 다투려 했다. 초나라에서는 월왕이 제나라를 공격하길 원했고, 제나라에서는 월왕이 초나라를 공격하길 원했다. 침공당할 위기에 처한 제위왕(齊威王)이 파견한 사자가 월왕을 설득하면서 본문의 분석을 내놓았다. 사자가 말한 진(晉)은 구체적으로 한(韓)과 위(魏)를 지칭한다. 한과 위는 큰 이득을 얻을 수 있는 공격 대상을 제대로 파악하지 못했고, 월왕은 이들의 실책을 정확하게 짚어냈다. 사자가 이를 이용해 설득하자 월왕은 결국 제나라를 공격하는 일을 그만두고 초나라를 공격했다. 하지만 전쟁에서 패하여 전사하고 말았다.

**역사를 사로잡은 명문장**

『맹자』에 보면 할 수 없는 것과 하지 않는 것의 차이점에 대해 다음과 같이 논했다. "어떤 사람의 힘이 능히 백 균(鈞, 1균은 30근)을 들 수 있는데 깃털을 들 수 없다고 한다거나, 가을철 털갈이하는 짐승의 털끝을 볼 수 있는데 수레 가득한 땔감을 볼 수 없다고 한다면 믿으시겠습니까?"

**명문장의 활용**

"솜털은 보지만 제 속눈썹은 보지 못한다"라는 것은 당연한 이치이다. 사람이라면 누구나 눈 바로 위에 달린 속눈썹을 바로 보지 못한다. 이 말은 '지혜로운 사람이라면 눈앞의 이익을 초월해야 한다'는 뜻을 담고 있다. 위에서 살펴본 "가을철 털갈이하는 짐승의 털끝은 보면서 수레 가득한 땔감을 보지 못한다"라는 말은 지나치게 작은 것에 집착하여 큰 것을 보지 못하는 경우에 쓸 수 있다.

# 황천에 이르기 전에는
# 만나지 않겠다

## 030

莊公遷¹其母武姜於城潁,
장공천¹기모무강어성영,

誓言曰: "不至黄泉², 毋相見也."
서언왈: "부지황천², 무상견야."

居歲餘, 已悔思母, 潁谷之考叔³有獻於公, 公賜食.
거세여, 이회사모, 영곡지고숙³유헌어공, 공사식.

考叔曰: "臣有母, 請君食賜臣母."
고숙왈: "신유모, 청군식사신모."

莊公曰: "我甚思母, 惡負盟, 奈何?"
장공왈: "아심사모, 오부맹, 내하?"

考叔曰: "穿⁴地至黄泉, 則相見矣."
고숙왈: "천⁴지지황천, 즉상견의."

於是遂從之, 見母.
어시수종지, 견모.

—「정세가(鄭世家)」

---

1 遷(천): 옮기다. 이주시키다. 여기서는 '쫓아내다'의 의미로 사용되었다.
2 黄泉(황천): 지하에 있는 샘. 여기서는 사후에 가는 곳을 가리킨다.
3 考叔(고숙): 인명. 춘추시대 영곡(潁谷) 지방의 봉인(封人).
4 穿(천): 땅을 파다.

▶ 장공(莊公)이 자신의 어머니 무강(武姜)을 성영(城潁)으로 내쫓으며 맹세했다. "황천에 가기 전에는 만나지 않겠다." 일 년 여의 시간이 지나자 장공은 어머니가 보고 싶어 자신이 던진 말을 후회했다. 영곡의 고숙이 장공에게 예물을 바치자 장공이 그에게 식사를 대접했다. 고숙이 말했다. "저에게는 어머니가 계십니다. 대왕의 음식을 저의 어머니께 상으로 내려주십시오." 이에 장공이 말했다. "나도 어머니가 매우 보고 싶은데 맹세를 지키지 못할까 두렵소. 어찌하면 좋겠소?" 고숙이 대답했다. "황천까지 땅을 파서 그곳에서 만나시면 되겠습니다." 그리하여 장공은 그의 말을 따라 어머니를 만났다.

---

장공의 어머니는 어려서부터 장공의 동생만을 편애했다. 동생은 형에게 많은 것을 요구했고, 장공은 동생의 요구를 모두 들어주었다. 결국 교만해진 동생은 어머니와 모의하여 형에게 반란을 일으키기에 이른다. 결국 장공은 어머니를 쫓아내며 '황천에 이르기 전에는 어머니를 뵙지 않겠다'고 선언했다. 그러나 일 년 뒤 어머니가 그리워진 장공은 자신이 했던 말을 후회했다. 이 사실을 안 고숙은 일부러 장공을 만나 맹세를 실현시킬 방법을 알려준다. 고숙이 알려준 방법은 다음과 같다. 본래 '황천에 이른다'는 것은 죽음을 의미한다. 하지만 장공이 죽음이라고 꼭 집어서 말하지 않았으므로 땅을 파서 황천이 나오도록 한 뒤에 그곳에서 만나면 거짓말을 한 것이 아닌 셈이 된다는 것이었다.

**역사를 사로잡은 명문장**

장공이 동생을 대한 태도는 얼핏 보면 자애로운 형의 모습이다. 그러나 어떤 이들은 그를 음험한 사람이라고 비판한다. 동생의 방자함을 극에 달하게 하여 결정적인 잘못을 유도한 다음 그것을 빌미로 동생을 제거했다는 것이다. 결과적으로 보면 장공은 개인적인 명성을 위해 국가와 백성들을 위험에 빠뜨렸다.

**명문장의 활용**

황천은 저승을 뜻한다. 따라서 "황천에 이르기 전에는 만나지 않겠다"라는 말은 "눈에 흙이 들어가기 전에는 보지 않겠다"라는 말과 같은 뜻이다. 지하에 황천까지 닿는 굴을 파서 어머니를 만나라는 것은 일종의 말장난이다.

# 큰 공을 세우려는 사람은
# 사람들과 함께 모의하지 않는다

## 031

王曰: "今吾將胡服[1]騎射以敎百姓,
왕왈: "금오장호복[1]기사이교백성,

而世必議寡人, 奈何?"
이세필의과인, 내하?"

肥義[2]曰:"臣聞疑事無功, 疑行[3]無名. 王旣定負遺俗之慮,
비의[2]왈:"신문의사무공, 의행[3]무명. 왕기정부유속지려,

殆無顧天下之議矣. 夫論至德者不和於俗,
태무고천하지의의. 부론지덕자불화어속,

成大功者不謀於衆. 昔者舜舞有苗, 禹袒裸國[4],
성대공자불모어중. 석자순무유묘, 우단나국[4],

非以養欲而樂志也, 務以論德而約功也.
비이양욕이락지야, 무이론덕이약공야.

愚者闇成事, 智者睹未形, 則王何疑焉."
우자암성사, 지자도미형, 즉왕하의언."

— 「조세가(趙世家)」

---

1 胡服(호복): 북방 이민족이 입는 옷.
2 肥義(비의): 조(趙)나라의 대신.
3 疑事(의사), 疑行(의행): 일을 하는 데 주저하면서 결정하지 못하는 것을 가리킨다.
4 裸國(나국): 옛날 남만(南蠻)의 이민족이 세운 나라.

▶ 왕이 말했다. "이제 내가 백성들에게 호복(胡服)을 입혀 말을 타고 활을 쏘는 법을 가르친다면 사람들은 틀림없이 과인에 대해 이러쿵저러쿵할 것이오. 어찌하면 좋겠소?" 비의(肥義)가 대답했다. "신이 듣기에 일을 의심하면 공을 세우지 못하고, 행동을 의심하면 명예를 얻지 못한다고 합니다. 왕께서 나라의 오랜 풍속을 어긴다는 비난을 감수하겠다고 이미 마음을 굳히셨으니, 천하 사람들의 의견은 무시하셔야 합니다. 지극히 높은 덕행을 가진 자는 세속과 어울리지 않으며, 큰 공을 세우려는 자는 사람들과 함께 모의하지 않는 법입니다. 옛날 순임금은 유묘(有苗)의 춤을 추어 그들을 복속시켰고, 우임금은 나국(裸國)에 가서 옷을 벗고 그들과 함께 지냈습니다. 이는 자신의 욕망을 채우거나 즐거움을 찾으려 한 것이 아니라, 덕을 논하여 공업을 이루고자 노력한 것입니다. 어리석은 자는 일이 성사된 뒤에도 알지 못하지만, 지혜로운 자는 일이 이루어지기 전에 알아봅니다. 왕께서는 어찌 의심하십니까?"

---

전국시대 조무령왕(趙武寧王)이 호복을 입고 활쏘기를 익힌 것은 대단한 개혁 정책이었다. 이전에 중국의 전술은 전거(戰車)를 타고 싸우는 것이 보통이었다. 병거(兵車) 한 대에 보병 3백 명이 딸려 있었는데, 이런 방식은 북방 민족들의 기병(騎兵)에 비해 민첩하지 못했다.

호인(胡人)들의 복장은 말 타고 활 쏘기에 적합했다. 조나라는 비교적 북쪽에 있었기 때문에 이런 상황을 잘 알고 있었다. 하지만 호인의 복장은 조나라의 전통적인 복식과는 크게 다른 것이었고, 복장을 변경하는 정책은 사대부들의 반발에 부딪쳤다. 당시 중신이었던 비의는 위와 같이 말했고, 결국 개혁 정책의 덕을 본 조나라는 한때의 흥성을 누렸다.

**역사를 사로잡은 명문장**

남북조시대, 북위(北魏)의 효문제(孝文帝)는 전면적인 한화(漢化) 정책을 펼쳐 귀족 계층이었던 선비족(鮮卑族)의 반발에 부딪힌다. 효문제는 우선 황실의 유력자들을 설득했고, 점차 대상을 확대해 결국 호인(胡人)들의 한화를 이루어낸다. 본문의 내용과는 반대 입장에서 펼친 소신 있는 정책이었다고 할 수 있다.


**명문장의 활용**

"큰 공을 세우려는 사람은 사람들과 함께 모의하지 않는다"라는 말은 엘리트 정치의 근간이 되는 말이다. 사실 엘리트 정치와 민주주의 정치는 서로 상반되는 개념이 아니다. 둘 사이의 교집합은 '설득'에서 찾아볼 수 있다. 만약 '사람들과 함께 모의하지 않는 것'이 독단이나 독행, 혹은 강요와 연결된다면 그것은 독재에 불과하다. 그러나 모든 일에 대중들의 동의를 구한다면 효율이 떨어질 수밖에 없다. 엘리트가 일을 계획하고 사람들이 정책에 동의하도록 설득할 수 있다면 순조롭게 일을 진행할 수 있을 것이다.

# 나라가 어지러우면
# 현명한 재상을 생각한다

魏文侯謂李克曰:"先生嘗敎寡人曰
위 문 후 위 이 극 왈 : "선 생 상 교 과 인 왈

'家貧則思良妻, 國亂則思良相'.
'가 빈 즉 사 양 처, 국 란 즉 사 양 상'.

今所置非成則璜¹, 二子何如?"
금 소 치 비 성 즉 황¹, 이 자 하 여 ?"

—「위세가(魏世家)」

---

1 成(성): 위성(魏成). 인명.
2 璜(황): 적황(翟璜). 인명.

▶ 위문후(魏文侯)가 이극(李克)에게 말했다. "선생께서 예전에 과인에게 가르침을 주시기를 '집안이 곤궁하면 어진 부인을 생각하게 되고, 나라가 어지러우면 현명한 재상을 생각하게 된다'고 하셨습니다. 지금 임명할 사람은 위성(魏成)이 아니면 적황(翟璜)인데, 이들은 어떻습니까?"

---

위(魏)나라가 전국시대 초기에 강국으로 군림할 수 있었던 것은 위문후가 적극적으로 인재를 등용한 결과였다. 한번은 위문후가 원로인 이극에게 재상 후보들에 대한 의견을 물었다. 자신의 신분이 비천하다며 사양하는 이극에게 문후는 재차 의견을 물었고, 이극은 다음과 같이 말했다. "군주께서 저에게 하문하신 이유는 그 두 사람의 인품에 대해 자세히 살펴보지 않으셨기 때문입니다. 평소에 누구와 친하게 지냈는지 보시고, 부유할 때 누구와 교분을 맺었는지 보시고, 관직에 올랐을 때 누구를 천거하였는지 보시고, 곤궁할 때 그가 하지 않은 일이 무엇인지 보시고, 가난할 때 그가 취하지 않은 것이 무엇인지 보십시오. 이 다섯 가지를 살펴보신다면 구태여 저에게 물으실 필요가 없습니다."

이극이 궁문을 나와 집으로 가다가 적황의 집을 지났다. 적황이 이극에게 물었다. "주군께서 후임 재상을 결정하기 위해 선생을 불렀다고 들었습니다. 선생은 누구를 천거하셨습니까?" 이극이 말했다. "위성자(魏成子)를 재상으로 삼아야 한다고 말씀드렸습니다."

적황이 이극의 말을 듣고 자신이 추천한 사람들을 거론하며 화를 내자 이극이 말했다. "나는 그대가 평소 사람들을 천거한 것이 큰 벼슬을 바라고 한 일은 아니라고 생각합니다. 주군께서 저에게 '위나라

의 후임 재상에 위성과 적황 두 사람 중 누구를 세우면 좋겠소?'라고
물으시어 '평소에 누구와 친하게 지냈는지 보시고, 부유할 때 누구와
교분을 맺었는지 보시고, 관직에 올랐을 때 누구를 천거하였는지 보
시고, 곤궁할 때 그가 하지 않은 일이 무엇인지 보시고, 가난할 때 그
가 취하지 않은 것이 무엇인지 보십시오.'라고 대답했습니다. 그대가
어찌 위성자에 비해 낫다고 할 수 있습니까? 위성자는 천 종(鍾)에 달
하는 봉록 중 10분의 9를 바깥일을 하는 데 사용하고 나머지 10분의
1만 집안일을 위해 사용하고 있습니다. 바깥일에 사용되는 비용은
동쪽 땅에서 복자하(卜子夏), 전자방(田子方), 단간목(段干木)을 불러오
는 데 사용한 것입니다. 이 세 사람은 모두 주군이 스승으로 모시고
있는 이들인데 그대가 천거한 이들은 모두 주군의 신하가 아닙니까?
그대가 어찌 위성자와 비교될 수 있단 말입니까?" 적황이 머뭇거리
다가 이극을 향해 재배하며 말했다. "저는 참으로 비루한 사람입니
다. 제가 선생께 실례를 범했습니다. 평생토록 선생의 제자가 되고 싶
습니다."


**역사를 사로잡은 명문장**

적황도 많은 인재를 추천하여 중임을 맡게 되었으니, 그의 파벌은 군주가 우려할 정
도의 수준이었다. 당(唐)나라 측천무후(則天武后)의 시기에 누사덕(婁師德)은 적인걸
(狄仁傑)을 재상으로 추천했다. 하루는 측천무후가 적인걸에게 물었다. "누사덕의 재
능은 어떠한가? 사람을 볼 줄 알던가?" 적인걸이 머뭇거리자 무후가 말했다. "당신도
누사덕이 추천한 인물이었구먼." 적인걸은 이 말에 부끄러워했다. 사실 무후는 의심이
많은 사람이었다. 이때 적인걸이 누사덕의 안목을 치켜세웠다면 누사덕과 파벌을 형

성하고 있다는 의심을 받았을 것이다. 곧바로 대답하지 않고 머뭇거림으로써 무후의 의심을 피할 수 있었다.

### 명문장의 활용

이극은 늙은 여우라고 부를 만한 교활한 인물이다. 군주에게 추천을 제안받자 특정인을 지목하는 대신 다섯 개의 선택 조항을 제시했다. 이런 방법은 정치에서 광범위하게 사용되었다. 이는 특정인을 은근히 지목하고 특정인을 배척하여 자신이 의도한 사람을 추천하는 고단수의 방법이다.

# 제비나 참새가 어찌
# 고니의 뜻을 알겠는가

**033**

陳涉¹少時, 嘗與人傭耕, 輟²耕之壟³上.
진섭¹소시, 상여인용경, 철²경지농³상.

悵恨久之, 曰: "苟富貴, 無相忘."
창한구지, 왈: "구부귀, 무상망."

庸者笑而應曰: "若爲庸耕, 何富貴也?"
용자소이응왈: "약위용경, 하부귀야?"

陳涉太息⁴曰: "嗟乎, 燕雀安知鴻鵠⁵之志哉!"
진섭태식⁴왈: "차호, 연작안지홍곡⁵지지재!"

—「진섭세가(陳涉世家)」

---

1 陳涉(진섭): 진승(陳勝)을 말한다. 섭(涉)은 그의 자(字)이다. 진(秦) 말기에 오광(吳廣)과
  함께 난을 일으켜 초왕(楚王)이 되었다.

2 輟(철): 중지하다.

3 壟(농): 밭두둑.

4 太息(태식): 크게 한숨을 쉬다.

5 鴻鵠(홍곡): 고니. 여기서는 큰 뜻을 품은 인재를 비유한다.

▶ 진섭(陳涉)이 젊었을 때 다른 사람들과 함께 머슴살이를 했는데, 밭두둑에서 잠시 일손을 멈추고 길게 탄식하며 말했다. "만약 부귀를 누리게 되면 서로를 잊지 맙시다." 머슴들이 웃으며 대꾸했다. "당신은 머슴살이를 하는데 무슨 부귀가 있겠소?" 진섭이 크게 한숨을 쉬며 말했다. "아, 연작이 어찌 홍곡의 뜻을 알리오!"

---

진이세 때 진승(陳勝)과 오광(吳廣) 등이 노역을 위해 북방으로 파견되었는데, 가던 중에 큰비를 만나 길이 막혀 기일을 어기게 되었다. 당시 규정에 의하면 기일을 어긴 자는 죽임을 당했다. 진승과 오광이 사람들에게 말했다. "지금 기일을 놓쳤으니 간다고 해도 죽을 것이고 도망치다 잡혀도 죽을 것이다. 차라리 목숨을 걸고 싸우는 것이 어떠한가?" 함께 있던 9백 명의 수졸이 동참하여 봉기했다. 진승이 사람들에게 말했다. "왕후장상(王侯將相)의 씨가 따로 있겠는가!" 진승이 봉기한 뒤에 사방에서 폭정에 괴로워하던 사람들이 모여들었고, 진승은 후에 스스로 왕위에 올랐다.

### 역사를 사로잡은 명문장

진승이 왕이 된 뒤에 함께 머슴살이를 했던 사람이 그를 찾아왔다. 진승은 기뻐하며 옛 친구를 맞이하고 궁 안에 머무르게 했다. 하지만 친구는 궁의 예의범절을 몰랐고, 진승이 머슴이었을 때의 이야기들을 떠들어댔다. 신하 한 사람이 진승에게 말했다. "손님이 꺼리는 것이 없어 대왕의 위신을 깎고 있습니다." 진승은 결국 옛 친구의 목을 잘랐다.

일개 농부의 '홍곡지지(鴻鵠之志)'가 진제국을 멸망시켰다. 하지만 진승은 도량이 넓지 않아 오래전에 알고 지낸 연작(燕雀)의 목숨을 빼앗고 말았다. 훗날 새로 왕조를 연 군주들 중에는 출신이 미천한 경우가 많았는데, 옛 친구들이나 동료들은 과거의 친분을 믿고 함부로 굴다가 목숨을 잃곤 했다.

### 명문장의 활용

"왕후장상은 본래 씨가 따로 없다(將相本無種)"라는 말은 의기(義氣)는 높지만 신분이 천한 사람의 큰소리다. 뜻을 세움에 있어서는 명확한 방향을 견지하는 것이 가장 중요하다. 항우는 진시황의 행차를 보고 "저 자리는 내가 대신할 만하군!" 하고 말할 정도로 지향이 명확하고 뜻이 웅대했다. 이에 비하면 진승이 말한 "고니의 뜻"이라는 표현은 구체적이지 못하고 추상적이다.

# 자식은 어미를 통해 귀해지고,
# 어미는 자식을 통해 귀해진다

## 034

大行¹奏事畢, 曰: "'子以母貴, 母以子貴',
대 행¹주 사 필, 왈: "'자 이 모 귀, 모 이 자 귀',

今太子母無號, 宜立爲皇后."
금 태 자 모 무 호, 의 립 위 황 후."

景帝怒曰: "是而所宜言邪!"
경 제 노 왈: "시 이 소 의 언 야!"

遂案誅²大行, 而廢太子爲臨江王.
수 안 주²대 행, 이 폐 태 자 위 임 강 왕.

—「외척세가(外戚世家)」

---

1 大行(대행): 의례를 주관하는 관리.
2 案誅(안주): 법에 따라 조사하여 사형을 내림.

▶ 대행이 주청하는 일이 끝나자 말했다. "'아들은 어머니로 인해 귀해지고, 어머니는 아들로 인해 귀해진다'고 하는데, 지금 태자의 모친은 호가 없으니 마땅히 황후로 세우셔야 합니다." 그러자 경제가 화를 내며 말했다. "이것이 마땅히 할 말인가!" 그리하여 대행의 죄를 물어 주살했으며, 태자를 폐해 임강왕(臨江王)이 되게 했다.

---

한경제가 황제가 되기 전에 그의 어머니 박태후(薄太后)는 경제에게 짝을 지어주었고, 황위에 오른 뒤에 어머니가 정해주신 짝은 박황후(薄皇后)가 되었다. 박황후에게는 아들이 없었고, 경제는 어머니가 돌아가신 뒤에 박황후를 폐위시켰다. 경제는 큰아들인 유영(劉榮)을 태자로 삼았다. 태자의 모친은 율희(栗姬)였는데, 율희는 황제의 누이인 장공주(長公主)의 딸을 태자비로 맞이하는 것에 찬성하지 않았다. 장공주는 기회가 있을 때마다 경제에게 율희를 험담하면서 자신의 딸을 태자비로 맞이하겠다고 했던 왕부인(王夫人)을 황후로 삼으라고 종용했다.

경제가 후궁 문제로 골치를 썩고 있을 때 대행이 눈치 없이 간언을 올렸다가 죽음을 맞았다. 경제는 태자를 폐해 임강왕으로 삼았고, 율희는 이 일이 있은 뒤에 근심이 병이 되어 죽고 말았다. 마침내 왕부인이 황후가, 그녀의 아들이 태자가 되었고, 황후의 오빠는 개후(蓋侯)에 봉해졌다. 왕부인의 아들이 바로 한무제이다.

**역사를 사로잡은 명문장**

대행이 인용한 것은 『공양전(公羊傳)』의 구절이다. 노나라의 은공(隱公)과 환공(桓公)

은 형제지간으로, 이 둘은 전후로 왕이 되었다. 형인 은공의 모친은 한미한 가문의 출신이었고, 환공의 모친은 송나라의 공주였다. 공양전은 여기서 '장자를 우선 세울 것인가', '적통자를 우선 세울 것인가'의 문제를 해결하기 위해 '자식은 어머니를 통해 귀해지고, 어머니는 자식을 통해 귀해진다'는 논리를 적용했다.

　모친이 황후일 경우 자식이 나이가 어릴지라도 '적자(嫡子)'로 인정되어 태자가 되는 것이 당연한 이치이다. 자식이 태자가 되면 모친은 황후가 되고, 자식이 황제가 되면 모친은 황태후가 된다. 사실 이러한 논리는 결과를 합리화할 수 있을 뿐, 판단의 기준이 될 수는 없다. 결국 권력 다툼에서 승리한 자가 자기 합리화의 논리로 언급한 것에 불과하다.

### 명문장의 활용

전국시대에 이극은 "사이가 소원한 사람은 친근한 사람들이 꾀하는 계획을 대신할 수 없다(疏不謀戚)"라고 했다. 이 말은 그의 탁월한 식견을 보여준다. 역사적으로 후궁이 베갯머리에서 적자(嫡子)를 바꾸어 피바람을 일으킨 일이 얼마나 많았던가! 외척들이 왕실의 권력 투쟁에 개입해 좋은 결말을 맺은 사례는 찾아보기 어렵다. 다행히도 현대의 민주주의 사회에서 국가의 지도자는 투표로 결정된다. 하지만 일부 재벌가의 경우에는 이와 같은 관례가 여전히 남아 있다.

# 아들을 낳았다고 좋아하지 말고,
# 딸을 낳았다고 화내지 마라

**035**

衛子夫<sup>1</sup>立爲皇后. 后弟衛靑<sup>2</sup>字仲卿,
위 자 부 립 위 황 후. 후 제 위 청 자 중 경,

以大將軍封爲長平侯. 四子皆爲侯, 貴震天下.
이 대 장 군 봉 위 장 평 후. 사 자 개 위 후, 귀 진 천 하.

天下歌之曰: "生男無喜, 生女無怒,
천 하 가 지 왈: "생 남 무 희, 생 녀 무 노,

獨不見衛子夫霸天下!"
독 불 견 위 자 부 패 천 하!"

—「외척세가」

---

1 衛子夫(위자부): 위황후(衛皇后). 서한 무제의 황후로, 본래 평양후(平陽侯)에게 딸린
  가녀(歌女)였으나 후에 입궁하여 아들을 낳고 황후가 되었다.
2 衛靑(위청): 자(字)는 중경(仲卿)으로 한무제의 명장이다. 대장군이 되어 흉노를 정벌해
  공을 세워 장평후(長平侯)에 봉해졌다.

▶ 위자부(衛子夫)는 황후가 되었고, 황후의 동생 위청(衛靑)은 자(字)가 중경(仲卿)인데 대장군의 신분으로 장평후(長平侯)에 봉해졌다. 네 명의 아들이 모두 후(侯)에 봉해졌으며 귀한 신분을 천하에 떨쳤다. 세상 사람들이 이를 두고 노래했다. "아들을 낳았다고 기뻐하지 말고 딸을 낳았다고 화내지 마라. 위자부가 천하를 주름잡는 것을 그대만 보지 못했는가?"

---

관도(館陶)장공주는 자신의 딸 진아교(陳阿嬌)를 왕부인의 아들인 조카 유철(劉徹)에게 시집보냈다. 장모이면서 동시에 고모인 관도공주는 유철에게 웃으며 물었다. "나중에 아교에게 어떻게 해줄 거니?" 유철이 대답했다. "저는 황금으로 집을 지어 아교가 살게 할 거예요." 이것이 바로 '금옥장교(金屋藏嬌, 황금 집에 아교를 살게 하다)' 고사의 유래이다.

유철이 바로 훗날의 한무제이다. 무제가 관도공주의 도움으로 황위에 오르자 아교는 멋대로 굴었다. 그러나 아교는 결국 아들을 낳지 못하고 폐위당했다. 위자부는 무제의 누이인 평양공주(平陽公主)의 시녀였다가 무제가 누이를 찾아갔을 때 눈에 들어 입궁했다. 무제의 총애를 받은 그녀는 황후의 자리에 올랐다. 평양공주는 남편이 일찍 죽은 뒤 혼자 살다가 훗날 위청이 후(侯)에 봉해진 뒤에 무제의 명에 따라 위청과 재혼했다.

**역사를 사로잡은 명문장**
농업 사회에서 아들을 낳는 것은 노동력의 확보를 의미했으나, 딸을 낳으면 나중에 시

집을 보내야 했다. 이와 같은 사회 분위기가 남아선호사상을 낳았다. 하지만 가끔 상상도 할 수 없을 정도의 권력을 쥔 여성이 등장했으니, 위자부가 좋은 예이다. 또 다른 예로 당나라의 양귀비를 꼽을 수 있다. 사촌 오빠인 양국충(楊國忠)은 재상이 되었고, 자매들도 모두 부인(夫人)에 봉해졌다. 이를 본 백거이(白居易)는 「장한가(長恨歌)」에서 읊었다. "마침내 천하의 부모들로 하여금 아들 낳는 것을 중히 여기지 않고 딸 낳는 것을 중히 여기게 만들었다(遂令天下父母心, 不重生男重生女)."

### 명문장의 활용

남존여비의 시대가 지나갔다고 하지만 대(代)를 잇는다는 개념은 여전히 남아 있다. 아직도 아들을 낳기 위해 온갖 방법을 쓰는 사람들이 있고, 중국 대륙에서 한 자녀 정책을 실시하자 여자아이를 살해하는 일까지 벌어졌다. 비인도적인 비극을 막기 위해 2천 년을 이어온 명언을 상기해야 할 때이다.

# 결단해야 할 때 결단하지 못하면
# 오히려 그 해를 입는다

## 036

齊王旣聞此計, 乃與其舅父駟鈞, 郞中令祝午,
제 왕 기 문 차 계, 내 여 기 구 부 사 균, 낭 중 령 축 오,

中尉魏勃陰謀發兵. 齊相召平聞之, 乃發卒衛王宮.
중 위 위 발 음 모 발 병. 제 상 소 평 문 지, 내 발 졸 위 왕 궁.

魏勃紿[1]召平曰: "王欲發兵, 非有漢虎符[2]驗也.
위 발 태[1] 소 평 왈: "왕 욕 발 병, 비 유 한 호 부[2] 험 야.

　　而相君圍王. 固善. 勃請爲君將[3]兵衛[4]衛王."
　　이 상 군 위 왕. 고 선. 발 청 위 군 장[3] 병 위[4] 위 왕."

召平信之, 乃使魏勃將兵圍王宮. 勃旣將兵, 使圍相府.
소 평 신 지, 내 사 위 발 장 병 위 왕 궁. 발 기 장 병, 사 위 상 부.

召平曰: "嗟乎! 道家之言'當斷不斷, 反受其亂', 乃是也."
소 평 왈: "차 호! 도 가 지 언 '당 단 부 단, 반 수 기 란', 내 시 야."

遂自殺.
수 자 살.
　　　　　　　　　　　　　　　　　　　—「제도혜왕세가(齊悼惠王世家)」

---

1 紿(태): 속이다.
2 虎符(호부): 군대를 통솔하는 장군에게 신의의 표시로 내리는 호랑이 모양의 표식. 병부
　　(兵符).
3 將(장): 거느리다. 통솔하다.
4 兵衛(병위): 호위병.

▶ 제왕(齊王)은 이미 이 계획을 듣고 곧 외숙인 사균(駟鈞), 낭중령인 축오(祝午), 중위인 위발(魏勃)과 함께 군사를 일으키기로 했다. 제의 상국(相國)인 소평(召平)이 이를 듣고 군대를 일으켜 왕궁을 포위했다. 위발은 소평에게 거짓으로 다음과 같이 말했다. "왕이 군대를 일으키고자 하지만, 한(漢) 조정의 호부가 없소. 당신이 왕궁을 포위한 것은 참으로 잘한 일이오. 내가 당신을 위해 군대를 이끌고 제왕의 궁을 지키겠소." 소평은 위발은 믿었고, 그에게 군대를 이끌고 왕궁을 포위하게 했다. 위발은 군사를 이끌게 되자 오히려 상국인 소평을 포위했다. 소평이 말했다. "아! 도가(道家)에 '결단해야 할 때 결단하지 못하면 오히려 그 해를 입는다'라는 말이 있는데, 지금이 바로 그렇구나." 말을 마친 뒤 자살했다.

---

한고조 유방이 죽은 뒤에 여태후(呂太后) 일가가 전권을 일임했다. 서출이었던 유방의 큰아들 유비(劉肥)는 제왕(齊王)에 봉해졌다. 유비가 죽은 뒤에 왕위를 이어받은 유양(劉襄)이 본문에 나오는 제왕이다. 유양의 동생 유장(劉章)은 주허후(朱虛侯)에 봉해져 중앙에서 벼슬을 하고 있었는데, 그는 여태후 일족을 두려워하지 않은 유씨 가문의 바람막이였다. 여태후가 죽은 뒤 여씨 일족은 반란을 모의했고, 유장은 형에게 사람을 보내 병사를 일으키라고 알렸다. 제왕은 소평을 제거한 뒤에 낭야왕(琅琊王)의 병사를 빼앗아 서쪽으로 진격했다. 하지만 제왕이 황궁에 도착하기 전에 주발과 진평 등의 신하들이 여씨 일족을 제거한 뒤 대왕(代王)을 황제의 자리에 올리면서 제왕에게 퇴각을 청했다.

**역사를 사로잡은 명문장**

항우는 홍문연에서 유방을 죽일 결단을 내리지 못했고, 한신은 괴통의 말을 듣고도 유방에게 반기를 들 생각을 하지 못했다. 이들은 모두 훗날 유방의 손에 죽고 말았다. 모두 "결단해야 할 때 결단하지 못하면 오히려 그 해를 입는다"라는 명구를 되새겨볼 만한 상황이다.

**명문장의 활용**

본문의 명구는 마음속에 새겨둘 만하다. 기회라는 것은 늘 순식간에 지나가기 때문이다. 기회가 왔을 때 주저하며 놓쳐버리면 나중에 후회해도 되돌릴 수 없다.

# 어린 녀석이
# 가르칠 만하다

## 037

良殊大驚, 隨目之.
량 수 대 경, 수 목 지.

父¹去里所, 復還, 曰: "孺子²可敎矣.
보¹거 리 소, 부 환, 왈: "유 자²가 교 의.

後五日平明³, 與我會此."
후 오 일 평 명³, 여 아 회 차."

—「유후세가(留侯世家)」

1 父(보): 성인 남자.

2 孺子(유자): 어린아이.

3 平明(평명): 날이 밝아올 무렵. 새벽.

▶ 장량이 매우 놀라서 노인이 가는 대로 바라보았다. 노인은 1리쯤 가다가 다시 돌아와서 말했다. "어린 녀석이 가르칠 만하구나! 닷새 뒤 새벽에 여기서 나와 만나자."

---

장량은 장사(壯士)를 매수해 진시황을 암살하려다 실패하고 쫓기는 신세가 되었다. 하루는 다리 위를 산책하는데, 한 노인이 거친 삼베옷을 걸치고 그에게 다가와서는 일부러 신을 다리 밑으로 떨어뜨렸다. 노인이 장량을 돌아보며 말했다. "얘야, 내려가서 내 신을 주워 오너라!" 장량은 그 사람이 노인인 것을 보고 억지로 참고 다리 아래로 내려가서 신을 주워 왔다. 그러자 노인이 이번에는 또 "나에게 신겨라."라고 했다. 장량은 기왕에 노인을 위해서 신을 주워 왔으므로 윗몸을 곧게 세우고 꿇어앉아 신을 신겼다. 노인은 발을 뻗어 신을 신기게 하고는 웃으면서 가버렸다. 장량은 놀라서 노인이 가는 대로 바라보았다. 노인은 1리쯤 가다가 다시 돌아왔고, 닷새 뒤 새벽에 만나자고 했다.

닷새째 되는 날 새벽에 장량이 그곳으로 가보니 노인은 벌써 나와 있었다. 노인은 화를 냈다. "늙은이와 약속을 하고서 뒤늦게 오다니 어찌 된 노릇이냐? 닷새 뒤에 좀 더 일찍 다시 오너라." 닷새가 지나 새벽닭이 울 때 장량은 다시 그곳으로 갔으나 노인은 또 먼저 와서 기다리고 있었고, 화를 내면서 닷새 뒤에 다시 오라고 했다. 닷새 뒤 장량은 한밤중에 그곳으로 갔다. 장량보다 조금 늦게 도착한 노인은 책을 한 권 주며 말했다. "이 책을 읽으면 제왕(帝王)의 스승이 될 수 있으며, 10년 후에는 그 뜻을 이룰 것이다. 13년 뒤에 너는 나를 만날 수 있을 것이니 곡성산 아래의 누런 돌[黃石公]이 바로 나다." 말을 마친 뒤 노인은 그곳을 떠났다. 그 책이 바로 『태공병법(太公兵法)』이다. 장량은 그 책을 늘 익혔다.


### 역사를 사로잡은 명문장

유방과 항우가 천하를 다툰 일은 '인내'라는 말로 요약할 수 있다. 유방은 함양에 먼저 도착했으나 이를 항우에게 양보했으며, 항우가 약속을 어기고 유방을 한중에 봉했을 때도 참고 봉지로 떠났다. 항우가 유방의 부친을 삶아 죽이려고 할 때도 "내게도 국 한 그릇 나누어달라"라는 말로 견뎌냈다.

황석공(黃石公)이 일부러 신발을 떨어뜨리고 장량에게 계속해서 무리한 요구를 하며 여러 차례 괴롭힌 이유는 바로 이 '참을성'을 시험해보기 위해서였다. 황석공은 시험을 통과한 어린 장량에게 마침내 『태공병법』을 전수해주었다.


### 명문장의 활용

선생 노릇을 하면서 가장 큰 성취감을 느낄 때는 "천하의 영재를 얻어 그들을 가르칠 때(得天下英才而教育之)"이다. 현 교육제도에서는 같은 교실에 많은 학생들을 몰아넣고 표준화된 지식을 전달할 뿐이지만, 그 속에서도 가르칠 만한 인재를 발견할 때가 있다. "어린 녀석이 가르칠 만하다" 하는 기쁜 감개가 일어나는 순간이다.

충성스러운 말은 귀에 거슬리나
행실에 이롭고, 독한 약은 입에 쓰나
병을 고치는 데 이롭다

**038**

良曰: "夫秦爲無道, 故沛公得至此.
량왈: "부진위무도, 고패공득지차.

夫爲天下除殘賊, 宜縞素¹爲資².
부위천하제잔적, 의호소¹위자².

今始入秦, 即安其樂, 此所謂'助桀爲虐'.
금시입진, 즉안기락, 차소위'조걸위학'.

且'忠言逆耳利於行, 毒藥苦口利於病'.
차'충언역이리어행, 독약고구리어병'.

願沛公聽樊噲言"
원패공청번쾌언."

沛公乃還軍霸上.
패공내환군패상.

— 「유후세가」

---

1 縞素(호소): 순백의 비단. 백색의 상복. 여기서는 검소함을 뜻한다.

2 資(자): 의지할 바탕.

▶ 장량이 말했다. "저 진(秦)이 무도하였기에 패공께서 여기에 오실 수가 있었습니다. 모름지기 천하 사람들을 위해 잔적(殘賊)을 제거하시려면 마땅히 검소함을 바탕으로 삼아야 합니다. 겨우 진나라에 들어온 지금 바로 즐거움을 누리신다면 이는 이른바 '걸왕을 도와 포학한 짓을 하는 것'입니다. 또 '충성스러운 말은 귀에 거슬리나 행실에 이롭고, 독한 약은 입에 쓰나 병을 고치는 데 이롭다'라고 했습니다. 원컨대 패공께서는 번쾌의 말을 들으소서." 패공은 마침내 패상으로 환군했다.

---

장량은 유방을 보좌하면서 점차 신임을 쌓아나갔다. 함양에 들어온 뒤에 화려한 아방궁과 그 안에 있는 보배와 미인 들을 보자 유방은 마음이 동했다. 번쾌가 유방에게 궁궐 밖으로 나가기를 충간했으나 유방은 듣지 않았다. 그러자 장량이 유방을 설득했고, 장량의 말을 들은 유방은 성 밖으로 환군했다. 만일 이때 환군하지 않았더라면 훗날 홍문연에서 항우에게 변명할 구실이 없었을 것이다. 홍문연에 대한 내용은 4~6편에 상세히 나와 있다.

### 역사를 사로잡은 명문장

삼국시대, 원소(袁紹)와 조조가 북방에서 결전을 치를 때의 일이다. 모사 전풍(田豊)이 원소에게 간언을 올리자, 원소는 군심을 동요시켰다는 이유로 그를 하옥시켰다. 원소는 관도 전투에서 대패하고 회군하면서 생각했다. '전풍의 말을 듣지 않아 이 꼴이 되었는데, 이제 돌아가면 전풍에게 비웃음을 당할 수밖에 없겠구나.' 생각이 여기에 미친 원소는 결국 사람을 보내 전풍을 옥중에서 살해했다.

조조가 백만 대군을 이끌고 남하한 적벽대전에서 대패하고 돌아오는 길이었다. 도중에 조조는 이미 병사한 모사 곽가(郭嘉)가 남진을 만류했던 일을 생각하며 부하들

앞에서 통곡했다.

지도자의 배포는 조직의 성공에 중요한 요소이다. 충언은 귀에 거슬리기 마련이지만, 지도자의 실패와 성공은 이 충언을 받아들이는 태도에 달려 있다. 조조는 부하의 말이 충언이었음을 깨닫고 뒤늦게 후회했다는 점에서 원소보다 한 수 위라고 할 수 있다. 그러나 후회하기 전에 충언을 받아들이고 행실을 고친 유방은 분명 조조보다도 한 수 위이다.

### 명문장의 활용

"충성스러운 말은 귀에 거슬리나 행실에 이롭고, 독한 약은 입에 쓰나 병을 고치는 데 이롭다"라는 말은 『공자가어(孔子家語)』에 나온다. 여기서 말하는 '독한 약'은 병균을 제어할 수 있을 정도의 강한 약이라는 의미를 갖고 있기 때문에, 후대 사람들이 '좋은 약(良藥)'으로 바꾸어 쓸 경우 본래의 의미가 완전하게 전달되지 않는다.

걸(桀), 주(紂)는 각각 하(夏)나라와 상(商)나라의 마지막 폭군이다. 본문에 있는 '걸왕을 도와 포학한 짓을 하는 것(助桀爲虐)'은 '주왕을 도와 포학한 짓을 하는 것(助紂爲虐)'이라 쓰기도 한다.

# 사람이 한세상을 살아감은
# 흰 말이 틈바구니를 지나는 것과 같다

## 039

呂后德留侯, 乃彊¹食之, 曰: "人生一世間,
여후덕유후, 내강¹식지, 왈: "인생일세간,

如白駒²過隙³, 何至自苦如此乎!"
여백구²과극³, 하지자고여차호!"

留侯不得已, 彊聽而食.
유후부득이, 강청이식.

—「유후세가」

---

1  彊(강): 억지로.
2  白駒(백구): 흰색의 준마. 본문의 구절을 통해 '세월'의 의미를 갖기도 한다.
3  過隙(과극): 틈을 지나다. 빠른 시간을 비유한다.

▶ 여후가 유후(留侯. 장량)의 은덕을 고마워하여 억지로 음식을 먹게 하며 말했다. "사람이 한세상을 살아감은 흰 말이 틈바구니를 지나는 것과 같은데, 어찌 자신을 이렇게 고통스럽게 하십니까?" 유후는 하는 수 없이 억지로 태후의 말을 듣고 음식을 먹었다.

---

여태후는 장량에게 특별히 감사하는 마음을 가지고 있었는데, 이는 다음과 같은 사연이 있었기 때문이다. 유방은 황제가 된 뒤에 척희(戚姬)를 총애하여 태자를 바꾸려고까지 했다. 여태후의 아들인 태자의 소부(少傅, 천자의 어의, 어물, 식사를 돌보는 관직)를 맡고 있던 장량은 유방의 마음을 돌릴 계책을 떠올렸다. 유방이 흠모하던 네 명의 노인, 즉 상산사호(商山四皓)를 초빙해 태자를 보좌하는 모습을 보이는 것이었다. 이 모습을 본 유방은 태자의 인덕이 훌륭하다고 생각해 태자를 바꾸려던 생각을 접어두었다.

이 태자가 바로 훗날의 혜제(惠帝)이다. 혜제의 재능은 그다지 뛰어나지 않았다. 여태후의 입장에서는 태자가 바뀌고 척희가 황후가 된다면 일가의 운명을 장담할 수 없었다. 여태후가 겪었던 불안감은 훗날 유방이 죽은 뒤에 척희의 팔다리를 잘라 인체(人彘, 사람 돼지)를 만든 일에서 확인할 수 있다.

훗날 장량은 다음과 같이 말했다. "우리 집안은 대대로 한(韓)나라의 재상을 지냈다. 한나라가 멸망하자 만금의 가산을 아끼지 않고 한을 멸망시킨 진(秦)나라에 복수하려 했다. 이제 세 치의 혀로 황제의 군사가 되어 식읍이 만호(萬戶)에 이르고 지위가 제후의 반열에 올랐으니, 이는 평민으로서는 최고의 지위라고 할 수 있다. 원컨대 세속의 일일랑 떨쳐버리고 적송자(赤松子, 신선)를 따라 고고히 노닐고자한다." 장량이 곡기를 끊은 지 얼마 뒤에 유방이 붕어했고, 장량의 건강이 상할까 걱정한 여태후는 장량에게 위와 같이 충고했다.

### 역사를 사로잡은 명문장

유방이 살았을 때 장량이 곡기를 끊고 신선이 되겠다고 한 것은, 왕조 초기에 개국 공신들이 숙청당하던 상황에서 자신에게 권력 욕구가 없다는 점을 확실하게 보여주기 위한 계산적인 행위였을 수 있다.

진시황이 천하를 통일할 때 큰 공을 세운 대장 왕전(王翦)은 늘 보상을 요구했다. 한 번은 60만 대군을 이끌고 출진하기 전에 진시황에게 사자를 보내 좋은 밭과 저택을 요구했다. 또 출진하여 행군하던 도중에 다시 사자를 보내 보다 많은 토지를 요구했다. 어떤 이가 왕전에게 요구가 너무 지나치다고 말하자 왕전이 대답했다. "진왕은 원래 의심이 많은 사람인데, 지금 온 나라의 병력을 나에게 맡기고 있소. 내가 많은 상을 요구하지 않으면 나에게 다른 뜻이 있을까 의심할 것이오." 과연 왕전은 이처럼 계산된 행동으로 진시황의 의심을 피할 수 있었다.

### 명문장의 활용

"흰 말이 틈바구니를 지나는 것과 같다"라는 말은 『장자(莊子)』에 처음 등장하는데, 인생이 매우 짧다는 것을 형용한다. 이와 유사한 표현으로 "인생은 아침 이슬과 같다(人生如朝露)"라는 말이 있는데, 태양이 뜨면 이슬이 곧바로 말라버리는 것처럼 인생이 짧다는 것이다. 이 표현들은 모두 짧은 인생을 효과적으로 누릴 것을 충고한다.

# 시숙 섬기기를 아버님 섬기듯 하고,
# 형님 섬기기를 어머님 섬기듯 하라

**040**

爲平[1]貧, 乃假貸[2]幣以聘[3], 予酒肉之資以內婦.
위평[1]빈, 내가대[2]페이빙[3], 여주육지자이납부.

負誡[4]其孫曰: "毋以貧故, 事人不謹.
부계[4]기손왈: "무이빈고, 사인불근.

事兄伯如事父, 事嫂如母."
사형백여사부, 사수여모."

—「진승상세가(陳丞相世家)」

---

1 평(平): 진평(陳平). 유방을 도와 여러 기책(奇策)을 제안했다. 훗날 혜제(惠帝) 때 승상이 되었다.
2 假貸(가대): 빌려주다.
3 聘(빙): 정혼한 뒤에 남자가 여자에게 예물을 증정하는 것.
4 誡(계): 경고하다. 권계하다.

▶ 진평이 가난하여 그에게 예단을 빌려주어 약혼을 하게 했고, 술과 고기를 살 돈을 주어 아내를 맞게 했다. 그리고 장부(張負)는 자신의 손녀를 타일렀다. "진평이 가난하다고 하여 그 사람을 섬김에 불손하게 하지 마라. 시숙 섬기기를 아버님 섬기듯 하고, 형님 섬기기를 어머님 섬기듯 해라."

---

소하와 조참의 뒤를 이어 한(漢)나라의 승상이 된 진평은 어려서 무척 가난했다. 진평이 장가갈 나이가 되었는데, 부잣집에서는 그에게 딸을 주려 하지 않았고, 가난한 집은 진평의 마음에 들지 않았다. 장부라는 부자가 있었는데, 그의 손녀가 다섯 번이나 시집을 갔으나 남편이 그때마다 죽어 사람들이 감히 그녀와 혼인하려 하지 않았다. 그런데 진평이 그녀를 아내로 맞이하려 했다. 당시 마을에 초상을 당한 집이 생기자, 진평은 남들보다 먼저 가서 늦게 오며 열심히 도와주었다. 장부는 상가에서 진평을 보고 그의 뛰어난 풍채에 주목했고, 진평 역시 장부에게 잘 보이기 위해 가장 늦게 상가를 떠났다.

장부는 진평을 뒤따라가보았다. 그의 집은 성벽을 등진 후미진 골목에 있었다. 비록 해진 자리로 문을 만들어놓았지만, 문밖에는 많은 귀인들의 수레가 멈추었던 바퀴 자국이 남아 있었다. 장부가 집으로 돌아와 아들에게 말했다. "나는 손녀를 진평에게 시집보내고자한다." 아들이 말했다. "진평은 집이 가난한데도 생업에 종사하지 않아 온 고을 사람들이 모두 그를 비웃고 있는데, 어찌하여 딸아이를 굳이 그에게 주려 하십니까?" 장부는 "진평과 같이 훌륭한 용모를 지니고서 끝까지 빈천하게 지낼 이가 있겠느냐?"라고 하고는 마침내 손녀를 진평에게 시집보냈다. 진평은 장부의 손녀에게 장가간 후 재물이 나날이 넉넉해졌고, 교유의 범위도 날로 넓어졌다.


**역사를 사로잡은 명문장**

진평은 여러 차례 기계(奇計)를 내어 유방을 도와 그의 신임을 얻었다. 진평이 중용되자 주발과 관영(灌嬰) 등이 진평을 험담했다. "진평은 벼슬하기 전에 형수와 사통한 적이 있으며 평소 여러 장수들에게 뇌물을 받고 있다." 유방이 진평을 추천한 위무지(魏無知)에게 이 사실을 묻자 위무지가 대답했다. "폐하께서 힐책하시는 것은 정조 때문인데, 제가 그를 추천한 것은 재능 때문이었습니다. 효성이나 성실함 같은 미덕은 싸움에 아무런 보탬이 되지 않습니다. 재능이 없고 성실하기만 한 사람을 지금 어디에 쓰시겠습니까?" 사실 진평의 형수는 진평을 무시하기 때문에 그 둘이 사통했을 가능성은 그다지 높지 않다. 유방이 다시 진평을 불러 뇌물을 받은 일을 꾸짖자 진평이 대답했다. "신은 맨몸으로 온 탓에 여러 장군들이 보내준 황금을 받지 않고는 쓸 돈이 없었습니다. 만약 신의 계책 중에 쓸 만한 것이 있다면 대왕께서 채용해주시고, 쓸 만한 것이 없다면 황금이 아직 그대로 있으니 잘 봉하여 관청으로 보내고 사직하게 해주소서." 유방은 진평에게 사과하고 많은 상을 내렸고, 호군중위(護軍中尉)에 임명하여 모든 장군들을 감독하게 했다. 여러 장군들은 진평에 대해 더 이상 말하지 못했다.


**명문장의 활용**

고대에는 가족의 규모가 대단히 컸다. 부모가 세상을 떠난 뒤에 큰형은 아버지, 큰형수는 어머니의 역할을 대신하며 가장 노릇을 도맡았다. "시숙 섬기기를 아버님 섬기듯 하고, 형님 섬기기를 어머님 섬기듯 하라"라는 말에서 '섬기다(事)'의 개념은 후대에 이르러 '공경하다(敬)'의 개념으로 변화했다. 진평의 형은 진평에게 부모와 같은 존재였으므로 진평의 아내에게 있어서는 시아버지와 같은 존재였던 것이다.

# 제3장

## 바람 소리 쓸쓸하고 역수는 차갑구나

- 열전(列傳) 속의 명문장 1

# 나를 낳아준 이는 부모이나, 나를 알아준 이는 포숙이다

## 041

管仲曰: "吾始困時, 嘗¹與鮑叔賈², 分財利多自與.
관중왈: "오시곤시, 상¹여포숙고². 분재리다자여.

鮑叔不以我爲貪, 知我貧也. 吾嘗爲鮑叔謀事
포숙불이아위탐, 지아빈야. 오상위포숙모사

而更窮困, 鮑叔不以我爲愚, 知時有利不利也.
이갱궁곤, 포숙불이아위우, 지시유리불리야.

吾嘗三仕三見逐³於君, 鮑叔不以我爲不肖,
오상삼사삼견축³어군, 포숙불이아위불초,

知我不遭時也. 吾嘗三戰三走, 鮑叔不以我爲怯,
지아부조시야. 오상삼전삼주, 포숙불이아위겁,

知我有老母也. 公子糾敗, 召忽⁴死之, 吾幽囚受辱,
지아유노모야. 공자규패, 소홀⁴사지, 오유수수욕,

鮑叔不以我爲無恥, 知我不羞小節而恥功名不
포숙불이아위무치, 지아불수소절이치공명불

顯于天下也. 生我者父母, 知我者鮑子也."
현우천하야. 생아자부모, 지아자포자야."

—「관안열전(管晏列傳)」

1 嘗(상): 일찍이.
2 賈(고): 장사하다.
3 見逐(견축): 쫓겨남을 당하다. '見(견)'은 피동을 나타낸다.
4 召忽(소홀): 관중과 함께 공자 규(糾)를 섬긴 신하.

▶ 관중이 말했다. "나는 일전에 가난했을 때 포숙과 장사를 했다. 재물을 나눔에 있어 늘 내가 포숙보다 더 많이 차지했지만, 포숙은 나에게 욕심 많다 하지 않았다. 내가 가난하다는 것을 알았기 때문이다. 내가 일찍이 포숙을 위해 일을 계획했다가 그를 더욱 곤란하게 했을 때, 포숙은 나에게 어리석다 하지 않았다. 때에는 유리할 때와 불리할 때가 있다는 것을 알았기 때문이다. 내가 일찍이 세 번 벼슬했다가 세 번 임금에게 쫓겨났을 때, 포숙은 나에게 무능하다 하지 않았다. 내가 때를 만나지 못했다는 것을 알았기 때문이다. 내가 일찍이 세 번 전쟁터에 나갔다가 세 번 도망쳤을 때, 포숙은 나에게 겁쟁이라고 하지 않았다. 내게 늙은 어머님이 계신 것을 알았기 때문이다. 공자 규(糾)가 패했을 때, 소홀(召忽)은 그를 위해 죽었지만 나는 옥에 갇혀 치욕을 받았다. 그때도 포숙은 나에게 부끄러움을 모른다고 하지 않았다. 내가 작은 절개를 지키지 못하는 것이 아니라, 공명을 천하에 드러내지 못하는 것을 부끄러워한다는 것을 알았기 때문이다. 나를 낳아준 이는 부모이나, 나를 알아준 이는 포숙이다."

---

관중은 본래 제환공의 정적이었으며, 환공을 암살하려고 시도한 적도 있었다. 하지만 포숙의 강력한 추천으로 환공에게 중용되어 재상의 지위에 올랐다. 관중이 재상이 된 뒤에 제나라는 잘 다스려졌고, 대외적으로는 제후들에게 위엄을 떨칠 수 있었다. 관중을 추천한 뒤에 포숙은 아랫자리에서 관중을 보좌했고, 사람들은 포숙의 사람 보는 안목을 칭찬했다.

**역사를 사로잡은 명문장**

32편 "나라가 어지러우면 현명한 재상을 생각한다"에서 언급했던, 이극이 위성자를 추천한 일이나, 위성(魏成)이 자하(子夏)를 추천한 일, 누사덕이 적인걸을 추천한 일도 모두 훌륭한 일이지만, 포숙이 관중을 추천한 일에 비교할 수는 없다. 정계에서 사람을 추천하는 것은 자신에게 도움이 되는 사람을 들여 인맥을 형성하기 위한 경우가 대부분이다. 따라서 포숙처럼 사심 없이 자신의 상관을 추천하는 경우는 극히 드물다. 여기에서 비롯된 성어가 친구간의 우정을 말할 때 쓰이는 '관포지교(管鮑之交)'이다.

**명문장의 활용**

'관포지교'는 친구 사이의 우정을 표현하는 대표적인 성어이다. 사람들은 이 고사에 나오는 "나를 낳아준 이는 부모이나, 나를 알아준 이는 아무개이다"라는 말을 써서 자신의 재능을 알아준 이에 대한 감사를 표시한다. 사실 관중이 말한 대로라면 누구도 관중과 친구 관계를 유지하려 들지 않을 것이다. 그런 점에서 실수투성이인 관중을 포용하고 추천한 포숙은 안목이 대단하다고 할 수 있다.

# 의식이 풍족해야
# 영예와 치욕을 안다

**042**

管仲既任政相齊, 以區區¹之齊在海濱,
관 중 기 임 정 상 제, 이 구 구¹ 지 제 재 해 빈,

通貨積財, 富國彊²兵, 與俗同好惡.
통 화 적 재, 부 국 강² 병, 여 속 동 호 오.

故其稱曰: "倉廩³實而知禮節, 衣食足而知榮辱,
고 기 칭 왈: "창 름³ 실 이 지 예 절, 의 식 족 이 지 영 욕,

上服度則六親固, 四維⁴不張,
상 복 도 즉 육 친 고, 사 유⁴ 부 장,

國乃滅亡. 下令如流水之原,
국 내 멸 망. 하 령 여 유 수 지 원,

令順民心."
령 순 민 심."

—「관안열전」

---

1 區區(구구): 보잘것없다.
2 彊(강): 강성하다. '强(강)'과 같다.
3 倉廩(창름): 곡식을 저장해두는 창고.
4 四維(사유): 네 가지 준칙. 禮(예), 義(의), 廉(염), 恥(치)를 말한다.

▶ 관중이 제나라의 재상이 되었을 때 작은 제나라는 바닷가에 위치하고 있었는데, 화폐를 유통시키고 재물을 쌓으면서 나라를 부유하게 하고 군대를 강하게 하며, 백성들이 원하는 방향으로 나라를 다스렸다. 관중이 말했다. "곡식 창고가 차야 예절을 알고, 의식(衣食)이 풍족해야 영예로움과 부끄러움을 안다. 위에 있는 자가 법도를 지키면 육친(六親, 父母兄弟妻子)이 화목해진다. 네 가지 준칙[禮義廉恥]이 시행되지 않으면 나라는 망한다. 명령을 내릴 때는 물 흐르듯이 순조롭게 하여 백성들의 마음에 순응해야 한다."

---

관중이 제나라의 정사를 담당했을 때 제나라는 어려운 정국에 처한 약소국이었다. 환공은 귀족들의 지지를 받아 즉위했기에 당시 귀족들의 입김이 강했다. 관중은 경제, 사회, 군사 등 다방면에 걸쳐 개혁을 시행했는데, 개혁 정책의 기본은 백성들을 부귀하게 하고 귀족들의 영향력을 줄여나가는 것이었다.

주왕조의 사회제도는 사농공상(士農工商)이 엄격하게 분리되어 있었다. 특히 이중 공(工)과 상(商)은 근본적이지 못한 말단의 직업으로 치부되었다. 관중의 개혁을 통해 공상 계층에 대한 인식이 달라졌고, 이들은 국가의 부를 쌓는 데 큰 역할을 담당했다. 동시에 백성들은 생활이 윤택해지자 자긍심을 갖게 되었다.

**역사를 사로잡은 명문장**

제환공이 유람하던 중에 이미 망한 나라의 군주였던 곽공(郭公)이 남긴 폐허를 보게 되었다. 환공이 관중에게 곽공이 어떤 사람이었는지를 묻자 관중이 대답했다. "백성들이 좋아하는 것을 좋아하고 싫어하는 것을 싫어하는 사람이었습니다." 그런데도 망한 이유를 묻자 관중이 말했다. "좋아하면서도 실행하지 못하고, 싫어하면서도 제거하지 못했기에 망했습니다." 이것이 바로 관중이 말한 "명령을 내릴 때는 백성들의 마음에 순응해야 한다"라는 것이다. 훌륭한 정책을 세우는 것보다 중요한 것은 실제로 실천할 수 있는지의 여부이다.

### 명문장의 활용

민생(民生)은 위정자가 생각해야 할 선결 과제이다. 경제가 안정되지 않고 취업이 어려우면 곧바로 치안이 불안해질 것이다. 이것이 바로 "의식이 풍족해야 영예와 치욕을 안다"의 이치이다. 백성들의 생활이 어렵다면 무슨 수로 그들이 범법을 저지르는 것을 막겠는가?

의식이 풍족해지고 영예와 치욕을 알게 된 이후에 인권이나 자유 같은 관념들은 자연스럽게 강해질 것이다. 민주주의 또한 이런 바탕 위에서 이룩될 수 있다.

# 장수가 밖에 있을 때는 임금의 명령이라도 듣지 않는 바가 있다

## 043

景公遣使者持節赦賈[1], 馳入軍中.
경 공 견 사 자 지 절 사 가[1] 치 입 군 중.

穰苴[2]曰: "將在軍, 君令有所不受."
양 저[2] 왈: "장 재 군, 군 령 유 소 불 수."

問軍正曰: "馳三軍法何?"
문 군 정 왈: "치 삼 군 법 하?"

正曰:     "當斬." 使者大懼.
정 왈:     "당 참." 사 자 대 구.

穰苴曰: "君之使不可殺之."
양 저 왈: "군 지 사 불 가 살 지."

乃斬其僕, 車之左駙[3], 馬之左驂[4] 以徇[5]三軍.
내 참 기 복, 거 지 좌 부[3], 마 지 좌 참[4] 이 순[5] 삼 군.

—「사마양저열전(司馬穰苴列傳)」

1 賈(가): 장가(莊賈). 춘추시대 제경공(齊景公)의 신하.
2 穰苴(양저): 사마양저(司馬穰苴), 즉 전양저(田穰苴). 전완(田完)의 후손으로, 춘추시대의 유명한 군사가이다.
3 駙(부): 수레 가장자리에 덧댄 나무. '輔(보)'라고도 한다.
4 驂(참): 수레 양편에서 함께 수레를 끄는 곁말.
5 徇(순): 군중에게 보여주다.

▶ 경공(景公)이 보낸 사자가 장가(莊賈)를 사면시키라는 부절을 가지고 말을 달려 군영 안으로 들어왔다. 양저(穰苴)가 사자에게 말했다. "장수가 군중에 있을 때는 임금의 명령이라도 듣지 않는 바가 있다." 그러고는 군정에게 물었다. "군영 안에서 말을 달리면 군법의 어떤 죄에 해당하는가?" 군정이 대답했다. "참형에 해당합니다." 사자는 매우 두려워했다. 그러자 양저가 "임금의 사자는 죽일 수 없다." 하고, 마부와 수레의 왼쪽의 나무 막대와 왼쪽의 곁말을 베어 삼군에게 보였다.

---

제경공(齊景公) 때, 진(晉)과 연(燕)이 연합하여 제를 침공했다. 전황이 불리해지자 제나라 재상 안영(晏嬰)은 사마양저(司馬穰苴)를 장군으로 추천했다. 양저는 본래 신분이 낮아 자신의 명령을 사람들이 따르지 않을까 걱정했고, 군주가 총애하는 신하를 함께 파견해주길 청했다. 제환공은 총애하는 신하인 장가를 보냈다.

장가는 임금의 총애를 믿고 사마양저를 우습게 보았다. 다음 날 정오에 군영에서 만나기로 했지만 송별연을 벌이느라 시간 약속을 어기고 말았다. 사마양저는 군법을 세운다는 명분으로 장가에게 참형을 내렸다. 겁이 난 장가는 경공에게 사람을 보내 구원을 요청했으나 사자가 돌아오기도 전에 양저는 이미 장가의 목을 베어 이 사실을 널리 삼군에 알렸다. 장가가 죽은 뒤에 양저는 장가를 살리려고 온 사자 또한 군법을 어겼다며 엄하게 꾸짖었다. 그 후 양저는 사자를 돌려보내 경공에게 이 사실을 보고하게 한 뒤 출전했다.

양저는 사졸의 숙사나 우물, 아궁이, 음식 만드는 일에서부터 사졸들의 건강 상태를 조사하고 치료하는 일까지 몸소 돌보았으며, 자신의 급여를 모두 사졸들에게 나눠 주었다. 그리고 자신의 식량을 사졸 중에서도 가장 허약한 자의 분량과 똑같이 맞추게 했다. 병사들은 앞을 다투어 싸움터로 나가 양저를 위해 싸웠다.

## 역사를 사로잡은 명문장

한문제 시기에 수도 장안(長安)을 지키는 세 개의 주둔군이 있었다. 종정(宗正) 유례(劉禮)는 패상(霸上)에, 축자후(祝玆侯) 서려(徐厲)는 극문(棘門)에, 하내(河內)군수 주아부는 세류(細柳)에 각각 주둔하고 있었다. 문제가 군대를 위문하기 위해 패상과 극문의 군영에 이르렀을 때, 곧장 말을 달려 진영으로 들어가자 장군들과 군사들이 모두 말을 타고 영접했다. 하지만 세류의 군영으로 가자 군영의 장병들이 모두 갑옷을 입고 예리한 병기를 들고 화살을 당기려 했다. 얼마 후에 문제가 도착했지만 군영으로 들어갈 수 없었다. 문제는 부절을 지닌 사자를 보내 장군에게 황제가 왔음을 알렸다.

　장군 주아부는 그제야 명령을 내려 영문(營門)을 열게 했다. 영문을 지키는 군관이 문제의 시종관에게 말했다. "장군의 규정에 따르면 군영에서는 말을 달릴 수 없습니다." 이에 문제는 고삐를 잡고 서서히 전진했다. 군영에 이르니 주아부가 무기를 들고 읍(揖)하면서 말했다. "갑옷을 입고 투구를 쓴 무사는 절을 하지 않는 법이니, 군례(軍禮)로 뵙고자 합니다." 문제는 주아부의 군대를 시찰하고 감동하여 자신의 아들 경제에게 말했다. "이후에 어떤 일이 생기더라도 주아부는 중임을 맡을 수 있겠구나." 문제의 예언대로 훗날 칠국의 난을 평정하고 한실(漢室)을 안정시킨 것은 주아부였다.

## 명문장의 활용

병사를 통솔하고 있는 장수는 "장수가 밖에 있을 때는 임금의 명령이라도 듣지 않는 바가 있다"라는 말로 자신의 권위를 세울 수 있다. 이러한 방어 장치가 없으면 군대의 실정을 알지 못한 채 후방에서 정치적으로 공격하는 신하들을 막아낼 수 없다. 그러나 군대를 믿고 임금의 명을 함부로 어기는 일과는 분명히 구분되어야 한다. 여기서 양저가 임금이 보낸 사절마저도 죽였다면 그에 대한 평가가 달라졌을 것이다.

# 하급의 마차로
# 상급의 마차를 상대한다

## 044

孫子曰: "今以君之下駟[1]與彼上駟,
손 자 왈 : "금 이 군 지 하 사[1] 여 피 상 사,

取君上駟與彼中駟,
취 군 상 사 여 피 중 사,

取君中駟與彼下駟."
취 군 중 사 여 피 하 사."

既馳三輩畢, 而田忌一不勝而再[2]勝, 卒得王千金.
기 치 삼 배 필, 이 전 기 일 불 승 이 재[2] 승, 졸 득 왕 천 금.

—「손자오기열전(孫子吳起列傳)」

1 駟(사): 네 필의 말. '下駟(하사)'는 하급의 열등한 말이 끄는 마차.
2 再(재): 두 차례.

▶ 손자(孫子)가 말했다. "지금 장군의 마차 중에서 가장 느린 마차를 상대방의 가장 빠른 마차와 겨루게 하고, 장군의 가장 빠른 마차와 상대방의 중간 마차를, 그리고 장군의 중간 마차와 상대방의 가장 느린 마차를 겨루게 하십시오." 세 번의 경기가 끝나고 보니 전기(田忌)는 한 번 지고 두 번 이겨 결국 왕의 천금을 얻게 되었다.

---

손빈(孫臏)은 『손자병법(孫子兵法)』의 저자 손무(孫武)의 후손이다. 그는 방연(龐涓)과 함께 귀곡자(鬼谷子)의 문하에서 병법을 공부했는데, 손빈의 뛰어난 재능을 시기한 방연의 계략에 빠져 발이 잘리고 얼굴에 묵형(墨刑)을 당하고 만다. 이후 손빈은 복수를 위해 살아간다.

제나라 사자가 위혜왕(魏惠王)을 만나러 왔을 때 손빈은 그를 통해 몰래 제나라로 건너가 대장군 전기(田忌)와 교류했다. 그 무렵 전기는 제나라의 여러 왕자와 마차 경기 내기를 했다. 손빈은 그들의 내기를 구경하다가 말의 주력(主力)에는 별 차이가 없고, 마차에 상, 중, 하의 세 등급이 있다는 것을 알게 되었다. 손빈이 전기에게 말했다. "큰돈을 걸고 다시 내기를 하십시오. 제가 장군을 이기게 해드릴 수 있습니다." 전기는 손빈의 말을 믿고 왕자와 공자 들에게 다시 천금을 걸고 내기를 하자고 제안했다. 손빈의 조언에 따라 내기에서 이긴 전기는 그를 제위왕에게 추천했다. 위왕은 손빈과 병법에 대해 이야기한 뒤, 마침내 그를 군사(軍師)로 받들었다.

**역사를 사로잡은 명문장**

손빈의 전략은 오늘날에도 스포츠 경기에서 널리 사용되고 있다. 실력 차이가 별로 크지 않은 상황에서 벌어지는 단체전에서는 선수들의 경기 순서가 매우 중요하다. 이런 상황에서 승리하기 위해서는 상대편 선수들의 실력을 간파하고 이에 맞추어 자기편 선수들을 효율적으로 배치해야 한다.

### 명문장의 활용

현재 상용되는 '2군'이라는 말은 본래 일본 야구에서 유래한 용어이다. 2군이나 여기 나오는 '중간 마차(中駟)' 모두 차등(次等)의 의미를 갖는다. 2군이라도 좋은 성적을 거둔다면 1군으로 상승할 수 있으나, '하급의 마차(下駟)'이라는 표현은 폄의가 좀 더 짙다.

"하급의 마차로 상급의 마차를 상대한다"라는 말은 상대의 주력(主力)을 견제한다는 뜻이다. 하급의 마차로 상대의 주력을 견제한 다음, 아군의 주력군이 상대의 마차들을 물리쳐야 비로소 승리를 거둘 수 있다. 주력군을 마냥 아껴서는 결코 승리를 거둘 수 없다.

# 결국 애송이의 이름만
알렸다

龐涓[1]自知智窮兵敗,
방 연[1] 자 지 지 궁 병 패.

乃自剄[2], 曰: "遂成竪子[3]之名!" […]
내 자 경[2], 왈: "수 성 수 자[3] 지 명!" […]

孫臏以此名顯天下, 世傳其兵法.
손 빈 이 차 명 현 천 하, 세 전 기 병 법.

—「손자오기열전」

1 龐涓(방연): 전국시대 위(魏)나라 장수. 손빈과 동문수학했으나 그의 재능을 시기해
  손빈을 모함하여 다리가 잘리게 한다. 훗날 제나라와 싸울 때 손빈에게 패했다.
2 自剄(자경): 스스로 목을 찌르다.
3 竪子(수자): 어린아이. 애송이.

▶ 방연이 스스로 지략이 다하고 군대는 패했다는 사실을 알고는 마침내 목을 찔러 자결하며 말했다. "결국 애송이의 이름만 알렸구나!" […] 손빈은 이 일로 천하에 명성이 드러났고, 세상에 그의 병법이 전해졌다.

---

손빈이 제나라의 군사(軍師)가 된 지 13년 후, 위(魏)나라와 조(趙)나라가 합세해 한(韓)나라를 공격했다. 한나라는 제나라에 위급한 사정을 호소했고, 제나라는 전기를 장군으로 삼아 출격해 한나라를 구하려 했다. 전기는 곧바로 위나라의 도성인 대량으로 향했다. 위나라 장군 방연은 이 소식을 듣고 한나라에서 철수해 위나라로 돌아갔다.

제나라 군사들은 국경을 넘어 서쪽으로 진격해 위나라 국내로 침입하고 있었다. 손빈이 전기에게 말했다. "저들은 원래 사납고 용맹스러울 뿐 아니라 제나라를 가볍게 보고 있습니다. 싸움을 잘하는 자는 주어진 형세를 잘 이용해 자기편에 유리하게 만듭니다. 위나라 경계를 넘어선 후에 첫날은 10만 개의 아궁이를 만들고, 다음 날은 5만 개, 그리고 그다음 날은 3만 개의 아궁이를 만듭시다." 전기는 그대로 실행했다.

제나라 군대를 추격한 지 사흘째가 되자 방연은 매우 기뻐하며 말했다. "애초에 제나라 놈들이 겁쟁이라는 것을 잘 알고 있었는데 과연 그렇구나. 우리 땅에 들어선 지 불과 사흘 만에 도망간 사졸이 반이 넘다니." 방연은 보병 부대를 따로 떼어놓고 날래고 기동력 있는 정예 기병만을 이끌고 이틀 걸릴 길을 하루로 단축시켜 급히 제나라 군대를 추격했다. 손빈이 위나라 군대의 전진 속도를 계산해보니 해질 무렵이면 마릉에 도착할 수 있을 듯했다. 마릉은 길이 좁고 길 양쪽에 험한 산이 있어 복병을 두기에 알맞았다. 손빈은 길가 큰 나무의 껍질을 벗겨 "방연은 이 나무 밑에서 죽으리라"라고 적고 활을 잘 쏘는 이들을 뽑아 쇠뇌로 무장시켜 길 양옆에 매복시켰다. "날이 저물고 이곳에서 불빛이 오르거든 일제히 활을 쏴라."

손빈이 예상했던 대로 방연은 밤이 되자 그 나무 밑에 이르러 그곳에 적힌 글씨를 보려고 불을 켰다. 방연이 그 글씨를 다 읽기도 전에 길 양쪽에서 쇠뇌가 빗발처럼 쏟아졌다. 위나라 군사들은 우왕좌왕 갈피를 못 잡고 사방으로 흩어졌다. 방연은 한탄하며 자신의 칼로 목을 찔러 죽었다. 제나라 군대는 승세를 몰아 위나라 군대를 모조리 무찔렀고, 위나라 태자 신(申)을 사로잡아 돌아갔다.

**역사를 사로잡은 명문장**

한(漢)나라 때 강족(羌族)이 무도(武都)에 침략하자 우후(虞詡)가 나섰다. 강족은 사방으로 흩어져 약탈했다. 우후는 강족의 군대가 분산되는 것을 보고 군대에 명령을 내려 날마다 아궁이 숫자를 늘리도록 했다. 참모가 이유를 묻자 우후가 대답했다. "예전에 손빈은 아궁이 숫자를 줄여 군대가 약한 것처럼 위장했다. 지금 아궁이 숫자를 늘리면 적은 우리 병력이 늘어난 것으로 오해해 경거망동하지 못할 것이다." 무도에 무사히 도착한 우후의 군대는 기계(奇計)를 써서 강족을 물리쳤다.

**명문장의 활용**

방연은 손빈이 자신에 비해 뛰어난 능력을 가지고 있다는 사실을 알고 있었으면서도 작은 승리에 취해 경솔하게 행군했다. 전쟁에서 진 뒤에 손빈을 '애송이'라고 부른 것은 그의 모순된 심리 상태를 보여준다. 마음이 안정되지 않은 사람은 이성의 끈을 잡고 있는 것이 쉽지 않다. 질투는 성공의 가장 큰 적이다.

# 덕에 달린 것이지
# 험준함에 달린 것이 아니다

## 046

武侯浮西河而下, 中流, 顧而謂吳起**1**曰:
무 후 부 서 하 이 하, 중 류, 고 이 위 오 기 **1** 왈:

"美哉乎山河之固, 此魏國之寶也!"
" 미 재 호 산 하 지 고, 차 위 국 지 보 야!"

起對曰: "在德不在險**2**. […] 若君不修德,
기 대 왈: " 재 덕 부 재 험 **2**. […] 약 군 불 수 덕,

舟中之人盡爲敵國也."
주 중 지 인 진 위 적 국 야."

武侯曰: "善."
무 후 왈: " 선."

—「손자오기열전」

---

**1** 吳起(오기): 전국시대 위(衛)나라 사람. 병법서 『오자(吳子)』를 남겼다.

**2** 險(험): 지세(地勢)의 험준함.

▶ 무후(武侯)가 서하(西河)에 배를 띄우고 물을 따라 내려가다가 중류에 이르렀을 때 뒤를 돌아보고 오기(吳起)에게 말했다. "아름답구나. 산과 강의 험준함이. 이것은 우리 위나라의 보배로다!" 오기가 대답했다. "덕에 달린 것이지 험준함에 달린 것이 아닙니다. [...] 만일 임금께서 덕을 닦지 않으시면 이 배 안의 사람들도 모두 적국을 편들 것입니다." 무후가 말했다. "좋은 말이다."

---

오기는 문후(文侯)가 죽은 뒤 그의 아들 무후를 섬겼다. 오기가 무후에게 이야기한 내용은 이러하다. "덕에 달린 것이지 험준함에 달린 것이 아닙니다. 옛날 삼묘씨(三苗氏)의 나라는 동정호를 왼쪽에, 팽려호를 오른쪽에 끼고 있었으나, 임금이 덕을 닦지 않아 우왕(禹王)에게 멸망당하고 말았습니다. 하나라의 걸왕이 도읍한 곳은 황하와 제수를 왼쪽에 끼고 태산과 화산을 오른쪽에 두었으며, 남쪽에 이궐이 있고 북쪽에 양장이 있었으나, 걸왕은 어진 정치를 펴지 못한 탓으로 은나라의 탕왕에게 쫓겨나고 말았습니다. 은나라는 왼쪽에 맹문산이, 오른쪽에 태행산이 있었고, 북쪽으로는 상산이, 남쪽으로는 황하가 둘러싸고 있었지만, 주왕이 덕으로써 정치를 하지 않아 주나라 무왕에게 죽임을 당했습니다. 이로써 알 수 있듯이, 문제는 임금의 덕에 있지 지형의 험준함에 있는 것이 아닙니다. 만일 임금께서 덕을 닦지 않으시면 이 배 안의 사람들도 모두 적국을 편들 것입니다."

**역사를 사로잡은 명문장**

오기는 본래 위(衛)나라 사람인데, 노나라에 가서 장군이 되었다. 제나라가 노나라를 공격했을 때 노나라 군주는 오기의 부인이 제나라 사람인 것을 알고 그를 의심하여 중용하지 않았다. 이 사실을 안 오기는 자신의 아내를 죽여 군주의 의심을 풀어주었다. 이후 전쟁에서 승리했으나 잔혹한 사람이라는 인상이 남게 되었고, 결국에는 노나라를 떠나 위문후(魏文侯)에게 투항했다.

위문후는 오기를 중용해 서쪽 변경의 수비를 맡겼다. 이 일화에서 황제(무후)는 그저 '좋다[善]'라고 했는데, 선군을 모시던 노신(老臣)의 충고를 듣는 젊은 군주의 불편한 심기가 드러난다. 훗날 오기는 공숙(公叔)의 계략에 빠져 무후의 신임을 잃었다. 이후 위나라를 떠나 초나라에 가서 부국강병책을 성공적으로 시행했으나, 결국 궁정 암투에 휘말려 피살당했다.

### 명문장의 활용

오기의 화법은 즉위한 지 얼마 되지 않은 새로운 왕에게 충고하기 위한 것이기 때문에 완곡한 어기를 띄고 있다. 1992년 미국 대통령 선거에서 클린턴이 부시를 겨냥해 외친 선거 구호, "문제는 경제야, 바보야(It's economy, stupid)!"라는 말과는 완전히 상반된 어기라고 하겠다.

# 외모로 판단해
# 자우를 보지 못했다

## 047

(子羽) 南游至江, 從弟子三百人,
(자 우) 남 유 지 강, 종 제 자 삼 백 인.

設取予去就, 名施乎諸侯.
설 취 여 거 취, 명 시 호 제 후.

孔子聞之, 曰: "吾以言取人,
공 자 문 지, 왈: "오 이 언 취 인,

失之宰予¹: 以貌取人, 失之子羽²."
실 지 재 여¹: 이 모 취 인, 실 지 자 우²."

—「중니제자열전(仲尼弟子列傳)」

---

1  宰予(재여): 공자(孔子)의 제자. 자(字)는 자아(子我). '재아(宰我)'라고도 부른다.
2  子羽(자우): 공자의 제자. 성(姓)은 담대(澹臺), 이름은 멸명(滅明)이다.

▶ (자우(子羽)가) 남쪽으로 내려와 양자강에 갔을 때 그를 따르는 제자가 3백 명에 달했는데, 물건을 주고받는 것과 벼슬자리에 나아가고 물러나는 일에 대한 기준을 명확히 하여 제후들 사이에 이름이 널리 알려졌다. 공자(孔子)가 이를 듣고 말했다. "말솜씨로 사람을 판단했다가 재여를 보지 못했고, 외모로 사람을 판단했다가 자우를 보지 못했다."

---

재여(宰予)는 낮잠을 자다가 공자에게 "썩은 나무는 조각할 수도 없다(朽木不可雕也)"라는 꾸중을 들은 제자이다. 구변이 뛰어나 말을 잘했지만, 제나라 임치(臨淄)의 대부가 되어서는 전상(田常)과 함께 난을 일으켰다. 난이 실패하고 일가가 몰살당하자, 공자는 그를 제자로 받은 일을 매우 수치스러워했다.

담대멸명(澹臺滅明)은 자(字)가 자우(子羽)이고, 공자보다 스물아홉 살 어렸다. 얼굴이 못생겨서 그가 공자에게 가르침을 받으러 왔을 때, 공자는 그의 재능이 모자라는 것이 아닐까 의심했다. 그런데 가르침을 받은 뒤에 물러나 행실을 닦고, 외출할 때는 지름길이 있어도 가지 않고 큰길로만 다녔으며, 공적인 일이 아니면 경대부를 만나는 일이 없었다.

### 역사를 사로잡은 명문장

진(晉)왕조 시기에 도간(陶侃)이란 사람이 있었는데, 그는 매일 같이 자신을 단정하게 정돈하고 물건을 아껴 썼다. 하루는 친구가 그에게 인재를 추천했고, 도간은 몸소 그를 찾아갔다. 그 청년은 작은 집에 살고 있었다. 집 안을 보니 책이 난잡하게 어질러져 있었고, 덮고 자는 이불은 빨지 않아 더러웠으며, 청년 자신은 봉두난발을 하고 있었다. 도간은 그 집을 나와 친구에게 말했다. "이 사람은 머리를 풀어 헤친 채 살면서 자신이 대단하다고 말하는데, 그저 명성을 구하는 자에 불과하군. 이런 자에게는 천하의 일을 맡길 수 없겠어."

외모가 추했던 자우가 시간이 지나 명성을 얻을 수 있었던 것은 천성이 정직했기 때문이다. 도간은 성품이 근면했기에 친구가 추천한 청년이 세속의 명성을 낚으려고 일부러 특이한 행동을 하는 자에 불과하다는 것을 알아챘던 것이다.

### 명문장의 활용

세상은 결코 공평하지 않다. 적어도 외모에 있어서는 그렇다. 잘생긴 사람들은 남녀를 불문하고 혜택을 받는다. 그러나 서양 속담에 이런 말이 있다. "40세 이전의 외모는 부모가 결정하는 것이고, 40세 이후의 외모는 자신이 결정하는 것이다." 외모 때문에 다른 사람에게 오해받는 경우가 있더라도 자포자기해서는 안 된다.

# 천 명의 화답은 뜻있는
# 한 명의 직언만 못하다

## 048

趙良曰: "千羊之皮, 不如一狐之掖[1];
조량왈: "천양지피, 불여일호지액[1];

千人之諾諾[2], 不如一士之諤諤[3].
천인지낙낙[2], 불여일사지악악[3].

武王諤諤以昌, 殷紂墨墨[4]以亡.
무왕악악이창, 은주묵묵[4]이망.

君若不非武王乎,
군약불비무왕호,

則僕請終日正言而無誅, 可乎?"
즉복청종일정언이무주, 가호?"

—「상군열전(商君列傳)」

---

1 掖(액): 겨드랑이. 겨드랑이 가죽은 양질의 가죽이다.
2 諾諾(낙낙): 연이어 대답하는 소리. 순종(順從)을 뜻한다.
3 諤諤(악악): 거리낌 없이 직언하는 모양.
4 墨墨(묵묵): 조용히 있는 모양. '黙黙(묵묵)'과 같다.

▶ 조량(趙良)이 말했다. "천 마리 양의 가죽은 여우 한 마리의 겨드랑이 가죽만 못하고, 천 명의 화답은 뜻있는 한 명의 직언만 못합니다. 주무왕은 직언을 들어 흥성했고, 은주왕은 신하들이 묵묵히 있어 망했습니다. 그대께서 만약 주무왕을 그르다고 여기지 않으신다면 소인이 종일토록 바른말을 하더라도 벌을 내리지 않으셔야 하는데, 괜찮으시겠습니까?"

---

진효공(秦孝公)은 상앙(商鞅)을 중용해 개혁 정책을 펴나갔다. 개혁 정책의 성공으로 10년 만에 진은 강국의 반열에 올랐다. 그러나 상앙은 개혁 과정에서 귀족들의 특권을 삭감하면서 그들에게 미움을 샀다.

상앙을 지지했던 진의 대부 조량은 이때 상앙을 만나, 본문에서 언급한 내용으로 입을 뗀 뒤, 귀족들의 원망을 받는 일이 얼마나 위험한 일인지 설명했다. 효공이 붕어한다면 귀족들의 복수가 거셀 것이라고 충고했지만 상앙은 듣지 않았다. 과연 효공이 세상을 떠난 뒤 상앙은 거열형(車裂刑)에 처해졌고, 그의 가족은 몰살당했다.

**역사를 사로잡은 명문장**

개혁은 진통을 동반하기 마련이다. 개혁 정책이 시행되면 반드시 손해를 보는 사람들이 생겨나기 때문이다. 송대(宋代) 왕안석의 변법(變法)이나, 명대(明代) 장거정(張居正)의 개혁도 상앙의 변법과 마찬가지로 국가를 부강하게 만드는 데 도움을 주었으나, 이익집단의 반발에 부딪혔다. 왕안석은 재야로 물러났고, 장거정은 사후에 봉호(封號)를 박탈당했다.

**명문장의 활용**

낮은 소리로 남들의 의견에 동조하는 것을 "예예, 그렇습니다(唯唯諾諾, 유유낙낙)"라는 말로 표현한다. 남에게 직언하는 경우는 "옳은 말 하는 선비(諤諤之士, 악악지사)"라는 말로 그 가치를 인정한다.

# 깃털이 다 자라지 않으면
# 높이 날 수 없다

**049**

秦王曰:"毛羽未成, 不可以高蜚; 文理未明,
진 왕 왈 : "모 우 미 성 , 불 가 이 고 비 ; 문 리 미 명 ,

不可以并兼."
불 가 이 병 겸 ."

方誅¹商鞅, 疾²辯士³, 弗用.
방 주¹상 앙 , 질²변 사³, 불 용 .

―「소진열전(蘇秦列傳)」

1 誅(주): 주벌하다.
2 疾(질): 미워하다.
3 辯士(변사): 상대를 잘 설득하는 말솜씨 있는 사람.

▶ 진왕(秦王)이 말했다. "새도 깃털이 다 자라지 않으면 하늘 높이 날 수 없소. 진나라는 아직 정책 제도가 구비되지 않아 다른 나라를 병합하는 일은 불가하오." 막 상앙을 주벌한 터라 변사를 미워하여 쓰려고 하지 않았던 것이다.

---

소진(蘇秦)은 귀곡자에게서 학문을 익힌 뒤에 여러 나라에서 유세하며 자신의 뜻을 펼쳤지만 뜻을 이루지 못했다. 실의하여 집으로 돌아오자 가족들은 그를 비웃었다. 소진은 문을 걸어 잠그고 일 년 동안 강태공의 『음부경(陰符經)』을 익혔다.

소진은 다시 집을 나서 주왕실을 찾았으나 인정받지 못했다. 두번째로 찾아간 진(秦)에서는 시기가 좋지 않아 거절당했다. 세번째로 찾아간 조(趙)에서도 거절당했고, 네번째로 연(燕)을 찾아갔다. 연왕(燕王)은 소진에게 합종(合從, 진에 대항하는 외교 동맹)을 성사시키라며 자금을 마련해주었다. 자금을 확보한 소진은 이후 여러 나라들을 돌아다니면서 합종책을 성사시켰다.

### 역사를 사로잡은 명문장

전국시대의 종횡가 장의(張儀)와 소진은 함께 귀곡자의 문하에서 공부한 사이였다. 소진은 늘 자신이 장의만 못하다고 생각했다. 소진이 성공한 뒤에 장의는 소진을 찾아갔으나 소진은 장의가 작은 성공에 안주할 것을 염려해 일부러 옛 친구를 냉담하게 대했다. 소진의 태도에 화가 난 장의는 소진의 합종책을 깨기 위해 진(秦)으로 갔다. 소진은 장의가 떠날 때 일부러 사람을 붙여 장의가 진에서 중용될 때까지 뒤를 봐주었다. 이후 장의는 진왕(秦王)을 설득하는 데 성공해 중용되었다. 장의의 뒤를 봐주던 사람은 그제야 장의에게 모든 사실을 말해주었고, 친구의 깊은 뜻을 깨달은 장의는 소진이 살아 있는 동안에는 합종책을 깨지 않았다.

## 명문장의 활용

진혜왕(秦惠王)의 말은 점잖은 핑계라고 할 수 있다. 그러나 깃털이 다 자라지 않은 새가 높이 날 수 없다는 것은 분명하다. "걷지도 못하는데 달리려고 한다"라는 말과 같은 뜻이다. 아직 실력도 갖추지 않았는데 기대치만 높은 것은 실패의 첩경이다. 마찬가지로 상황도 고려하지 않은 채 권위적인 태도로 아랫사람들이 빠른 성과를 거두기를 강요한다면 역효과만 거둘 것이다.

# 닭의 부리가 될지언정
## 소의 항문은 되지 마라

**050**

蘇秦說韓宣王曰: "臣聞鄙諺曰: '寧爲鷄口¹,
소진세한선왕왈: "신문비언왈: '영위계구¹,

無爲牛後²'. 今西面交臂³而臣事秦,
무위우후²'. 금서면교비³이신사진,

何異於牛後乎? 夫以大王之賢,
하이어우후호? 부이대왕지현,

挾彊韓之兵, 而有牛後之名,
협강한지병, 이유우후지명,

臣竊爲大王羞之."
신절위대왕수지."

— 「소진열전」

---

1 鷄口(계구): 닭의 부리. 작지만 깨끗한 것을 가리킨다.

2 牛後(우후): 소의 항문. 크지만 더러운 것을 가리킨다.

3 交臂(교비): 손을 공손하게 모은 모양.

▶ 소진이 한선왕(韓宣王)을 설득하며 말했다. "제가 듣기로 속담에 '닭의 부리가 될 지언정 소의 항문은 되지 마라'라는 말이 있습니다. 지금 서쪽을 향해 두 손을 모으고 진을 섬기는 것이 소의 항문과 무엇이 다르겠습니까? 현명하신 대왕께서 용감한 군사를 갖고 계신데도 소의 항문이라는 이름을 갖는 것을, 신은 대왕을 위해 부끄럽게 여기는 바입니다."

---

소진은 합종책을 펼치기 위해 여러 나라에서 유세하다가 한(韓)에 도착했다. 한은 전국 7웅 가운데 비교적 약소국이면서도 요충지를 차지하고 있어 늘 주변국들의 침략에 시달렸다. 한선왕은 강한 진(秦)과 손을 잡아 전쟁을 피하려 했다. 소진은 다음과 같은 말로 선왕을 설득했다. "만약 대왕께서 진나라를 섬기게 된다면 진나라는 반드시 의양과 성고를 달라고 요구할 것입니다. 금년에 이것을 바치면 다음 해에는 또다시 다른 땅을 분할해달라고 요구해올 것입니다. 대왕이 가진 땅은 한도가 있어 줄어 없어지게 되는데, 진의 요구는 끝이 없을 것입니다. 국한된 땅을 가지고 한없는 요구에 응한다는 것은 원한을 사고 화를 초래하는 것으로, 이래서는 싸움도 못 해보고 땅만 남의 것이 되어버립니다. 현명하신 대왕께서 용감한 군사를 갖고 계신데도 멸시당하는 것을, 신은 대왕을 위해 부끄럽게 여기는 바입니다." 한왕은 분개하며 결국 합종에 찬성했다.

**역사를 사로잡은 명문장**
삼국시대 조조가 대군을 이끌고 남하했을 때 손권(孫權)은 한선왕과 비슷한 선택의

기로에 직면했다. 장소(張昭)는 '조조를 섬겨 후(侯)의 자리라도 유지할 것'을 주장했던 반면, 노숙(魯肅)은 '나는 조조를 섬겨도 여전히 벼슬을 유지할 수 있지만 주군께서는 그렇게 할 수 없을 것'이라며 결사항전을 주장했다. 이것이 바로 '닭의 부리가 되는' 전략이다. 손권은 노숙의 말을 따라 유비와 연합하여 조조에게 맞섰고, 결국 승리했다.

## 명문장의 활용

상대방을 기꺼이 따르겠다는 의미로 "기꺼이 천리마의 꼬리에 붙는다(甘附驥尾)"라는 옛 표현이 있다. 만약 따르기로 결정했다면 상대방을 '소[牛]'라고 부르지 말고 '천리마[驥]'라고 불러야 할 것이다. 소라고 부를 경우에는 본문에 소개된 이야기와 혼동될 우려가 있다.

# 소매를 들면 천막이 되고,
# 땀을 털면 비가 내린다

## 051

因東說齊宣王曰:"[…] 臨菑¹之塗², 車轂³擊,

인 동 세 제 선 왕 왈: "[…] 임 치¹지 도², 거 곡³격,

人肩摩, 連衽成帷⁴, 擧袂成幕⁵,

인 견 마, 연 임 성 유⁴, 거 메 성 막⁵,

揮汗成雨, 家殷人足, 志高氣揚.

휘 한 성 우, 가 은 인 족, 지 고 기 양.

夫以大王之賢與齊之彊, 天下莫能當.

부 이 대 왕 지 현 여 제 지 강, 천 하 막 능 당.

今乃西面而事秦, 臣竊爲大王羞之."

금 내 서 면 이 사 진, 신 절 위 대 왕 수 지."

—「소진열전」

---

1 臨菑(임치): 제나라의 수도.

2 塗(도): 길, 도로, '途(도)'와 통한다.

3 轂(곡): 수레바퀴 중심에 있는 둥근 나무.

4 連衽成帷(연임성유): 옷깃이 이어지면 장막이 됨. 사람이 많은 것을 비유한다.

5 擧袂成幕(거메성막): 사람들이 팔을 들면 소매가 이어져 천막이 됨. 사람이 많은 것을 비유한다.

▶ (소진이) 동쪽으로 가서 제나라의 선왕에게 다음과 같이 유세했다. "[…] 임치의 도로는 번잡하여 지나가는 수레들의 바퀴통이 서로 부딪치고 사람들의 어깨가 서로 부딪치며, 옷깃이 이어지면 장막이 되고 소매를 들면 천막이 되며, 땀을 털면 비가 내립니다. 집집마다 번창하고 모든 이가 풍족하여 뜻이 매우 높습니다. 대왕의 현명하심과 제나라의 강대함은 천하에 대항할 자가 없습니다. 그런데 지금 서쪽으로 진나라를 섬기려 하시니, 신은 대왕을 위해 부끄럽게 여기는 바입니다."

---

소진이 합종을 성사시키기 위해 시행한 유세 전략은 대략 비슷하다. 각 나라의 실정에 따라 현 상황을 정리해서 밝힌 뒤에 군주를 자극해 진(秦)에 대항하도록 만드는 것이다. 제나라는 동쪽의 강국으로 관중 이래로 물자가 풍부하고 인구가 많았다. 소진은 수비에 유리한 제나라의 험난한 지형을 언급한 뒤 정예 병사와 풍족한 물자를 거론하면서 수도 임치의 번화한 거리를 묘사했다. 계속해서 제는 진과 멀리 떨어져 있으니 진을 두려워할 필요가 없다는 점을 강조하여 제왕을 설득하는 데 성공했다.

**역사를 사로잡은 명문장**

이 표현은 『안자춘추(晏子春秋)』에도 보인다. 제나라의 안영이 초나라에 사신으로 갔을 때의 일이다. 안영의 보잘것없는 풍채를 본 초나라 신하들은 그를 놀리기 위해 일부러 물어보았다. "제나라에는 사람이 없는가?" 안영이 말했다. "제에는 6만 호의 사람들이 있어 사람들이 소매를 들면 그늘이 생기고 땀을 닦으면 비가 내릴 정도인데 어찌 사람이 없다 하십니까?" 초왕이 다시 물었다. "그렇다면 (보잘것없는) 그대가 사신으로 온 까닭은 무엇인가?" 안영이 대답했다. "우리 군주께서는 사신을 보낼 때 그 나라의 품격에 맞는 사람을 보냅니다. 현명한 군주가 있는 나라에는 현명한 이를 보내고, 불초한 군주가 있는 나라에는 불초한 이를 보내지요. 저는 왜소하고 재능도 보잘것없어 초나라에 사신으로 오게 되었습니다."

### 명문장의 활용

"땀을 털면 비와 같다(揮汗如雨)"라는 말은 땀이 많은 사람을 말할 때 쓴다. 여기에서 '여(如)' 자를 '성(成)'으로 바꾸게 되면 의미가 본문처럼 달라지니 주의해야 한다.

# 잠자리에 들어도 편치 않고, 먹어도 맛을 알지 못한다

## 052

楚王曰: "寡人自料以楚當秦, 不見勝也;
초 왕 왈: "과 인 자 료 이 초 당 진, 불 견 승 야;

內與群臣謀, 不足恃¹也.
내 여 군 신 모, 부 족 시¹ 야.

寡人臥不安席, 食不甘味,
과 인 와 불 안 석, 식 불 감 미,

心搖搖然如縣²旌而無所終薄³.
심 요 요 연 여 현² 정 이 무 소 종 박³.

今主君⁴欲一⁵天下, 收諸侯, 存危國,
금 주 군⁴ 욕 일⁵ 천 하, 수 제 후, 존 위 국,

寡人謹奉社稷⁶以從."
과 인 근 봉 사 직⁶ 이 종."

—「소진열전」

1 恃(시): 믿다. 의지하다.
2 縣(현): 매달리다. '懸(현)'과 통한다.
3 薄(박): 붙어 있다.
4 主君(주군): 여기서는 상대에 대한 존칭으로 쓰였다.
5 一(일): 통일하다.
6 社稷(사직): 조상의 신주를 모시는 곳. 여기서는 나라를 비유한다.

▶ 초왕이 말했다. "과인이 홀로 생각해보니 초나라가 진나라에 대항한다 해도 승산이 없소. 안으로 뭇 신하와 계책을 논의해보았자 믿을 만한 것이 없소. 과인은 잠자리에 들어도 안심하고 잠을 잘 수 없고, 밥을 먹어도 그 맛을 모르며, 마음은 바람에 날리는 깃발처럼 도무지 편하게 붙어 있을 곳이 없소. 그런데 지금 그대가 천하를 통합해 제후를 불러 모아 위태한 지경에 이른 우리 초나라를 완전하게 보존하기를 바라고 있소. 과인은 삼가 온 백성과 함께 그 계책을 따르겠소."

---

합종을 완수하기 위해 소진이 마지막으로 찾아간 곳은 초나라였다. 초나라는 남방의 강국이었으나 초나라의 위왕(威王)은 진나라를 두려워하고 있었다. 소진은 위왕을 설득하기 위해 "진나라는 호랑이나 이리와 같이 사납고 믿을 수 없는 나라이다", "초나라가 강해지면 진나라는 약해지고, 진나라가 강해지면 초나라는 약해지니 둘은 양립할 수 없다"와 같은 논리로 위왕의 마음을 돌려놓았다.

### 역사를 사로잡은 명문장

서한 경제 때 양효왕(梁孝王)은 자객을 보내 원앙(袁盎)을 암살했다. 양효왕은 태후가 가장 총애하던 자식이었기에 조사가 제대로 이뤄질 리 없었다. 경제는 원로 전숙(田叔)에게 이 일을 조사하도록 했다. 전숙이 조사를 마치고 돌아오자 경제가 물었다. "양왕이 죄를 지었던가?" 전숙이 보고했다. "신이 죽을죄를 지었습니다. 그 일은 사실이었습니다." 경제가 자세한 상황을 묻자 전숙이 말했다. "폐하께서는 이 안건을 더 이상 추궁하지 마십시오." 그 이유를 묻자 전숙이 대답했다. "이 사건을 끝까지 조사하면 양왕을 처벌하지 않을 수 없습니다. 만약 법대로 처리하지 않으면 국가의 존엄이 흔들릴 것입니다. 하지만 만일 양왕을 주살한다면 태후께서는 '먹어도 맛을 알지 못하시고,

잠자리에 들어도 편치 않으실 것'입니다. 그렇게 되면 폐하께서도 근심하지 않으실 수 없을 것입니다." 이 말을 들은 경제는 전숙을 칭찬했다.

### 명문장의 활용

"잠자리에 들어도 편치 않고, 먹어도 맛을 알지 못한다." 동일한 표현을 썼지만, 초위왕은 자기 마음속의 근심 때문이었고, 한경제의 태후는 어린 자식에 대한 근심 때문이었다. 원인은 다르지만 이 둘은 모두 심각한 근심 때문에 잠도 못 자고 먹지도 못하는 처지가 되었다. 이 말은 극도로 근심하는 심리 상태를 표현한다.

# 호랑이 두 마리가 싸우면
# 그중 한 마리는 반드시 다친다

**053**

莊子¹欲刺虎, 館竪子止²之, 曰:
장자¹욕자호, 관수자지²지, 왈:

"兩虎方且食牛, 食甘必爭, 爭則必鬪,
"양호방차식우, 식감필쟁, 쟁즉필투,

鬪則大者傷, 小者死, 從傷而刺之,
투즉대자상, 소자사, 종상이자지,

一擧必有雙虎之名."
일거필유쌍호지명."

卞莊子以爲然, 立須之, 有頃, 兩虎果鬪,
변장자이위연, 입수지, 유경, 양호과투,

大者傷, 小者死, 莊子從傷者而刺之,
대자상, 소자사, 장자종상자이자지,

一擧果有雙虎之功.
일거과유쌍호지공.

—「장의열전(張儀列傳)」

---

**1** 莊子(장자): 변장자(卞莊子). 춘추시대 변읍(卞邑)의 대부.
**2** 止(지): 만류하다.

178

▶ 변장자(卞莊子)가 호랑이를 찌르려는데 묵고 있던 여관의 아이가 그를 만류하면서 말했다. "지금 두 마리의 호랑이가 소를 잡아먹으려고 하고 있습니다. 맛이 있으니 틀림없이 서로 다툴 것이며, 다투게 되면 반드시 크게 싸울 것입니다. 싸운다면 큰 녀석은 부상당하고, 작은 녀석은 죽을 것이니, 그때 부상당한 놈을 찌르면 단번에 두 마리 호랑이를 잡았다는 명성을 얻겠지요." 변장자는 그렇겠다고 생각하여 잠시 기다렸다. 얼마 지나 과연 두 호랑이가 싸우더니, 큰 호랑이는 상처를 입고 작은 호랑이는 죽었다. 변장자는 부상당한 호랑이를 찔러 단번에 두 마리의 호랑이를 잡는 성과를 거두었다.

---

이 이야기는 본래 『전국책(戰國策)』에 실려 있었다. 『사기』의 기록과는 조금 다른 부분이 있지만 '호랑이 두 마리가 싸우면 그중 한 마리는 반드시 다친다'고 하는, 중심이 되는 내용은 동일하다.

한(韓)과 위(魏)가 서로 다툰 지 일 년이 지났을 때, 진(秦)나라 혜왕은 출병하여 이중 하나를 구하려고 했다. 군신들의 의견이 분분하여 결정하지 못하고 있을 때, 초나라 사자인 진진(陳軫)이 찾아왔다. 혜왕이 물었다. "그대는 과인을 떠나 초나라로 갔는데 아직도 과인을 생각하고 있는가?" "대왕께서는 월나라 사람 장석(莊舃)의 이야기를 들어보셨습니까? 장석은 초나라를 섬겨 집규가 되었습니다. 그런데 얼마 안 가 병에 걸렸습니다. 초왕이 '장석은 본래 월나라의 미천한 사람이었다. 이제 부귀한 몸이 되었는데 아직도 월나라를 생각하고 있는가?' 하고 묻자 중사(中使, 왕의 명령을 전하는 내시)가 대답했습니다. '사람이 고향을 생각하는 것은 병에 걸렸을 때입니다. 그가 월나라를 생각하고 있다면 월나라의 말을 쓸 것이고, 생각하지 않고 있다면 초나라의 말을 쓸 것입니다.' 그래서 사람을 시켜 가서 들어보게 했더니 역시 월나라의 말을 쓰고 있었다 합니다. 버림받고 쫓겨나 초나라에 가 있긴 하지만 어찌 진나라의 말을 쓰지 않겠습니까?" "좋은 말이오. 그런데 지금 한나라와 위나라가 서로 공격하여 일 년이 지나도록 화해하지 않고 있소. 어떤 자는 과인이 화해를 중재하는 편이 진에 이롭다 하고, 혹자는 중재하지 않는 편이 나을 것이라 하오. 과인을 위해 계략을 말해주시오." "지금 한나라와 위나라가 서로 공격하여 일 년이 지나도록 화해하지 않는데 이렇게 되면 틀림없이 대국은 상하고 소국은 망할 것입니다. 그때 상한 나라를 공격하면 일거에 두 가지 실효를 거둘 것입니다. 이것은 변장자가 호랑이를 찌른 것과 같습니다." 혜왕은 진진의 말을 듣고 끝내 중재하지 않았다.

**역사를 사로잡은 명문장**

진진과 장의는 유세가로 진혜왕의 총애를 다투었다. 장의는 진혜왕에게 진진을 모함했고, 진진은 초나라로 달아났다. 전국시대 중기에는 많은 유세가가 있었는데, 이들을 보통 종횡가(縱橫家)라고 부른다. 소진은 여섯 나라의 재상을 지냈으며, 서수(犀首)는 다섯 나라의 재상을 지냈다. 오기는 세 나라에서 대장이 되었고, 맹상군(孟嘗君)도 세 나라에서 재상이 되었다. 당시에는 '충성(忠誠)'의 개념이 오늘날 사람들이 생각하는 것처럼 강하지 않았다.

**명문장의 활용**

이와 유사한 표현으로 "산에 앉아 호랑이 싸움을 지켜본다(坐山觀虎鬪)", "물새와 대합이 서로 싸우니, 어부가 이익을 얻는다(鷸蚌相爭, 漁翁得利)"라는 말이 있다. 전자는 본문의 내용과 같은 뜻이고, 후자는 소용없는 싸움을 하지 말 것을 경고한다.

# 닭 울음소리를 내다

## 054

乃夜爲狗, 以入秦宮臧中, 取所獻狐白裘[1]至,

내 야 위 구, 이 입 진 궁 장 중, 취 소 헌 호 백 구[1]지,

以獻秦王幸姬. [···] 客之居下坐者[2]有能爲鷄鳴,

이 헌 진 왕 행 희. [···] 객 지 거 하 좌 자[2]유 능 위 계 명,

而鷄齊鳴, 遂發傳出.

이 계 제 명, 수 발 전 출.

—「맹상군열전(孟嘗君列傳)」

---

1 狐白裘(호백구): 여우의 흰 털로 만든 갖옷.

2 居下坐者(거하좌자): 아랫자리에 앉은 사람. 신분이 낮음을 뜻한다.

▶ 마침내 밤에 개 흉내를 내어 진나라 궁실로 숨어 들어가 헌상했던 호백구(狐白裘)를 가져와 진왕이 총애하는 첩에게 바쳤다. […] 식객 중에서 아랫자리에 있던 사람이 닭 울음소리를 낼 수 있었는데, 이 소리를 들은 닭들이 일제히 울어 마침내 통행증을 내고 빠져나올 수 있었다.

---

맹상군은 식객을 좋아하여 문하에 식객을 수천 명이나 두었다. 학문이 뛰어나거나 덕망이 높은 사람도 있었지만, 죄를 짓고 도망친 사람이라도 맹상군은 귀천을 가리지 않고 대접했다.

제민왕(齊潛王) 25년, 맹상군은 진(秦)나라로부터 부름을 받았다. 진소왕(秦昭王)은 맹상군을 재상으로 삼으려고 했지만 주변 사람들이 맹상군을 모함했고, 맹상군은 감옥에 갇히는 신세가 되었다. 맹상군은 사람을 시켜 소왕이 총애하는 여인에게 사면을 부탁했고, 그녀는 여우의 흰 털로 만든 갖옷인 호백구(狐白裘)를 요구했다. 맹상군이 하나밖에 없던 호백구를 소왕에게 헌상한 뒤였다. 맹상군이 식객들을 모아놓고 상의하던 중에 아랫자리에 있던 좀도둑질에 능한 자가 나섰다. 그가 호백구를 훔쳐 왔고, 맹상군은 그것을 소왕이 총애하는 여인에게 바치고 풀려났다. 얼마 후에 소왕은 맹상군을 풀어준 일을 후회하고 그를 쫓게 했다. 맹상군이 관(關)에 도착했을 때는 한밤중이라 관문이 닫혀 있었다. 이때 식객 중 하나가 닭 울음소리를 내자 주변의 닭들이 일제히 울었고, 관문이 열려 맹상군은 무사히 탈출했다.

### 역사를 사로잡은 명문장

애초에 맹상군이 이런 이들을 빈객으로 삼았을 때, 다른 빈객들은 함께 있는 것을 수치스럽게 여겼다. 그러나 맹상군이 이들의 도움을 받아 어려움을 벗어나자 모두가 그의 식견에 탄복했다.

　　조조는 난세의 간웅(奸雄)이라 불린다. 그는 정권을 장악하고 있는 동안 세 차례 '구현령(求賢令)', 즉 현명한 이들을 찾는 조서를 내렸는데 악명을 지닌 자나 불효하고 불충한 이라 할지라도 오직 용병(用兵)에만 능하다면 모집하겠다는 내용이었다. 한 사람이 모든 미덕을 갖추기는 어렵다. '사람'이라면 쓸모가 있는 법이다.

### 명문장의 활용

'계명구도(鷄鳴狗盜)'의 본래 고사는 하찮은 재주를 가진 사람이라도 경시하지 말 것을 강조했다. 오늘날 이 말은 '하찮은 무리'를 가리키기도 한다.

# 반드시 그렇게 되는 것이 있고,
# 본래 그러한 것이 있다

**055**

(馮驩) 曰: "生者必有死, 物之必至也; 富貴多士,
(풍환) 왈: "생자필유사, 물지필지야; 부귀다사,

貧賤寡友, 事之固然也.
빈천과우, 사지고연야.

君獨不見夫趣¹市者乎? 明旦,
군독불견부취¹시자호? 명단,

側肩爭門而入; 日暮之後,
측견쟁문이입; 일모지후,

過市朝者掉臂而不顧². 非好朝而惡暮,
과시조자도비이불고². 비호조이오모,

所期物忘³其中. 今君失位, 賓客皆去,
소기물망³기중. 금군실위, 빈객개거,

不足以怨士而徒絶賓客之路.
부족이원사이도절빈객지로.

願君遇客如故."
원군우객여고."

—「맹상군열전」

---

1 趣(취): 가다. '趨(추)'와 통한다.

2 掉臂而不顧(도비이불고): 팔을 저으며 걸어가면서 돌아보지 않다.

3 忘(망): 없다. '無(무)'와 통한다.

▶ (풍환(馮驩)이) 말했다. "살아 있는 것이 반드시 죽는 것은 반드시 그렇게 되는 것입니다. 부귀할 때는 선비들이 많이 따르지만, 빈천할 때는 친구조차 적어지는 것은 본래 그러한 것입니다. 군께서는 시장에 가는 사람들을 보지 못하셨습니까? 아침이 되면 어깨를 부딪치며 문으로 다투며 들어가지만, 해가 진 뒤에는 시장을 지나는 이들이 팔을 흔들며 걸어가면서 뒤도 돌아보지 않습니다. 아침에는 좋아했다가 저녁에는 싫어하는 것이 아니라 바라는 물건이 그 안에 없기 때문입니다. 지금 군께서 지위를 잃자 빈객들이 모두 떠나갔지만, 선비들을 원망하며 빈객들이 찾아올 길을 끊어서는 안 됩니다. 군께서는 예전처럼 빈객을 맞이하시기 바랍니다."

---

풍환은 맹상군의 식객이다. 음식이 적다느니, 수레가 필요하다느니 풍환이 불평할 때마다 맹상군은 그의 요구를 들어주었다. 풍환은 맹상군을 대신해 설(薛)의 주민들에게 빌려준 돈을 받으러 가서는 마음대로 빚을 탕감해주었다. 이는 백성들을 맹상군의 편에 서도록 만든 계책이었다.

제나라 왕이 신하들의 험담을 듣고 맹상군을 파면하자 그의 문하에 있던 많은 객들은 모두 맹상군을 떠났다. 후에 맹상군이 복직되자 풍환은 돌아온 객들을 다시 맞이하길 청했다. 맹상군이 객들을 원망하자 풍환은 본문에 있는 말로 설득했다. 맹상군은 두 번 절하고 말했다. "삼가 그대의 명을 따르겠소. 선생의 말을 들었는데 어찌 감히 가르침을 받들지 않겠소?"

한애제(漢哀帝) 때 상서령(尙書令) 정숭(鄭崇)에게는 방문객이 많아 그의 관저는 늘 시장통처럼 시끄러웠다. 애제가 이를 꾸짖자 정숭이 대답했다. "신(臣)의 문 앞은 시장과 같지만, 신의 마음은 물과 같습니다." 이 말은 찾아오는 빈객이 많지만 자신의 직분을 잃어버리지 않았다는 뜻이다.

## 명문장의 활용

"아름다운 꽃이 쇠똥 위에 꽂혀 있다"며 탄식하는 경우가 있다. 아름다운 꽃이 정원에서 자랄 수 있다면 더할 나위 없이 좋을 것이다. 그러나 정원을 택할 수 없는 상황에서 적어도 쇠똥이라면 꽃이 자랄 수 있는 양분을 공급해줄 것이다. 따라서 쇠똥에 꽂히는 것을 무조건 싫어할 것이 아니라 충분한 양분을 가지고 있는지 돌아볼 일이다. 이런 자기 성찰도 본문에서 언급한 "반드시 그렇게 되는 것이 있고, 본래 그러한 것이 있다"라는 말과 통하는 면이 있다.

# 사적인 싸움에는 겁을 먹지만,
# 나라를 위한 전쟁에는 용맹스럽다

## 056

范雎[1]曰:"大王之國, 四塞[2]以爲固, […]

범저[1]왈 : "대왕지국, 사색[2]이위고, […]

利則出攻, 不利則入守, 此王者之地也.

이즉출공, 불리즉입수, 차왕자지지야.

民怯[3]於私鬪而勇於公戰,

민겁[3]어사투이용어공전,

此王者之民也. 王幷[4]此二者而有之."

차왕자지민야. 왕병[4]차이자이유지."

—「범저채택열전(范雎蔡澤列傳)」

---

1  范雎(범저): 자(字)는 숙(叔). 전국시대의 책사(策士). 위(魏)나라 사람으로 구변이
   좋았다. '원교근공(遠交近攻)' 정책으로 진나라 소왕을 설득해 진나라의 재상이 되었고,
   응후(應侯)에 봉해졌다.
2  四塞(사색): 사방이 막혀 있는 험준한 지형. 수비하기 좋은 요충지를 뜻한다.
3  怯(겁): 겁내다. 두려워하다.
4  幷(병): 아울러, 함께. '倂(병)'과 통한다.

▶ 범저(范雎)가 말했다. "대왕의 나라는 사방이 견고하게 막혀 있습니다. […] 유리하면 나아가 공격하고 불리하면 후퇴해 지키면 됩니다. 이것은 왕자(王者)를 위한 땅입니다. 백성들은 사적인 싸움에는 겁을 먹지만, 나라를 위한 전쟁에는 용맹스럽습니다. 이것은 왕자(王者)의 백성입니다. 대왕께서는 이 두 가지를 다 갖추고 계십니다."

---

위(魏)나라 출신인 범저는 본국에서 뜻을 얻지 못하고 진(秦)나라로 들어갔다. 당시 진소왕은 즉위한 지 36년이나 되었지만 태후와 외숙인 위염(魏冉)에게 눌려 뜻을 펼치지 못하고 있었다. 범저가 올린 글을 흥미롭게 읽은 진소왕은 범저를 불러 만나보았다. 가르침을 청하는 소왕에게 범저가 건성으로 대답하자, 소왕은 더욱 간절하게 무릎을 꿇으며 부탁했다. 소왕의 태도에 진심이 담겨 있다는 사실을 안 범저는 외척 세력을 누르고 개혁 정책을 펼칠 것을 주장했다. 소왕은 태후를 폐하고 위염을 추방한 뒤 범저를 재상으로 삼았다.

**역사를 사로잡은 명문장**

진나라는 상앙이 변법을 실시한 이래로 사사로운 싸움을 엄격하게 금지하여 이를 어기는 사람은 사형에 처했다. 한편 전쟁터에서 공을 세우는 사람에게는 큰 상을 내렸다. 상앙은 거열(車裂)을 당해 죽었지만 그가 만든 법률은 계속 이어졌다. 이것은 진나라가 훗날 통일 제국을 완성하는 데 큰 기반이 되었다.

『삼국지연의』에서 어머니와 외숙의 핍박을 받고 있던 유표(劉表)의 아들 유기(劉琦)는 제갈량에게 몸을 보전할 수 있는 방책을 물었다. 방법을 알려주지 않자 유기는 제갈량을 데리고 아무도 없는 누각 위에 오른 뒤 무릎을 꿇고 가르침을 청했고, 제갈량은 군대를 이끌고 밖에 나가 있으라는 묘책을 알려준다. 유기가 가르침을 청하는 자세는 소왕이 처음 범저를 만났을 때와 비슷하다. 제갈량이나 범저의 입장에서 보면 상대의 진심을 확신하지 못한 상태에서 섣불리 자신의 마음을 털어놓을 수는 없었을 것이다.

### 명문장의 활용

상앙이 시행한 제도는 진나라의 전사들을 '사적인 싸움에는 겁을 먹지만, 나라를 위한 전쟁에는 용맹스러운' 이들로 만들었다. 이로써 내분으로 인해 전력이 소모되는 일 없이 역량을 집중해 외부의 적과 맞설 수 있게 되었다. 반대로 '사적인 싸움에 용맹스럽고 나라를 나라를 위한 전쟁은 두려워'한다면 내분으로 전력이 소모되어 갈수록 쇠약해질 것이다.

# 노려본 원한에 대해서도
# 반드시 보복한다

范雎於是散家財物, 盡以報所嘗困厄者.
범 저 어 시 산 가 재 물, 진 이 보 소 상 곤 액 자.

一飯之德必償, 睚眥¹之怨必報.
일 반 지 덕 필 상. 애 자¹ 지 원 필 보.

—「범저채택열전」

---

1 睚眥(애자): 화가 나서 눈을 흘겨보는 모양.

▸ 범저는 마침내 집안의 재물을 나누어 가난하게 살 때 신세 진 사람들에게 일일이 보답했다. 한 끼 식사의 은덕에도 반드시 보답했고, 노려본 원한에 대해서도 반드시 보복했다.

---

범저가 위나라를 떠난 것은 수고(須賈)에게 모함을 받았기 때문이다. 수고와 함께 제나라에 사신으로 갔을 때 제나라에서 범저를 환대하자 수고는 위나라 재상 위제(魏齊)에게 범저가 제나라와 내통한다고 모함했다. 위제는 범저를 고문했고, 그가 정신을 잃자 자리로 싸서 객들을 시켜 그에게 소변을 보게 했다. 범저는 자신을 지키던 사람에게 부탁해 겨우 목숨을 부지해 진나라로 도망쳤다. 범저는 '장록(張綠)선생'으로 이름을 바꿨다.

훗날 범저가 진나라에서 재상이 되었을 때, 진나라가 위나라를 침략할 것이라는 소문을 들은 위나라에서는 수고를 사신으로 보내 장록선생을 만나보게 했다. 수고는 장록선생이 바로 범저라는 사실을 알지 못했다. 범저는 수고를 만나 자신이 장록선생을 모시고 있으니 만나게 해주겠다고 속인 뒤, 자신의 저택으로 데려와 문밖에서 기다리게 했다. 한참을 기다리던 수고는 문지기를 통해 범저가 바로 장록선생이라는 사실을 알게 되었고, 기어 들어가 사죄했다. 범저는 수고를 꾸짖고 연회 자리에서 말이 먹는 사료를 주며 모욕했다. 그러고는 위제의 목을 가져오지 않으면 위나라의 수도를 피로 물들일 것이라고 경고했다.

범저를 위나라에서 구해온 사람은 왕계(王稽)였다. 어느 날 왕계가 범저에게 말했다. "지금 예측하지 못할 일 세 가지와 어떻게 할 수 없는 일 세 가지가 있습니다. […] 만약 제가 갑자기 죽는다면 군께서 저를 도와주지 않으신 것을 후회하셔도 소용없을 것입니다." 범저는 소왕에게 왕계를 추천했고, 소왕은 왕계를 불러 하동의 군수로 임명했다. 범저가 위나라에서 자신을 숨겨준 정안평(鄭安平)을 추천하자 소왕은 그를 장군에 임명했다. 범저는 재물을 나누어 가난하게 살 때 신세 진 사람들에게 일일이 보답했다.

### 역사를 사로잡은 명문장

동한 말년에 동탁은 막강한 권력을 손에 쥐자 자신과 눈을 흘길 정도로 사이가 좋지 않은 사람들을 모두 엄한 형벌로 다스렸다. 동탁과 원한관계에 있던 사람들은 모두 공포에 떨어야 했다. 사실 이것은 '복수'의 차원이 아니라 '공포정치(恐怖政治)'라고 불러야 적당할 것이다.

### 명문장의 활용

길거리, 심지어 학교 안에서도 흘겨보았다는 이유로 주먹다짐을 벌이거나 심지어 칼부림이 나는 경우도 있다. 이런 경우에 "노려본 원한에 대해서도 반드시 보복한다"라고 할 수는 있겠으나, 본문에서 예로 든 경우와는 천양지차이다.

# 살아서 치욕을 당하는 것보다
# 죽어서 영예로운 것이 낫다

## 058

應侯[1]曰:"若此三子[2]者,固義之至也,忠之節也.
응후[1]왈:"약차삼자[2]자,고의지지야,충지절야.

是故君子以義死難,視死如歸;
시고군자이의사난,시사여귀;

生而辱不如死而榮.
생이욕불여사이영.

士固有殺身以成名,唯義之所在,
사고유살신이성명,유의지소재,

雖死無所恨,何爲不可哉?"
수사무소한,하위불가재?"

—「범저채택열전」

---

1  應侯(응후): 범저(范雎).
2  三子(삼자): 상앙(商央), 오기(吳起), 문종(文種)을 가리킨다.

▶ 응후(應侯)가 말했다. "이 세 사람의 행위는 진실로 의(義)의 가장 높은 경지이자, 충(忠)을 지킨 것이오. 그러므로 군자는 의를 지키기 위해 죽음으로 어려움을 막고, 죽음을 원래 있던 곳으로 돌아가는 것처럼 가볍게 여기는 것이오. 살아서 치욕을 당하는 것은 죽어서 영예로운 것보다 못하오. 선비는 본래 자기 몸을 죽여 이름을 남기는 것이며, 정의를 위해서는 죽더라도 한이 없소. 어째서 불가하겠소?"

---

채택(蔡澤)은 유세가이다. 진나라에 도착한 뒤 범저를 대신해 재상이 되고자 한다는 소문을 공공연하게 퍼뜨렸다. 이 소식을 들은 범저는 그와 대면했고, 채택은 범저에게 진나라의 상앙, 초나라의 오기, 월나라의 대부 문종의 죽음이 가치 있는 것이었는지 물었다. 이들은 모두 군주에게 충성을 다했으나 결말이 좋지 않았다. 범저는 채택이 자신을 곤궁에 빠뜨려 설득할 계획임을 알아차리고 본문처럼 마음에 없는 말로 응답했다.

그러자 채택이 말했다. "목숨과 명성을 함께 보전하는 사람이 가장 뛰어난 것이고, 명성은 남기지만 목숨을 잃는 것이 그다음이며, 명성은 잃은 채 목숨만 건지는 것이 가장 하급의 사람입니다." 설전을 거친 뒤에 채택은 범저를 설득했고, 범저는 그를 상객(上客)으로 맞이했다. 시간이 지난 뒤 범저는 진소왕에게 채택을 재상으로 추천하고 자신은 병을 핑계로 사직했다. 채택은 범저의 뒤를 이어 재상이 되었다.

### 역사를 사로잡은 명문장

"천추(千秋)의 명예를 얻을 것인가, 일시(一時)의 영화를 누릴 것인가?" 이 가치관의 문제는 3천 년이 넘는 시간 동안 줄곧 논쟁의 여지를 남겨왔다.

이 화두에 있어서 문종과 범려는 가장 명확하게 대비를 이루는 모델이다. 범려는 기미를 잘 알아채 공을 이루고 물러난 대표적인 인물이다. 문종은 공을 믿고 교만하게 굴지 않았고, 명예에 연연해하지 않았으며, 의가 있는 곳이면 죽음도 두려워하지 않았다.

관중은 이들과는 또 다른 모델이다. 그와 함께 공자 규를 보좌했던 소홀이 충성을 다해 죽음을 택한 반면 관중은 치욕을 참아내고 살아남아 훗날 누구도 이뤄내기 힘든 큰 공을 이루었다.

### 명문장의 활용

"살아서 치욕을 당하는 것보다 죽어서 영예로운 편이 낫다"라는 말은 현대사회에서는 그다지 공감을 얻지 못한다. 보다 고급스러운 표현으로는 "푸른 산을 남겨두면 땔나무 걱정은 없다(留得靑山在, 不怕沒柴燒)"라는 것이 있으며, "개똥밭에 굴러도 이승이 낫다(好死不如賴活)"라는 말도 있다.

# 군자는 절교하더라도 나쁜 소문이
# 새어 나가게 하지 않는다

## 059

樂毅[1]報遺燕惠王書: "[…] 臣聞古之君子,
악 의[1] 보 유 연 혜 왕 서: "[…] 신 문 고 지 군 자,

交絶不出惡聲; 忠臣去國, 不絜[2]其名.
교 절 불 출 악 성; 충 신 거 국, 불 결[2] 기 명.

臣雖不佞[3], 數奉教於君子矣.
신 수 불 녕[3], 수 봉 교 어 군 자 의.

恐侍御者[4]之親左右之說,
공 시 어 자[4] 지 친 좌 우 지 설,

不察疏遠之行, 故敢獻書以聞,
불 찰 소 원 지 행, 고 감 헌 서 이 문,

唯君王之留意焉."
유 군 왕 지 유 의 언."

— 「악의열전(樂毅列傳)」

1  樂毅(악의): 전국시대 연(燕)나라의 장수. 소왕(昭王) 때 상장군이었으나, 소왕이 죽고
   혜왕(惠王)이 즉위한 뒤에 기겁(騎劫)에게 자리를 빼앗기고 조(趙)나라로 망명했다.
2  絜(결): 깨끗하게 하다. 꾸미다.
3  不佞(불녕): 재주가 없음. 자신에 대한 겸손한 표현이다.
4  侍御者(시어자): 본래는 '주변에서 모시는 측근'을 뜻한다. 여기서는 상대를 직접
   지칭하지 않음으로써 예의를 표한 것이다.

▶ 악의(樂毅)가 연혜왕(燕惠王)에게 답장을 보냈다. "[…] 신이 듣기로 예전의 군자는 교제를 끊더라도 나쁜 소문이 새어 나가게 하지 않았고, 충신은 나라를 떠나도 자신의 명예를 위해 결백을 주장하려고 하지 않았다고 합니다. 신은 비록 영리하지는 않으나 여러 차례 군자에게 가르침을 받았습니다. 다만 대왕을 모시는 자들이 주위 사람들의 말을 가까이하여 멀리 내쳐진 신의 행동을 제대로 살피지 못할까 두려워 감히 글로써 아뢰니, 대왕께서는 제 뜻을 유념해주시기 바랍니다."

---

악의는 연나라의 상장군으로 제나라를 정벌했다. 5년에 걸쳐 70여 개 성을 함락시키고 마지막으로 거(莒)와 즉묵(即墨)만을 남겨두고 있었다. 소왕(昭王)이 세상을 떠나고 아들 혜왕이 즉위했을 때, 제나라의 전단(田單)은 이간책을 써서 악의를 상장군의 자리에서 끌어내렸다. 악의는 불안한 마음에 조(趙)나라로 망명했다.

악의가 떠난 뒤에 전단은 소꼬리에 불을 붙여 적진으로 돌진시키는 화우(火牛)의 진(陣)을 이용해 전세를 뒤집었다. 혜왕은 조나라에서 악의를 중용해 연나라를 공격할까 걱정되어 악의에게 사자를 보냈다. 악의는 이에 대해 본문과 같이 자신의 마음을 글로 써서 올렸다.

**역사를 사로잡은 명문장**

삼국시대 제갈량은 자신의 재능을 관중과 악의에 비교했다. 제갈량이 마음속으로 생각하는 이상적인 장수가 바로 악의였던 모양이다. 관중과 악의의 능력을 겸비한 제갈량은 군주를 보좌하여 부국강병을 이뤘으며, 군대를 이끌어 조위(曹魏)를 공격했다. 다행스럽게도 후주(後主) 유선(劉禪)이 연혜왕과 달랐기 때문에 제갈량은 죽을 때까지 자신의 힘을 다할 수 있었다. 그렇지 않았다면 제갈량도 역시 악의와 같은 운명에 처했을 것이다.

### 명문장의 활용

악의가 말한 "나쁜 소문이 새어 나가게 하지 않는다"라는 말은 "험담할 때도 욕을 하지는 않는다"라는 의미이다. 악의는 편지에서 "여러 차례 군자에게 가르침을 받았다"라는 표현을 썼는데, 연소왕은 한때 악의에게 가르침을 내렸던 '군자'였지만, 그의 아들인 연혜왕은 군자라고 불리기엔 적절치 않은 인물이라는 의미가 담겨 있다.

# 한 끼에 밥 한 말과
# 고기 열 근을 먹는다

060

趙王使使者¹視廉頗²尙可用否. […]

조 왕 사 시 자¹ 시 염 파² 상 가 용 부. […]

廉頗爲之一飯斗米, 肉十斤, 被甲上馬,

염 파 위 지 일 반 두 미, 육 십 근, 피 갑 상 마,

以示尙可用.

이 시 상 가 용.

—「염파인상여열전(廉頗藺相如列傳)」

---

1 使使者(사시자): 사신을 보내다. 앞의 '사(使)'는 동사, '使者(시자)'는 '사신', '심부름꾼'을
   뜻한다.

2 廉頗(염파): 전국시대 조(趙)나라의 명장. 장평대전(長平大戰) 때 진(秦)에 맞서 굳건히
   수비하는 전략을 쓰며 항전했다. 조나라 왕은 진의 이간책에 속아 염파를 해임했고,
   결국 조나라 군대는 대패했다.

▶ 조(趙)나라 왕이 사신을 보내 염파가 아직 등용할 만한지 보고 오게 했다. […] 염파는 사신 앞에서 한 끼에 밥 한 말과 고기 열 근을 먹고, 갑옷을 입고 말에 올라 아직 자신이 쓸 만하다는 것을 보여주었다.

---

염파는 '완벽귀조(完璧歸趙, 옥벽을 온전하게 조나라로 가져오다)'의 고사로 유명한 재상 인상여(藺相如)와 문경지교(刎頸之交)를 맺은 조나라의 명장이다. 조나라 혜문왕(惠文王)이 세상을 떠나고 이어 즉위한 효성왕(孝成王)은 염파를 해임하고 조괄(趙括)을 그 자리에 앉혔다. 조괄이 장평대전(長平大戰)에서 패해 조나라 병사 40만 명이 생매장당하자 효성왕은 다시 염파를 등용했다. 그러나 효성왕이 죽고 도양왕(悼襄王)이 즉위하자 염파는 또다시 해임당했다. 염파는 위(魏)나라로 망명했으나 위나라에서 중용되지는 못했다. 훗날 진(秦)나라가 조나라를 침공하자 도양왕은 다시 염파를 등용할 생각에 사신을 보내 그를 살피게 했다.

염파와 원수지간이었던 곽개(郭開)는 사신에게 많은 돈을 주어 염파를 모함하게 했다. 조나라 사신이 염파를 만나자 염파는 밥 한 말과 고기 열 근을 먹어 보이며, 갑옷을 입고 말에 뛰어올라 아직도 자신이 쓸모 있음을 보여주었다. 그러나 조나라 사신은 돌아와 왕에게 "염장군은 늙었음에도 불구하고 식사를 잘했습니다. 그러나 신과 같이 앉아 있는 동안에도 자주 변소에 갔습니다."라고 거짓으로 아뢰었다. 조나라 왕은 염파가 늙은 것으로 생각하고 결국 부르지 않았다.

### 역사를 사로잡은 명문장

"염파는 늙었는데 아직 밥은 먹을 수 있던가(廉頗老矣, 尙能飯否)?" 이는 남송(南宋)의 시인 신기질(辛棄疾)의 사(詞)「영우락(永遇樂)·천고강산(千古江山)」의 구절이다. 신기질은 일생 동안 금(金)에 대항해 조국의 원수를 갚을 것을 자임했으나 이상은 실현되지 않았다. 이 작품은 그가 50~60세 때 쓴 것이니, 당시 염파와 비슷한 감정을 느끼고 있었을 법하다.

### 명문장의 활용

이 고사에서 식사량은 곧 중임을 맡을 역량을 의미한다. 삼국시대의 명장 사마의(司馬懿)가 제갈량을 두고 "밥은 적게 먹고 일은 많이 하니, 어찌 오래 버틸 수 있겠는가?"라고 한 말은 제갈량의 건강 상태를 간파해서 한 말이다.

　조조의 "늙은 천리마 말구유에 엎드려 있으나 뜻은 천 리를 달리고 싶어 하니, 열사의 말년에도 장한 마음은 그치지 않는구나(老驥伏櫪, 志在千里, 烈士暮年, 壯心不已)"라는 말도 그의 웅대한 뜻을 보여준다.

# 가만히 있을 때는 처녀 같고, 움직일 때는 달아나는 토끼 같다

## 061

太史公曰: 兵以正合, 以奇勝. 善之者,
태사공왈: 병이정합, 이기승. 선지자,

出奇無窮. 奇正還相生, 如環之無端[1].
출기무궁. 기정환상생, 여환지무단[1].

夫始如處女, 適[2]人開戶; 後如脫兔,
부시여처녀, 적[2]인개호; 후여탈토,

適不及距[3]. 其田單之謂邪!
적불급거[3]. 기전단지위야!

—「전단열전(田單列傳)」

---

1  無端(무단): 시작하는 지점과 끝나는 지점이 없음.
2  適(적): 상대방. '敵(적)'과 통한다.
3  距(거): 막다. 항거하다. '拒(거)'와 통한다.

▶ 나 태사공 사마천이 말한다. 싸움이라는 것은 정(正. 정공법)으로 맞서 기책(奇策. 기이한 술책)으로 승리하는 것이다. 싸움을 잘하는 사람에게는 기책이 무궁무진하다. 기(奇)와 정(正)은 서로 순환하여 마치 고리에 처음과 끝의 구별이 없는 것과 같다. 무릇 처음에는 처녀처럼 얌전하여 적들이 문을 열어둔 채 방비하지 않게 하며, 나중에는 달아나는 토끼처럼 재빨라 적이 미처 막을 수 없게 한다. 이는 전단(田單)을 두고 하는 말이리라.

---

전단은 우선 이간책을 써서 연왕이 대장 악의를 끌어내리도록 만들었다. 그러고는 일부러 "나는 연나라 군사들이 우리 포로들의 코를 베어버리는 것이 가장 두렵다. 포로들의 코를 자른 뒤에 우리 군사들에게 보여준다면, 아군은 두려워서 사기가 떨어질 것이다."라는 말을 퍼뜨린다. 또 "나는 연나라 군사가 성 밖에 있는 선조들의 무덤을 파헤치는 것이 걱정이다. 그 모습을 보면 백성들이 두려워할 것이다."라고도 했다. 연나라 장수 기겁(騎劫)은 이 소식을 듣고 전단의 말대로 시행했다. 이 모습을 보고 제나라 성안의 군사와 백성 들은 결사항전의 각오를 다졌다.

전단은 다시 성안의 재물을 모아 부자들을 시켜 기겁에게 뇌물로 바치게 하면서 다음과 같이 말하게 했다. "즉묵(卽墨)성이 투항했을 때 저의 집안사람들은 해치지 말아주십시오." 이 말을 들은 기겁은 크게 기뻐하면서 방비를 소홀히 했다.

사전 작업을 끝낸 전단은 한밤중에 적을 기습했다. 꼬리에 불이 붙어 날뛰는 소들을 성 밖으로 내보내 적진을 혼란스럽게 한 뒤에 공격하여 격파했다. 이후 전단은 제나라의 영토를 하나하나 회복했다.

**역사를 사로잡은 명문장**

당나라 안사(安史)의 난 때 정부군이 수세에 몰렸다. 사사명(史思明)이 태원(太原)을 공략했을 때 그곳을 지키던 장수인 이광필(李光弼)은 사람을 보내 거짓으로 항복하고 항복할 날짜를 알려 적들을 방심하게 했다. 동시에 성에서부터 적진까지 땅굴을 파서 적의 진영 아래를 나무로 지탱해놓았다. 항복하기로 한 날, 하위 군관이 수천 명을 이끌고 나가 항복하자, 사사명의 군대는 크게 기뻐하며 방심했다. 그러나 지탱하고 있던 기둥을 치워 땅이 무너지자 대혼란에 빠졌고, 정부군은 이 틈에 공격하여 대승을 거두었다. 이 전투 이후로 전세는 역전되었고, 결국 안사의 난은 진압되었다.

**명문장의 활용**

"가만히 있을 때는 처녀 같고, 움직일 때는 달아나는 토끼 같다"라는 말은 군대에서 뿐만 아니라 현대의 비즈니스 전쟁이나 운동 경기에서도 사용할 수 있다. 부대가 평소 훈련이 잘되어 있어 명령에 일사불란하게 반응할 수 있으면 상대가 아군을 경시해 방심한 틈을 효과적으로 노릴 수 있다.

# 충신은 두 임금을
## 섬기지 않는다

062

王蠋曰:"忠臣不事二君, 貞女不更二夫.
왕 촉 왈: "충신불사이군, 정녀불경이부.

齊王不聽吾諫, 故退而耕於野[1].
제왕불청오간, 고퇴이경어야[1].

國旣破亡, 吾不能存;
국기파망, 오불능존;

今又劫之以兵爲君將, 是助桀爲暴也.
금우겁지이병위군장, 시조걸위포야.

與其生而無義, 固不如烹!"
여기생이무의, 고불여팽!"

遂經[2]其頸於樹枝, 自奮絶脰[3]而死.
수경[2]기경어수지, 자분절두[3]이사.

―「전단열전」

---

1 野(야): 교외, 시골.

2 經(경): 목을 매다.

3 脰(두): 목.

▶ 왕촉(王蠋)이 말했다. "충신은 두 임금을 섬기지 않고, 열녀는 두 남편을 바꿔 모시지 않습니다. 제나라 왕이 제가 간하는 말을 듣지 않으셨기 때문에 저는 물러나 농사를 짓게 되었습니다. 나라는 이미 망해버렸고, 저는 나라를 지키지 못했습니다. 그런데 지금 무력에 위협받아 당신의 장수가 된다는 것은 걸왕을 도와 폭정을 행하는 것입니다. 살아서 의로운 일을 행하지 못할 바에는 차라리 삶겨 죽는 편이 낫습니다!" 마침내 나뭇가지에 목을 매어 스스로 힘껏 죄어 목을 끊고 죽어버렸다.

---

연나라가 제나라에 침입했을 때, 악의는 왕촉이 어질다는 말을 듣고 '왕촉이 살고 있는 고을 주변 30리 안으로는 들어가지 말라'고 명령을 내렸다. 그러고는 사람을 보내 왕촉을 회유했다. "제나라의 많은 사람들이 그대의 의로움을 높이 평가하고 있소. 나는 당신을 장수로 삼고, 만호에 봉하겠소." 왕촉이 사양하자 악의가 말했다. "내 말을 듣지 않는다면 나는 삼군을 이끌고 당신의 고을을 도살할 것이오." 그러자 왕촉은 본문에 나온 것처럼 거절하고 자결했다.

난리를 피해 도망쳤던 제나라 대부들이 이 소문을 듣고 말했다. "왕촉은 평민에 불과했는데도 지조를 지켜 연나라를 섬기지 않았다. 벼슬에 올라 녹을 먹고 있는 우리가 그만 못할 수 있겠는가?" 마침내 함께 모여 거(莒)로 달려가 제민왕의 아들을 찾아 그를 옹립하고 연나라에 대항했다.


**역사를 사로잡은 명문장**

전단은 "악의가 제왕(齊王)에 오르려고 한다"라는 소문을 이용해 이간책을 썼다. 악의는 과연 제왕에 오르려고 하는 마음이 조금도 없었을까? 왕촉을 대하는 태도를 보면 그런 마음이 전혀 없었다고 말하기 어렵다.

제민왕은 자신이 대단하다고 생각한 오만한 군주였다. 맹상군이 제나라를 떠나 진나라로 가자 민왕은 자신을 동제(東帝)라고 칭했다. 만일 내란에 의해 오만한 민왕이 쫓겨나고 새로 훌륭한 군주가 즉위했다면, 왕촉이 이처럼 충절을 지켰을 것이라고 장담할 수 없다. 외부의 협박을 받아 군주를 바꾸려면 추후에 닥칠 비난을 각오해야 한다.

왕촉의 자살이 아니었다면 악의는 순조롭게 제나라를 평정하고 그 지역의 왕이 되었을 수 있다. 그렇게 되었다면 전씨(田氏)는 제나라를 수복하기 어려웠을 것이다.

### 명문장의 활용

현대 민주주의 사회에서 "충신은 두 임금을 섬기지 않는다"라는 말은 시대착오적인 것으로 들린다. 국민들에게 풍족한 삶을 누릴 수 있게 해주는 사람이라면 누구든 사람들의 마음과 천하를 얻을 수 있을 것이다. 하지만 외부의 침략을 받게 되면 필연적으로 민족주의가 부각될 것이며, 이 말은 이때 진가를 드러낸다. "열녀는 두 남편을 바꿔 모시지 않는다"라는 구태의연한 말은 지금 시대에 다시 거론할 필요가 없을 것이다.

# 걱정을 덜어주고
# 재난을 없애준다

063

魯連¹笑曰:"所貴於天下之士者,
노련¹소왈:"소귀어천하지사자,

爲人排患釋難解紛亂而無取也.
위인배환석난해분란이무취야.

即有取者,是商賈²之事也,
즉유취자,시상고²지사야,

而連不忍爲也."
이련불인위야."

遂辭平原君³而去,終身不復見.
수사평원군³이거,종신불부견.

—「노중련추양열전(魯仲連鄒陽列傳)」

---

1 魯連(노련): 노중련(魯仲連). 전국시대 제(齊)나라 사람. 조(趙)나라에 갔다가 분쟁을
  해결해 조나라를 위험에서 구했다. 훗날 다른 사람의 어려움을 해결해주는 사람을
  가리켜 '노중련'이라고 부르게 되었다.
2 商賈(상고): 장사치.
3 平原君(평원군): 전국시대 조무령왕의 아들로 이름은 승(勝). 선비를 좋아하여 식객이
  수천 명에 이르렀다. 전국 사공자(四公子) 중 한 사람이다.

▶ 노중련이 웃으며 말했다. "세상 사람들이 선비를 귀하게 여기는 까닭은 다른 사람의 걱정을 덜어주고 재난을 없애주며 분란을 해결하고 보상을 받지 않기 때문입니다. 만일 보상을 받는다면 그것은 장사꾼이니 저는 그런 짓은 차마 할 수 없습니다." 그러고는 마침내 평원군(平原君)에게 작별하고 떠나 평생토록 다시 만나지 않았다.

---

진(秦)나라 군대가 조(趙)나라의 수도 한단(邯鄲)을 포위했을 때 다른 제후들은 진나라가 두려워 감히 구하러 오지 못했다. 위왕(魏王)은 대장군 진비(晉鄙)를 파견했으나 적극적으로 구하지 않고 상황을 지켜보았다. 동시에 몰래 신원연(新垣衍)을 보내 조나라 평원군을 설득하길, 진왕(秦王)에게 제(帝)의 칭호를 써준다면 진나라가 군대를 해산할 것이라고 했다.

이때 제나라의 노중련이 신원연과 담판을 짓겠다고 자청했다. 노중련은 진왕에게 칭제(稱帝)하는 것의 위험성을 설파하여 신원연을 설복시켰고, 신원연이 설복당했다는 소식을 들은 진군(秦軍)은 군대를 50리나 물렸다. 마침 위나라 공자 무기(無忌)가 왕의 호부를 훔쳐냈고, 진비를 죽여 군대를 빼앗은 뒤 진나라 군대를 물리치고 조나라를 구했다. 평원군은 노중련에게 감사하며 사례하려 했으나, 노중련은 사양하고 떠났다.

**역사를 사로잡은 명문장**

후에 전단이 연나라 군대를 공격하면서 요성(聊城)을 일 년 넘게 포위하고 있을 때 노중련은 편지를 한 통 써서 성안으로 날려 보냈다. 노중련의 설득력 있는 항복 권고 편지를 받아든 연나라 장수는 이러지도 저러지도 못하고 고민했다. 사실 그 장수는 전단의 이간책 때문에 연나라 왕에게 이미 신임을 잃고 있었다. 결국 그는 자살했다.

전단은 노중련에게 감사하며 작위를 내리겠다고 했으나 노중련은 "부귀하게 살면서 사람들의 비난을 받을 바에야 빈천하게 살면서 마음대로 강호를 누비겠다."라는 말을 남기고 떠났다.

### 명문장의 활용

갈등과 분란을 해결해주는 사람을 일러 '노중련'이라고 부른다. "내가 노중련의 역할을 맡겠다"라고 한다면, 중재자가 되겠다는 뜻이다. '노중련'의 가치는 대가를 요구하지 않는다는 데 있다. 보답을 바란다면 이는 노중련이 아닌 '브로커'에 불과할 것이다.

# 사람들은 모두 취했는데
# 나 홀로 깨어 있다

## 064

屈原曰: "擧世混濁而我獨淸,
굴 원 왈: "거 세 혼 탁 이 아 독 청,

衆人皆醉而我獨醒, 是以見放[1]."
중 인 개 취 이 아 독 성, 시 이 견 방[1]."

— 「굴원가생열전(屈原賈生列傳)」

---

1  見放(견방): 쫓겨나다. '見(견)'은 피동을 표시한다.

▶ 굴원이 말했다. "온 세상이 혼탁한데 나 홀로 깨끗하고, 사람들은 모두 취했는데 나 홀로 깨어 있어, 이런 까닭에 추방당했소."

---

굴원은 초회왕의 신임을 한몸에 받던 대부(大夫)였다. 하지만 그를 시기한 주변 사람들의 참소 때문에 점차 회왕과 멀어지게 되었다. 훗날 초회왕은 굴원의 충고를 듣지 않고 진(秦)나라에 갔다가 억류되어 고국으로 돌아오지 못하고 죽었다.

이후 굴원은 「어부(漁夫)」라는 작품을 썼는데 그 내용은 이렇다. 굴원이 강가에 이르러 머리를 풀어 헤치고 물가를 거닐면서 시를 읊었다. 안색은 초췌했고 모습은 야위었다. 어부가 그를 보고 물었다. "그대는 삼려대부(三閭大夫, 굴원의 다른 이름)가 아니십니까? 무슨 까닭에 여기까지 오셨습니까?" 굴원이 대답했다. "온 세상이 혼탁한데 나 홀로 깨끗하고, 사람들은 모두 취했는데 나 홀로 깨어 있어, 이런 까닭에 추방당했소." 어부가 물었다. "대저 성인(聖人)이란 물질에 구애받지 않고 능히 세속의 변화를 따를 수 있는 사람입니다. 온 세상이 혼탁하다면 왜 그 흐름을 따라 물결을 타지 않으십니까? 모든 사람이 취해 있다면 왜 그 지게미를 먹거나 밑술을 마시며 함께 취하지 않으십니까? 어찌 자존심을 세워 추방을 자초하셨습니까?" 굴원이 대답했다. "내가 듣기로 새로 머리를 감은 사람은 반드시 관을 털어서 쓰고, 새로 목욕한 사람은 반드시 옷을 털어서 입는다고 했소. 사람이라면 그 누가 깨끗한 몸에 더러운 오물을 묻히려 하겠소? 차라리 흐르는 강물에 몸을 던져 물고기 배 속에서 장사를 지낼지언정, 어찌 희디흰 결백함으로 세속의 더러운 먼지를 뒤집어쓰겠소?"

**역사를 사로잡은 명문장**

송나라의 명신 구양수(歐陽修)는 직언을 올렸다가 두 차례나 쫓겨나 여섯 주(州)를 전전했다. 그가 처음 폄적(貶謫, 귀양 보내짐)되어 저주(滁州)에 갔을 때 쓴 작품이 바로 「취옹정기(醉翁亭記)」이다. 이 글 속의 유명한 구절이 바로 "취옹의 뜻은 술에 있지 아니하다(醉翁之意不在酒)"라는 구절이다. 자신을 술 취한 늙은이라는 뜻의 '취옹(醉翁)'이라 부르며 산수(山水)에 뜻을 기탁하였으니, 구양수도 굴원과 유사한 측면이 있다고 볼 수 있다.

구양수의 또 다른 작품인 「종수론(縱囚論)」에서는 「취옹정기」와 다른 면모를 볼 수 있다. 당태종이 사형수들에게 휴가를 주어 고향에 갈 수 있게 해주었다. 고향에 돌아간 죄수들은 당태종의 은혜에 감복하여 한 명도 도망치지 않고 모두 형을 받으러 돌아왔고, 태종은 이를 기특하게 여겨 이들을 모두 사면했다. 구양수는 이것이 '정치 쇼'라는 주장을 펼쳤다. 그는 자신이 뛰어나다고 해서 다른 사람을 무시하거나 억누르지 않았다. 그래서 굴원과는 달리 실각한 뒤에 다시 정계에 복귀할 수 있었다.

**명문장의 활용**

"온 세상이 혼탁한데 나 홀로 깨끗하고, 사람들은 모두 취했는데 나 홀로 깨어 있다"라는 말은 자신에 대한 기대를 표현하는 말이다. 하지만 늘 이런 말을 입에 달고 있는 사람은 '(다른 사람은 모두 멀쩡한데) 혼자 취해 있는 사람'일지도 모른다. 이런 사람은 숱한 적을 만들기 마련이라 결코 성공할 수 없다.

# 미모가 쇠하면
# 사랑도 식는다

不韋¹因使其姊說夫人²曰: "吾聞之, 以色事人者,
불위¹인사기자세부인²왈: "오문지, 이색사인자,

　　色衰而愛弛³. 今夫人事太子, 甚愛而無子.
　　색쇠이애이³. 금부인사태자, 심애이무자.

　　不以此時蚤自結於諸子中賢孝者,
　　불이차시조자결어제자중현효자,

　　擧立以爲適而子⁴之, 夫在則重尊, 夫百歲之後,
　　거립이위적이자⁴지, 부재즉중존, 부백세지후,

　　所子者爲王, 終不失勢, 此所謂一言而萬世之
　　소자자위왕, 종불실세, 차소위일언이만세지

　　利也. 不以繁華時樹本⁵, 即色衰愛弛後,
　　리야. 불이번화시수본⁵, 즉색쇠애이후,

　　雖欲開一語, 尙可得乎?"
　　수욕개일어, 상가득호?"　　　　　　　　　—「여불위열전(呂不韋列傳)」

---

1　不韋(불위): 여불위(呂不韋). 조(趙)나라 출신의 대상인.

2　夫人(부인): 화양부인(華陽夫人). 진소왕(秦昭王)은 차자(次子)인 안국군(安國君)이 태자
　　(太子)가 된 뒤 자신이 총애하던 애희(愛姬)를 정부인(正夫人)으로 삼고 '화양부인'이라
　　칭했다.

3　愛弛(애이): 총애를 잃다.

4　子(자): 아들로 삼다.

5　樹本(수본): 뿌리를 세우다. 여기서는 기초를 튼튼히 하는 것을 말한다.

▶ 여불위(呂不韋)가 그 언니에게 화양부인(華陽夫人)을 설득하게 했다. "제가 듣기에 미모로 섬기는 자는 미모가 스러지면 사랑도 스러진다고 합니다. 지금은 부인이 태자를 섬겨 대단한 총애를 받지만 아들이 없으니, 지금 일찌감치 여러 아들들 중에서 재능 있고 효성스러운 자와 인연을 맺어 그를 후사로 발탁해 아들로 삼으셔야 합니다. 부군이 살아 계실 때 존중받고 부군이 돌아가신 후에도 아들 된 자가 왕이 되므로 결국 세력을 잃지 않게 되니, 이는 한마디로 만세의 이익을 얻는 것이라 할 수 있습니다. 영화를 누릴 때 터전을 세워놓지 않는다면, 미모가 쇠하고 사랑이 식은 후에 말 한마디 하고 싶어도 가능하겠습니까?"

___

여불위는 정치 투자로 큰 성공을 거둔 상인이다. 그는 조나라에 인질로 와 있던 진(秦)나라의 공자 자초(子楚)에게 투자했다. 5백 금을 자초에게 주어 빈객과 교류하게 하고, 5백 금으로 진기한 패물을 구입해 혼자 서쪽 진나라로 가지고 갔다. 당시 진왕(秦王)의 총애를 받았으나 아이가 없었던 화양부인의 언니를 설득해 자초를 양자로 삼게 만들었고, 인질 신세였던 자초는 결국 왕위에 오른다. 본문은 화양부인의 언니를 설득하는 내용이다. 여불위는 훗날 공로를 인정받아 재상의 자리에 올랐는데, 식읍이 10만 호였으며 그 권세를 당해낼 자가 없었다.

**역사를 사로잡은 명문장**

화양부인이 자초를 태자로 삼는 일이 '한마디 말로 만세의 이익을 얻는 것'이었다면, 여불위가 화양부인의 언니를 통해 자초를 추천한 것은 '한마디 말로 10만 호의 이익을 얻는 것'이었다고 할 수 있다. 여불위의 탁월한 시각과 훌륭한 수완은 후대의 집정자들에게도 좋은 본보기가 되었다.

## 명문장의 활용

현대의 연예인들이야말로 '미모(혹은 재능)로 섬기는 사람'이라 할 수 있다. 한창 인기 있을 때 충분한 돈을 벌어놓지 않으면, 인기가 스러진 뒤에 기댈 곳이 없어질 것이다. 그러니 그들이 돈에 집착하는 것을 지나치게 비판해서는 안 된다. '미모가 쇠하면 사랑도 식는' 그들이 느끼는 위기감을 생각해볼 필요가 있다.

# 선비는 자신을 알아주는
이를 위해 죽는다

## 066

豫讓遁逃¹山中. 曰: "嗟乎! 士爲知己者死.
예 양 둔 도 ¹산 중. 왈: "차 호! 사 위 지 기 자 사.

女爲悅己者容. 今智伯²知我.
여 위 열 기 자 용. 금 지 백 ²지 아.

我必爲報讎³而死. 以報智伯.
아 필 위 보 수 ³이 사. 이 보 지 백.

則吾魂魄不愧矣!"
즉 오 혼 백 불 괴 의!"

—「자객열전(刺客列傳)」

1  遁逃(둔도): 달아나다.
2  智伯(지백): 춘추시대 진(晉)나라의 여섯 가문 중 지씨(智氏)의 귀족.
3  報讎(보수): 원수를 갚다.

▶ 예양(豫讓)이 산속으로 달아나 말했다. "아! 선비는 자신을 알아주는 이를 위해 죽고, 여인은 자신을 좋아하는 이를 위해 얼굴을 단장한다. 지금 지백이 나를 알아주니 기필코 원수를 갚고 죽어 지백에게 보답해야 혼백이 부끄럽지 않을 것이다!"

---

춘추 말기, 진(晉)의 정권은 여섯 가문이 나눠 쥐고 있었다. 그중 강성했던 지백은 범씨(范氏)와 중항씨(中行氏)를 멸망시켰다. 예양은 일찍이 범씨와 중항씨를 섬겼으나 그들은 예양을 특별하게 대우해주지 않았다. 범씨와 중항씨가 멸망한 뒤 예양은 지백을 섬겼는데, 지백은 예양을 매우 존중하고 총애했다. 지백이 조양자(趙襄子)를 치자, 조양자는 한씨(韓氏), 위씨(魏氏)와 공모하여 지백을 공격해 일족을 멸했고, 지백이 소유했던 토지를 셋으로 나누었다. 조양자는 지백의 두개골에 옻칠을 해 커다란 술잔으로 사용했다.

예양은 자신을 특별하게 대해준 지백을 위해 조양자를 죽여 원수를 갚으리라 결심했다. 조양자를 암살하기 위해 온갖 방법을 다 동원했지만, 결국 실패하고 조양자에게 죽임을 당했다. 죽기 직전에 예양은 조양자에게, 비록 자신이 복수에는 실패했으나 조양자가 입고 있는 옷을 빌려주면 그 옷이라도 찔러 원수를 갚겠다고 했다. 조양자가 허락하자 예양은 감사한 뒤 그가 입던 옷을 찌르고 자결했다.

**역사를 사로잡은 명문장**

「자객열전」에는 예양, 조말(曹沫), 전제(專諸), 섭정(聶政), 형가(荊軻) 등 다섯 사람이 등장한다. 이들 주연 외에도 후영(侯嬴)이나 전광(田光)처럼 자신을 알아준 은혜를 갚기 위해 목숨을 바친 사람들의 이야기도 담겨 있다. 「자객열전」속 일화들은 그 시대 사람들이 신의와 명예를 중시하고 목숨을 가볍게 여겼다는 증거가 된다.

## 명문장의 활용

시대가 변해 '자신을 알아주는 이를 위해 죽는' 일은 매우 보기 드문 일이 되었다. 그러나 '자신을 좋아하는 이를 위해 단장하는 것'은 영원히 변치 않는 진리인 것 같다.

바람 소리 쓸쓸하고
역수는 차갑구나

## 067

高漸離¹擊築. 荊軻²和而歌. 爲變徵³之聲.
고 점 리 ¹ 격 축. 형 가 ² 화 이 가. 위 변 치 ³ 지 성.

士皆垂淚涕泣. 又前而爲歌曰:
사 개 수 루 체 읍. 우 전 이 위 가 왈:

"風蕭蕭兮易水⁴寒,
"풍 소 소 혜 역 수 ⁴ 한,

壯士一去兮不復還!"
장 사 일 거 혜 불 부 환!"

復爲羽聲忼慨, 士皆瞋目⁵, 髮盡上指冠.
부 위 우 성 강 개, 사 개 진 목 ⁵, 발 진 상 지 관.

於是荊軻就車而去, 終已不顧.
어 시 형 가 취 차 이 거, 종 이 불 고.

—「자객열전」

1  高漸離(고점리): 전국시대 연(燕)나라의 악사(樂師). 형가와 친구이다.
2  荊軻(형가): 전국시대 위(衛)나라 사람. 연태자 단(丹)을 위해 진시황 암살을 시도했으나
   실패했다.
3  變徵(변치): 고대의 음조는 궁(宮), 상(商), 각(角), 치(徵), 우(羽)의 다섯 개 이외에
   변치와 변우(變羽)가 있었다. 변치는 높고 비장한 음조이다.
4  易水(역수): 하북성(河北省)에서 발원하는 하천.
5  瞋目(진목): 눈을 부릅뜨다.

▶ 고점리(高漸離)가 축을 타고, 형가가 화답하여 노래를 불렀는데, 변치(變徵)의 소리를 내자 사람들이 모두 눈물을 흘리며 울었다. 또한 앞으로 나아가며 노래를 불렀다. "바람 소리 쓸쓸하고 역수는 차갑구나. 장사가 한번 가면 다시 오지 못하리라!" 다시 우성(羽聲)으로 노래하니, 그 소리가 강개하여 사람들이 모두 눈을 부릅떴고, 머리카락이 관(冠)을 밀어 올릴 정도로 곤두섰다. 후에 형가는 수레를 타고 떠나면서 끝내 뒤를 돌아보지 않았다.

---

연나라의 태자 단(丹)은 어린 시절에 진(秦)나라에 인질로 잡혀가서 수모를 당했다. 그 수모를 갚아줄 사람을 찾던 중에 형가를 알게 되었고, 그를 상경(上卿)으로 받들면서 극진하게 대접했다. 진왕(秦王)이 조나라를 멸망시키고 연나라 국경까지 다가오자 태자 단은 형가를 진왕에게 보내면서 진왕을 협박해 침략을 그만두게 하든지, 그러지 못하면 진왕을 암살하라고 지시했다. 함께 가기로 한 친구를 기다리던 형가는 태자 단의 재촉을 받아 결국 친구가 오기 전에 다른 사람과 함께 떠났다. 본문은 형가가 역수를 건너 진왕을 만나러 가는 대목이다. 사마천은 다시는 돌아오지 못할 길을 가는 형가의 비장한 모습을 탁월하게 그려냈다.

### 역사를 사로잡은 명문장

남송의 명장 악비(岳飛)는 「만강홍(滿江紅)」에서 다음과 같이 노래했다. "성난 머리칼은 관을 찌르는데, 난간에 기대어 있을 때 쏴쏴 내리던 비가 그쳤다(怒髮衝冠, 憑欄處, 瀟瀟雨歇)." 이 작품에서도 형가와 같은 비장함이 느껴진다. 『사기』에서 항우의 「해하가(垓下歌)」, 유방의 「대풍가(大風歌)」, 그리고 여기서 소개한 형가의 노래는 생동감 있는 분위기를 만들어내는 데 중요한 역할을 한다.

### 명문장의 활용

"바람 소리 쓸쓸하고 역수는 차갑구나"라는 시구에서는 슬픔보다는 비장함이 느껴진다. 단순한 송별의 자리라면 절대로 이 말을 쓰지 말아야 한다. 형가가 이 시구를 노래할 때는 죽음을 각오하고 떠난 것이니 말이다.

# 말 머리에 뿔이 돋았다

**068**

太史公曰: 世言荊軻, 其稱太子丹之命,
태사공왈: 세언형가, 기칭태자단지명,

"天雨¹粟, 馬生角"也, 太過²,
"천우¹속, 마생각"야, 태과².

—「자객열전」

1 雨(우): 내리다.

2 過(과): 지나치다, 과장되다.

▶ 태사공이 말한다. 세상 사람들이 형가를 말할 적에 태자 단의 명을 논하면서 "하늘에서 곡식이 내렸고, 말 머리에 뿔이 돋았다"라고 하는데, 너무 지나치다.

---

연태자 단의 어린 시절은 순탄하지 못했다. 조나라에 볼모로 잡혀가 그곳에서 훗날의 진시황인 정(政)을 만나 사귀었다. 훗날 다시 진에 볼모로 갔을 때 정은 그를 예전처럼 대해주지 않았다. 태자 단이 귀국을 요청하자 정은 말했다. "까마귀 머리가 하얗게 변하고 말 머리에 뿔이 돋으면, 그때 돌아가는 것을 허락하겠다." 태자 단은 몰래 도망쳤다. 이 이야기에 대해서 실제로 말 머리에 뿔이 돋아 정이 단의 귀국을 허락했다는 말이 있는데, 사마천은 이것이 지나치다고 평했다.

### 역사를 사로잡은 명문장

한무제 때 소무(蘇武)는 흉노에 사신으로 갔다가 흉노 궁정의 정변 음모에 개입되었다. 소무는 사태가 잘 해결되기 어려워 보이자 한실(漢室)에 해가 될까 우려해 자살을 시도했으나 목숨을 건졌다. 흉노의 선우(單于)는 소무의 의기를 높이 사 투항을 권했으나 소무는 항복하지 않았다. 갖은 수를 썼으나 소무의 마음을 돌리지 못한 선우는 소무를 북해(北海)로 추방하면서 '숫양'이 새끼를 낳으면 돌아올 수 있게 해주겠다고 했다. 바로 여기서 말한 '말 머리에 뿔이 돋는 것'과 같은 뜻이다.

"하늘에서 곡식이 내렸다"라는 표현은 고서(古書)에 종종 등장한다. 『주서(周書)』에 "신농(神農)의 시대에 하늘에서 곡식이 내리자 신농은 마침내 밭을 갈고 하늘에서 떨어진 곡식을 심었다"라는 기록이 있다. 한자(漢字)를 만들었다고 전해지는 창힐(倉頡)이 글자를 만들었을 때는 "하늘에서 곡식이 내리고 귀신이 한밤중에 울었다".

**명문장의 활용**

청(淸)의 시인 고정관(顧貞觀)은 억울하게 귀양 간 친구 오조건(吳兆騫)에게 보내는 편지에서 "까마귀 머리가 변하거나 말 머리에 뿔이 돋길 바라며 끝까지 서로 돕자(盻烏頭馬角終相救)"라고 했다. 아무리 희망이 없어 보여도 위기를 극복할 방법을 찾아내야 한다는 뜻이다.

# 태산은 흙덩이를 사양하지 않고, 강과 바다는 가는 물줄기를 골라내지 않는다

## 069

臣聞地廣者粟多, 國大者人衆, 兵彊則士勇.
신 문 지 광 자 속 다, 국 대 자 인 중, 병 강 즉 사 용.

是以太山不讓土壤, 故能成其大:
시 이 태 산 불 양 토 양, 고 능 성 기 대;

河海不擇細流, 故能就其深; 王者不卻[1]衆庶[2],
하 해 불 택 세 류, 고 능 취 기 심; 왕 자 불 각[1] 중 서[2],

故能明其德.
고 능 명 기 덕.

—「이사열전(李斯列傳)」

---

1 卻(각): 거절하다. 물리치다.
2 衆庶(중서): 백성.

▶ 신(臣)이 듣기로 땅이 넓으면 곡식이 많고, 나라가 크면 백성이 많으며, 군대가 강하면 사졸들이 용맹하다 합니다. 태산은 흙덩이를 사양하지 않아 그렇게 커질 수 있고, 강과 바다는 가는 물줄기를 골라내지 않아 그렇게 깊어질 수 있으며, 왕 된 자는 백성들을 물리치지 않아 자신의 덕을 밝힐 수 있는 것입니다.

---

진(秦)나라가 점차 강해지자 이에 위협을 느낀 한(韓)나라는 진나라의 국력을 소모시키기 위해 첩자를 파견해 대규모 토목공사를 권유했다. 후에 이 책략이 발각되자 진시황은 축객령(逐客令)을 내려 진나라에 있던 제후국 출신의 인사들을 쫓아냈는데, 이사(李斯)도 포함되어 있었다. 이사는 진시황에게 「간축객서(諫逐客書)」를 써서 진나라가 강해지기 위해서는 인재의 출신을 따져서는 안 된다고 주장했고, 진시황의 마음을 움직이는 데 성공했다.

### 역사를 사로잡은 명문장

이사가 언급한 말은 『관자(管子)』에 등장하는 관중의 명언이다. 춘추시대 초기, 귀족들이 정치를 장악하고 있을 때 관중은 사농공상의 전문적인 분업을 제창해 제나라를 강대국으로 만들었다. 민남(閩南) 속담에 "해룡왕(海龍王)은 물을 사양하지 않는다"라는 말이 있다. 큰일을 하기 위해서는 마음을 넓게 가져야 한다는 뜻이다.

### 명문장의 활용

"태산은 흙덩이를 사양하지 않고, 강과 바다는 가는 물줄기를 골라내지 않는다"라는 말은 두 가지 측면에서 새겨볼 수 있다. 밖으로부터 오는 인재를 거부하는 사람에게는 "태산은 흙덩이를 사양하지 않는다"라는 말로 충고할 수 있고, 여러 방면의 인재들을 고루 등용해야 한다는 말을 하고 싶을 때는 "강과 바다는 가는 물줄기를 골라내지 않는다"라는 말을 하는 것이 보다 적절하다.

# 남을 제압하는 것과
# 남에게 제압당하는 것

## 070

趙高[1]曰:"不然.方今天下之權,
조 고[1]왈:"불 연. 방 금 천 하 지 권,

存亡在子[2]與高及丞相耳.願子圖[3]之.
존 망 재 자[2]여 고 급 승 상 이. 원 자 도[3]지.

且夫臣人與見臣於人,
차 부 신 인 여 견 신 어 인,

制人與見制於人,豈可同日道哉!"
제 인 여 견 제 어 인. 기 가 동 일 도 재!"

—「이사열전」

---

1 趙高(조고): 진(秦)나라의 환관. 진시황이 죽자 칙명을 위조해 호해를 황제에
   즉위시켰다. 이 일을 함께 모의했던 이사를 죽이고 승상의 지위에 올랐다. 훗날 이세(二
   世)황제, 즉 호해를 죽이고 자영을 황제에 올렸으나 자영에게 주살당했다.
2 子(자): 그대. 2인칭 대명사. 여기서는 공자인 호해를 가리킨다.
3 圖(도): 계획하다. 도모하다.

▶ 조고(趙高)가 말했다. "그렇지 않습니다. 이제 천하의 대권은 당신과 저, 그리고 승상에게 달려 있을 따름이니, 당신께서 이를 도모하시길 바랍니다. 남을 신하로 삼는 것과 남의 신하가 되는 것, 남을 제압하는 것과 남에게 제압당하는 것을 어찌 같은 날 논할 수 있겠습니까!"

---

진시황은 천하를 순행하다가 사구(沙丘)에 이르러 병사했다. 진시황은 장남 부소(扶蘇)에게 제위를 물려준다는 내용의 조서를 써서 조고에게 맡겼는데, 조고는 중간에서 차남 호해와 승상 이사를 설득해 조서의 내용을 바꿔버렸다. 본문은 조고가 호해를 설득하는 대목이다. 승상은 이사를 가리킨다.

진시황의 죽음을 비밀로 한 채 함양으로 돌아온 일행은 위조된 진시황의 성지(聖旨)를 발표했다. 호해를 태자로 삼고 부소에게는 자결을 명했다. 부소가 자결한 뒤에 진시황의 죽음을 발표했고, 호해는 제위에 올랐다.

### 역사를 사로잡은 명문장

진시황 때 운석이 하나 발견되었다. 거기에는 "진을 망하게 하는 것은 호(胡)이다(亡秦者胡也)"라고 적혀 있었다. '호(胡)'는 본래 북방의 이민족을 지칭하는 말이다. 진시황은 장남 부소와 대장군 몽염(蒙恬)을 북쪽에 파견해 이민족의 침입에 대비하게 했다. 결과적으로 보면 '호'가 지칭한 것은 작은 아들 '호해(胡亥)'였다. '시황(始皇)', 즉 첫번째 황제라는 명칭에는 자신을 시작으로 이세(二世), 삼세(三世), 나아가 만세(萬世)까지 왕국이 이어지리라는 희망이 담겨 있지만, 그의 왕국은 '이세'를 끝으로 멸망했다.

**명문장의 활용**

본문의 명구는 2편의 "앞서면 남을 제압하고, 뒤지면 남에게 제압당한다(先發制人, 後發制於人)"와 같은 뜻이다. 급박한 상황에 처해 있던 항량이 잠시라도 주저했다면 기회는 순식간에 사라졌을 것이다. 항량과 비교하자면 호해와 조고의 경우는 상대적으로 유리한 위치를 차지하고 있어 급하게 정변을 일으킬 필요가 없었다. "앞서면 남을 제압한다(先發制人)"라는 표현은 즉시 손을 써야 한다는 의미가 강하고, "남을 제압하는 것과 남에게 제압당하는 것(制人與見制於人)"이라는 표현은 과감하게 결정한 후에 차례대로 일을 진행해나가야 하는 상황에 쓴다.

# 제 4 장

비범한 사람이 있고 나서야
비범한 일이 있다

— 열전 속의 명문장 2

# 소하가 한신을 추격하다

## 071

何聞信亡¹, 不及以聞², 自追之.
하 문 신 망¹, 불 급 이 문², 자 추 지.

人有言上曰: "丞相何亡."
인 유 언 상 왈: "승 상 하 망."

上大怒, 如失左右手. […]
상 대 노, 여 실 좌 우 수. […]

上復罵曰: "諸將亡者以十數,
상 부 매 왈: "제 장 망 자 이 십 수,

公無所追: 追信, 詐也."
공 무 소 추: 추 신, 사 야."

—「회음후열전(淮陰侯列傳)」

---

1 亡(망): 도망치다.
2 聞(문): 아뢰다. 보고하다.

▶ 소하는 한신이 도망쳤다는 말을 듣자 그 사실을 주상(主上. 유방)에게 보고할 틈도 없이 직접 한신의 뒤를 쫓았다. 누군가가 주상에게 말했다. "승상 소하가 도망쳤습니다." 주상은 몹시 노했고, 양팔을 잃은 것처럼 실망했다. […] 주상이 다시 욕하며 말했다. "여러 장수들 중에서 도망친 자가 수십 명이나 되는데 그대는 뒤쫓아 간 일이 없었소. 한신을 뒤쫓아 갔다는 것은 거짓말이오."

---

항우가 약속을 어기고 유방을 한왕(漢王)에 봉했지만, 유방은 분을 참고 한중(漢中)으로 갈 수밖에 없었다. 고향을 떠나는 것이 싫었던 많은 장졸들이 도중에 도망쳤다. 한신은 본래 항우를 섬기다가 그가 자신을 알아주지 않자 유방에게 귀의했는데, 그의 재능을 알아본 것은 오직 소하뿐이었다. 한신 역시 '소하가 나를 자주 추천했으나 주상이 나를 등용하지 않는다'며 도망쳤다. 소하는 한신이 도망쳤다는 말을 듣자 그 사실을 주상에게 보고하지도 않고 몸소 한신의 뒤를 쫓아가 그를 데려왔다.

소하는 자신이 떠나는 한신을 만류하기 위해 간 것이라는 말을 믿지 않는 유방에게 다음과 같이 말했다. "다른 장수들은 얼마든지 얻을 수 있습니다. 그러나 한신과 같은 인물은 나라 안에 다시 없습니다. 주상께서 한중의 왕으로 만족하신다면 한신은 필요 없습니다. 그러나 천하를 다투기를 바라신다면 한신이 아니고서는 함께 일을 도모할 사람이 없습니다."

대장군이 된 한신은 유방에게 천하를 공략할 계책을 알려주었고, 겉으로는 잔도를 수리하는 척하면서 몰래 진창(陳倉)을 습격하는 계책으로 관중(關中)을 함락시켜 항우와 대결할 근거지를 마련했다.

**역사를 사로잡은 명문장**

송나라의 이강(李綱)은 재상일 때 종택(宗澤)을 알아보았고, 종택은 악비를 알아보았다. 악비는 후에 남송을 안정시키는 큰 공을 세웠으나 진회(秦檜)에게 해를 입었다. 악비의 병권이 너무 강해 그를 견제하는 사람들이 많았기 때문이다.

명(明)의 장거정(張居正)은 재상일 때 척계광(戚繼光)을 알아보았으니, 척계광은 왜구를 물리치고 훗날 하북(河北)과 요동(遼東) 지역의 여진족(女眞族)을 진압했다. 그러나 장거정이 죽은 뒤에 두 사람은 모두 모함을 당해, 장거정은 죽은 뒤에 봉호를 박탈당하고 척계광은 파면당했다.

한신도 소하에게 인정받아 중용되어 큰 공을 세웠지만, 훗날 모반의 혐의를 받아 살해되었다.

**명문장의 활용**

인재는 나라의 보배이다. 하지만 그보다 더 중요한 것은 인재를 알아보는 안목이다. 소하가 한신을 추격한 이유는, 한신이 대장의 재목이라는 점을 알아챘기 때문이다. 만일 한신이 없었다고 해도 소하는 그에 버금가는 인재를 찾아내 유방에게 추천했을 것이다. 인재가 주군을 떠나는 이유는 여러 가지이다. 떠나는 인재를 만류하고 중용하는 일은 '소하가 한신을 쫓은 일'에 비유될 수 있다. 한신과 같은 인재는 얻기 어렵다. 하지만 소하와 같은 안목 있는 인재는 그보다 더 얻기 어렵다.

# 사지에 몰아넣은 후에 살아난다

## 072

信曰: "此在兵法, 顧諸君不察耳. 兵法不曰
신왈: "차 재 병 법, 고 제 군 불 찰 이. 병 법 불 왈

'陷之死地而後生, 置之亡地而後存'?
'함 지 사 지 이 후 생, 치 지 망 지 이 후 존'?

且信非得素拊循¹士大夫²也,
차 신 비 득 소 부 순¹ 사 대 부² 야,

此所謂'驅市人³而戰之',
차 소 위 '구 시 인³ 이 전 지',

其勢非置之死地, 使人人自爲戰;
기 세 비 치 지 사 지, 사 인 인 자 위 전;

今予之生地, 皆走, 寧尙可得而用之乎?"
금 여 지 생 지, 개 주, 영 상 가 득 이 용 지 호?"

—「회음후열전」

---

1 拊循(부순): 훈련시키다.

2 士大夫(사대부): 군중(軍中)의 장수와 병사.

3 市人(시인): 저잣거리의 사람들. 군사 훈련을 받지 않은 일반 백성들.

▶ 한신이 말했다. "이것도 병법에 있소. 다만 여러분이 살피지 못했을 뿐이오. 병법에 '사지에 몰아넣은 후에 살아나고, 망할 지경에 처하게 해야 존재한다'라는 말이 있지 않소? 또 나는 평소 사졸들을 훈련시킬 수 있던 것이 아니니, 이는 이른바 '시장 사람들을 내몰아 싸움을 시키는 것'이었소. 그들을 사지에 몰아넣어 자진해서 싸우게 하지 않고 그들을 살아 나갈 수 있는 곳에 처하게 했다면 모두 달아났을 것이오. 어찌 그들을 쓸 수 있었겠소?"

---

한신이 군대를 이끌고 조왕(趙王)을 공격했을 때 상대는 20만 명의 대군을 거느리고 있었다. 한신은 우선 2천의 경기병(輕騎兵)을 보내 산에 매복시키고, 다시 1만의 군대를 보내 배수진을 치게 했다. 조나라 군대는 이 모습을 보고 크게 비웃었다. 퇴로가 없는 배수진을 치는 것은 병법에서 금하는 일이었기 때문이다.

한신의 주력 부대는 조나라 군대와 한바탕 싸운 뒤에 거짓으로 패한 척하며 배수진으로 들어갔다. 사지에 몰린 한신의 군대는 말 그대로 죽을힘을 다해 싸웠고, 조나라 군대는 생각처럼 쉽게 이길 수가 없었다. 그때 미리 매복해둔 군대가 조나라 군영이 빈 틈을 이용해 침입한 뒤 한나라의 깃발을 꽂아두었다. 조나라 군대는 동요하여 제대로 싸우지 못했고, 한신은 마침내 큰 승리를 거두었다.

**역사를 사로잡은 명문장**

『삼국지연의』에서 제갈량이 마속(馬謖)을 파견하면서 '산에 의지하고 물을 옆에 둔' 진을 치라고 했으나 마속은 그 말을 듣지 않고 산 위에 진을 쳤다. 마속은 한신의 병법을 따라 한 것이었지만, 진법의 약점을 간파한 사마의가 마속의 군대가 물을 구할 수 없도록 길을 막아버렸고, 결국 대패하고 말았다. 대패한 마속은 결국 제갈량에게 참수당했다. 제갈량이 아끼던 마속을 울면서 참수했다는 '읍참마속(泣斬馬謖)'의 고사이다.

### 명문장의 활용

본문에서 병사들을 '사지(死地)'에 둔 것은 살아남기 위해 목숨을 걸고 있는 힘을 다 발휘하길 기대한 것이다. 다른 사람을 해치기 위해 사지에 몰아넣는 것과는 완전히 다른 의미라는 점을 주의해야 한다.

# 싸움에 진 장수는
# 용맹에 대해 말하지 않는다

**073**

廣武君¹辭謝曰: "臣聞敗軍之將, 不可以言勇,
광 무 군 ¹ 사 사 왈 : " 신 문 패 군 지 장, 불 가 이 언 용,

亡國之大夫, 不可以圖²存.
망 국 지 대 부, 불 가 이 도 ² 존.

今臣敗亡之虜, 何足以權³大事乎!"
금 신 패 망 지 로, 하 족 이 권 ³ 대 사 호 !"

—「회음후열전」

1 廣武君(광무군): 이좌거(李左車). 조(趙)나라의 명장.
2 圖(도): 고려하다. 도모하다.
3 權(권): 측량하다. 헤아리다.

▶ 광무군(廣武君)이 사양하며 대답했다. "제가 듣기에 패군의 장수는 용맹에 대해 말하지 않고, 망한 나라의 대부는 국가 존립을 도모할 수 없다고 합니다. 지금 저는 패망한 나라의 포로가 된 몸인데 어찌 큰일을 헤아릴 수 있겠습니까!"

---

한신이 조나라와의 전투에서 승리를 거두기 전에 조나라의 광무군 이좌거(李左車)는 조나라 장수 성안군(成安君)에게 험준한 지형을 이용한 매복 전략을 권했다. 하지만 그저 책만 읽었던 서생이었던 성안군은 매복은 비겁한 짓이라며 거절했다.

첩보를 통해 상황 전반을 파악하고 있던 한신은 승리를 거둔 뒤에 광무군을 다치지 않게 데려오는 자에게 큰 상을 내리겠다고 하여 그와 대면했다. 한신이 광무군에게 물었다. "나는 북쪽으로 연나라를 정벌하려 하는데 어떻게 해야 성공하겠습니까?" 그러자 광무군은 자신을 패장이라 칭하며 사양했다. 한신이 말했다. "내가 듣기에 백리해가 우(虞)에 있을 때는 우나라가 망했고, 진(秦)에 있을 때는 진이 패자(霸者)가 되었다고 합니다. 그것은 군주가 그의 계책을 받아들였느냐 그렇지 않았느냐의 차이입니다. 만약 성안군이 공의 계략을 받아들였다면 내가 포로가 되었을 것입니다. 나는 정성을 다하여 공의 계략을 따를 것이니, 부디 사양하지 마시고 말씀하십시오."

**역사를 사로잡은 명문장**

『삼국지연의』에 나온 이야기이다. 진제(晉帝) 사마염(司馬炎)이 종회(鍾會)와 등애(鄧 艾)를 파견해 제갈량이 죽고 없는 촉한(蜀漢)을 공략하게 했다. 어떤 이가 사마염에게 물었다. "만일 종회가 촉을 함락시킨 이후에 촉왕(蜀王) 노릇을 하면 어찌합니까?" 사마염은 말했다. "패군의 장수는 용맹을 논할 수 없고 망국의 대부는 국가 존립을 도모할 수 없다. 만일 촉나라가 멸망한다면 망한 나라의 군사가 어찌 우리 진(晉)의 대군에 대항하겠는가?" 훗날 종회는 촉을 멸망시킨 뒤에 자립하여 왕이 되었으나, 진나라 군대에 패해 멸망했다.

### 명문장의 활용

오늘날 "싸움에 진 장수는 용맹에 대해 말하지 않는다"라고 말할 때 본문에서처럼 겸손의 의미로 사용하는 경우는 많지 않다. 오히려 '싸움에 진 장수'가 부끄러움을 모르고 여전히 큰소리를 치는 경우에 그의 입을 막기 위해 사용하는 경우가 많다.

# 지혜로운 자도 천 번 생각하면 한 번은 실수하고, 어리석은 자도 천 번 생각하면 한 번은 들어맞는다

**074**

廣武君曰: "臣聞智者千慮[1], 必有一失;
광무군왈: "신문지자천려[1], 필유일실;

愚者千慮, 必有一得.
우자천려, 필유일득.

故曰'狂夫[2]之言, 聖人擇焉'.
고왈 '광부[2]지언, 성인택언'.

顧恐臣計未必足用, 願效愚忠."
고공신계미필족용, 원효우충."

—「회음후열전」

---

1  慮(려): 헤아리다. 계책을 세우다.
2  狂夫(광부): 미치광이.

▶ 광무군이 말했다. "제가 듣기에 지혜로운 자도 천 번 생각하면 한 번은 실수하고, 어리석은 자도 천 번 생각하면 한 번은 들어맞는다고 합니다. 그래서 '미친 사람의 말이라도 성인은 골라 취한다.'라고 했습니다. 저의 계책이 쓸 만한 것이라 생각하지는 않으나 어리석은 충성을 바치겠습니다."

---

앞의 명구에서 살펴보았듯이 한신은 광무군에게 간절하게 가르침을 청했다. 광무군은 마지못해 말했다. "성안군은 백전백승의 계책이 있으면서도 하루아침에 실패해 군대는 패하고 그 자신은 죽임을 당했습니다. 지금 장군께서는 위나라 왕을 사로잡고 조나라의 20만 대군을 격파해 성안군을 주살했습니다. 그러나 장군의 병졸들은 모두 지쳤습니다. 지금 장군께서는 싸움에 지친 병졸을 몰아 다시 연나라의 견고한 성 밑에서 시달리게 하려 하고 있습니다. 싸우고자 해도 힘이 약해 오래도록 적의 성을 공략할 수 없을 것이며, 헛되이 시일을 보내는 사이에 군량이 떨어질 것입니다.

약한 연나라조차 정복하지 못하면 틀림없이 제나라가 틈을 타 국경의 방비를 강화할 것입니다. 연나라와 제나라가 서로 버티며 항복하지 않으면 유방과 항우의 대권 쟁탈은 누가 이길지 알 수 없습니다. 이런 점을 생각해볼 때, 지금 당장 연나라와 제나라를 치는 것은 잘못이라고 생각합니다.

지금은 군사를 거두어 쉬게 하고 조나라의 민심을 진정시켜 다스리십시오. 전사자의 아들딸들을 돌봐주며, 쇠고기와 술을 내어 군사들을 배불리 먹이십시오. 그 후에 말 잘하는 사람을 보내 이쪽의 유리한 점을 연나라에 명백히 밝힌다면, 연나라는 말을 듣지 않을 수 없을 것입니다. 연나라가 복종한 뒤에 다시 변사를 보내 동방의 제나라에 그 사정을 알리십시오. 그러면 제나라도 반드시 순리에 따라 복종할 것입니다."

### 역사를 사로잡은 명문장

『삼국지연의』의 일화이다. 유비는 서촉(西蜀)을 취할 때 장비(張飛)에게 선봉을 맡겼다. 서촉을 수비하던 엄안(嚴顔)에게 가로막혀 고전했으나, 결국 계책을 써서 엄안을 사로잡는 데 성공했다. 장비는 한신이 광무군을 대했던 방법으로 친히 엄안의 포박을 풀어주고 옷을 입힌 뒤 윗자리에 앉혔다. 엄안은 장비의 이와 같은 행동에 감격하여 몸소 앞장서 옛 동료들에게 항복을 권했고, 유비군은 순조롭게 서촉 지역을 차지할 수 있었다.

### 명문장의 활용

'지자천려, 필유일실(智者千慮, 必有一失)'이라는 말은 오만해서는 안 된다는 교훈을 담고 있다. '우자천려, 필유일득(愚者千慮, 必有一得)'과 비슷한 의미를 가진 표현으로 "사람 때문에 말을 무시해서는 안 된다(不以人廢言)"가 있다. 말을 한 사람이 마음에 들지 않는다고 옳은 말을 무시해서는 안 될 것이다.

# 많으면
# 많을수록 좋다

上問曰: "如我能將幾何[1]?"
상 문 왈 : " 여 아 능 장 기 하[1] ? "

信曰: "陛下不過能將十萬."
신 왈 : " 폐 하 불 과 능 장 십 만 . "

上曰: "於君何如?"
상 왈 : " 어 군 하 여 ? "

曰: "臣多多而益善耳."
왈 : " 신 다 다 이 익 선 이 . "

—「회음후열전」

---

1  幾何(기하): 얼마나.

▶ 주상(유방)이 물었다. "나와 같은 사람은 얼마 정도의 군사를 거느릴 수 있겠는 가?" 한신이 대답했다. "폐하께서는 다만 10만 명을 이끄실 수 있습니다." 주상이 물었다. "그대는 어떠한가?" "저는 많으면 많을수록 좋습니다."

---

한신은 유방이 자신의 능력을 시기하여 꺼리는 것을 알고 병을 핑계로 조회하지 않았고 천자의 순행 길에도 따라가지 않았다. 한번은 유방이 한신과 여러 장수들의 재능을 평가한 적이 있었다. 그때 유방이 묻자 한신은 '유방은 10만을 거느릴 수 있으며 자신은 병사를 무한정 거느릴 수 있다'고 대답했다. 그러자 유방이 한신에게 물었다. "많으면 많을수록 좋다면서 어찌하여 나에게 잡혀 있는가?" 한신이 대답했다. "폐하께서는 장병을 거느리는 장수는 될 수 없사오나 장수들을 이끄는 장수는 될 수 있사옵니다. 이것이 바로 제가 폐하께 잡혀 있는 까닭입니다. 또 폐하의 재능은 하늘이 주신 것으로, 인력으로는 따를 수 없습니다."

**역사를 사로잡은 명문장**

한신의 말은 일견 유방을 추어올리는 것 같으나 사실 자신의 운수가 좋지 않아 잡혀 있을 뿐이라는 의미를 담고 있다고 해석할 수 있다. 뛰어난 능력을 가지고 있으면서 복종하려는 마음을 가지고 있지 않다면 밑에 두기 어려울 것이다.

명의 장거정이 실권을 쥐고 있을 때 척계광을 중용했다. 척계광은 큰 공을 세웠으나 장거정 사후에 반대파들의 모함을 받았다. 반대파들의 논리는 황당했다. "장거정과 척계광이 모반을 했다는 실증은 없으나, 그들은 모반을 할 수 있는 실력을 가지고 있습니다." 군주를 위협할 정도로 큰 공적을 가진 신하가 천수를 누리는 경우는 많지 않다.

**명문장의 활용**

'다다익선(多多益善)'이란 말은 단순한 형용사에 불과하지만, '한신장병, 다다익선(韓信將兵, 多多益善)'이란 말에는 강한 자부심이 들어 있다. 상사에게는 이 말을 쓰지 않는 편이 좋겠다.

# 진나라가 사슴을 잃자
# 천하 사람들이 함께 쫓았다

## 076

對曰:"秦之綱絶而維弛, 山東大擾, 異姓并起,
대왈: "진지강절이유이, 산동대요, 이성병기,

英俊烏集. 秦失其鹿¹, 天下共逐之,
영준오집, 진실기록¹, 천하공축지,

於是高材疾足²者先得焉. 蹠³之狗吠堯,
어시고재질족²자선득언, 척³지구폐요,

堯非不仁, 狗因吠非其主, 當是時,
요비불인, 구인폐비기주, 당시시,

臣唯獨知韓信, 非知陛下也.
신유독지한신, 비지폐하야.

且天下銳精持鋒欲爲陛下所爲者甚衆,
차천하예정지봉욕위폐하소위자심중,

顧力不能耳. 又可盡亨之邪?"
고력불능이, 우가진팽지야?"

—「회음후열전」

---

1 鹿(록): 사슴. 여기서는 제위(帝位)를 비유한다.
2 高材疾足(고재질족): 신체가 장대하고 발이 빠름. 재주와 지혜가 뛰어나고 민첩한
   사람을 비유한다.
3 蹠(척): 도척(盜蹠). 춘추시대의 유명한 도둑.

▶ (괴통이) 대답했다. "진나라의 기강이 무너지고 법령이 해이해지자 산동 지방은 크게 어지러워져 다른 성(姓)의 사람들이 함께 일어났고, 영웅호걸들이 까마귀처럼 모여들었습니다. 진나라는 사슴을 잃었고, 천하의 사람들이 함께 이를 쫓았습니다. 이때 재주가 좋고 발이 빠른 자가 먼저 얻게 되었습니다. 도척(盜蹠)의 개가 요임금을 보고 짖은 것은 요임금이 어질지 못해서가 아니니, 개는 제 주인이 아닌 자를 보고 짖을 뿐입니다. 당시 저는 다만 한신만을 알고 폐하는 알지 못했습니다. 천하에는 칼을 날카롭게 갈아 폐하와 같이 천하를 얻으려고 한 자가 많았으나, 다만 능력이 부족했습니다. 그들을 다 삶아 죽일 수야 있겠습니까?"

---

괴통은 산동 지방의 유세가이다. 항우와 유방의 대립이 극에 달했을 때 한신에게 어느 한 편을 돕지 말고 정립(鼎立)하여 천하를 삼분(三分)하라고 조언했으나 한신은 괴통의 말을 듣지 않고 유방을 편들었다. 한신이 여후의 계략에 빠져 죽임을 당한 사실을 뒤늦게 보고받은 유방은 한신이 죽을 때 '괴통의 말을 듣지 않은 것을 후회한다'고 말했다는 것을 알게 되었다. 화가 난 유방은 반란을 종용한 괴통을 잡아들여 삶아 죽이라 명했고, 괴통은 죽음 앞에서 자신을 변호했다. 유방은 괴통의 말을 듣고 그를 풀어주었다.

### 역사를 사로잡은 명문장

한신은 정말 반란을 일으키려고 했을까? 이에 관해서는 논쟁의 여지가 있다. 그럼에도 불구하고 유방이 한신을 죽이고 괴통은 풀어준 가장 큰 이유는, 실제로 반란을 일으킬 수 있는 힘의 유무에 있다고 할 수 있다. 유방이 괴통을 용서한 것은 개국 군주로서의 배포를 보여주는 일이다. 과연 괴통은 훗날 이좌거와 함께 여씨(呂氏)의 반란을 진압하고 유씨(劉氏) 황실을 안정시키는 데 큰 공을 세웠다.

### 명문장의 활용

본문의 이야기 중에 '도척의 개가 요임금을 보고 짖었다'는 것은 사람마다 제각기 섬기는 군주가 있다는 뜻이다. 싸움에서 승리했더라도 상대편을 일망타진하거나 모조리 처벌해서는 안 된다. 당태종의 경우, 능연각(凌煙閣)에 있는 24명의 개국공신 중 12명이 한때 적이었던 이들이었다. 대업을 이루고자 한다면 넓은 도량을 가져야 한다.

# 기, 기필코 불가하다

## 077

昌¹爲人吃², 又盛怒, 曰:"臣口不能言,
창¹위인흘², 우성노, 왈:"신구불능언,

然臣期期³知其不可. 陛下雖欲廢太子,
연신기기³지기불가. 폐하수욕폐태자,

臣期期不奉詔⁴."
신기기불봉조⁴."

―「장승상열전(張丞相列傳)」

1 昌(창): 주창(周昌). 패(沛) 지역 출신으로 유방을 도왔다. 그의 형 주가(周苛)는
   항우에게 사로잡혀 항복을 권유받자 항우를 욕해 죽임을 당했다.
2 吃(흘): 말을 더듬다.
3 期期(기기): 말을 더듬느라 말머리를 반복해서 말한 것이다. 여기서 유래하여 훗날
   '기기'라는 말로 말 더듬는 모습을 표현하게 되었다.
4 奉詔(봉조): 조칙을 받들다.

▶ 주창(周昌)은 본래 말을 더듬었는데 또 몹시 화가 나서 말했다. "신은 말을 잘하지 못합니다만, 신은 기, 기필코 불가한 것임을 알고 있습니다. 폐하께서 태자를 폐하려고 하시지만, 신은 기, 기어코 그 명을 받들지 않겠습니다."

---

주창과 그의 형 주가(周苛)는 유방이 처음 봉기할 때부터 따랐던 개국공신이다. 강직한 성격으로 늘 주저 없이 직언을 했으니, 소하나 조참도 그를 따를 수 없었다. 한번은 유방이 휴식을 하고 있을 때 주창이 들어갔는데 유방이 마침 척희를 안고 있었다. 주창이 뒤돌아 나가자 유방은 주창을 붙잡고 그의 목에 걸터앉아 물었다. "짐은 어떤 군주인가?" 주창이 고개를 쳐들고 말했다. "폐하는 걸이나 주와 같은 군주입니다." 유방은 겉으로는 웃었지만 주창을 더욱 두려워했다.

이후에 유방이 태자를 폐하고 척희의 아들 여의(如意)를 태자로 삼으려고 했을 때, 대신들은 강력히 반대했으나 그 누구도 뜻을 돌리지 못했다. 주창도 이를 강하게 반대했는데, 유방이 주창에게 의견을 물었다. 더듬거리는 주창의 말을 들은 유방은 흔연히 웃고 말았다. 여후가 몰래 그 이야기를 듣고 있다가 조회가 끝나고 주창이 나오자 그의 앞에 꿇어앉아 감사하며 말했다. "그대가 아니었더라면 태자는 아마 폐위되었을 것이오."

**역사를 사로잡은 명문장**

유방은 대신들의 반대와 장량의 계책으로 태자를 바꾸지 못했다. 자신이 죽은 뒤에 척희와 그 아들 여의의 안위가 걱정된 유방은 주창에게 여의를 부탁했다. 유방이 죽고 실권을 잡은 여태후는 과연 이들 모자(母子)에게 보복했다. 척희의 아들 여의는 조왕(趙王)이었고, 주창은 조의 승상이었다. 여후가 세 번이나 사자를 보내 조왕을 불렀으나 번번이 주창에게 가로막혀 실패했다. 결국 여후는 주창을 불러 꾸짖었다. "그대는 내가 척희에게 어떤 원한을 품고 있는지 잘 알면서 어찌 나를 가로막는 것이오?"

여후가 주창을 장안에 머무르게 하고 다시 사자를 보내 조왕을 불렀다. 조왕은 여후를 만나러 갈 수밖에 없었다. 장안에 불려온 지 한 달 남짓 지나 조왕은 독살당했고, 주창은 이 일로 인해 병이라 핑계 대고 조회에 참석하지 않다가 3년 후에 세상을 떠났다. 주창은 척희가 낳은 아들인 여의를 태자로 삼는 것에는 반대했으나, 유방의 당부를 받고 여의를 보필하게 되자 끝까지 충성을 다했다.

### 명문장의 활용

'기기(期期)'는 말을 더듬는 모습을 형용한 것이다. 이후에 사람들은 '기기이위불가(期期以爲不可)'라는 말로 '이유에 대해 길게 말하지는 않겠으나 동의하지 않는다'는 뜻을 표현했다.

# 말 위에서 천하를 얻을 수는 있지만, 말 위에서 천하를 다스릴 수는 없다

## 078

陸生¹時時前說稱詩書. 高帝罵之曰:

육 생 ¹ 시 시 전 설 칭 시 서 . 고 제 매 지 왈 :

"乃公居馬上而得之, 安事詩書!"

" 내 공 거 마 상 이 득 지 , 안 사 시 서 !"

陸生曰: "居馬上得之, 寧可以馬上治之乎? [⋯]

육 생 왈 : " 거 마 상 득 지 , 녕 가 이 마 상 치 지 호 ? [⋯]

鄕使秦已并天下, 行仁義, 法先聖,

향 사 진 이 병 천 하 , 행 인 의 , 법 선 성 ,

陛下安得而有之?"

폐 하 안 득 이 유 지 ?"

高帝不懌²而有慚色³.

고 제 불 역 ² 이 유 참 색 ³ .

—「역생육가열전(酈生陸賈列傳)」

---

1 陸生(육생): 육가(陸賈). 유방을 도와 천하를 평정했으며 언변에 능했다. 일찍이 남월(南越)에 사신으로 갔다가 태중대부(太中大夫)가 되었다.

2 不懌(불역): 유쾌하지 않은 기색이 있다.

3 慚色(참색): 부끄러워하는 빛.

255

▶ 육생(陸生)은 때때로 황제 앞에서 진언할 때 『시경』과 『상서(尙書)』를 인용했다. 유방이 그를 꾸짖으며 말했다. "이 어르신은 말 위에서 천하를 얻었건만 어찌 『시경』이나 『상서』 따위를 신경 쓰겠는가!" 육생이 말했다. "말 위에서 천하를 얻으셨으나 어찌 말 위에서 천하를 다스릴 수 있겠습니까? […] 만일 진나라가 천하를 통일한 뒤에 인의를 행하고 옛 성인을 본받았다면 폐하께서 어찌 천하를 차지할 수 있었겠습니까?" 고제는 불쾌해하면서 부끄러워하는 기색을 보였다.

---

육가(陸賈)의 말을 좀 더 자세히 살펴보면 다음과 같다. "은탕왕(殷湯王)과 주무왕은 군주를 거스르며 천하를 얻었지만 민심에 순응하여 나라를 지키셨으니, 이처럼 문과 무를 함께 사용하는 것이 국가를 보존하는 방법입니다. 옛날에 오왕 부차와 진(晉)나라의 지백은 무력을 지나치게 사용해 멸망했으며, 진(秦)나라는 가혹한 형법만을 사용하고 바꾸지 않다가 결국 멸망했습니다. 만일 진(秦)나라가 천하를 통일한 뒤에 인의를 행하고 옛 성인을 본받았다면 폐하께서 어찌 천하를 차지할 수 있었겠습니까?"

육가의 말에 깨달음을 얻은 유방은 말했다. "나를 위해 진(秦)나라가 천하를 잃은 까닭과 내가 천하를 얻은 까닭, 그리고 옛날에 성공하거나 실패한 나라의 역사 사실을 저술하도록 하시오." 육가는 마침내 국가 존망의 징후에 대해 약술하여 모두 열두 편을 지었다. 상주(上奏)할 때마다 좋다고 칭찬하지 않은 적이 없었으며, 좌우의 사람들도 모두 만세를 외쳤다. 그 책을 『신어(新語)』라고 했다.

**역사를 사로잡은 명문장**

나라가 망한 이유에 대해 잘 알고 있어야 똑같은 전철을 밟는 실수를 피할 수 있다. 당태종이 낙양의 궁전을 순행할 때 곁에 있던 신하들에게 말했다. "이 궁 안에 있는 누대와 정원 들은 모두 수양제(隋煬帝)가 지은 것이다. 그는 백성들을 몰아붙여 이렇게 화려한 궁전을 짓게 하면서 민생에는 관심이 없었다. 결국 나라는 망하고 그 자신은 죽었으며, 그가 지은 궁전은 모두 내 소유가 되었다. 짐과 경들은 지금 수나라의 폐단을 직접 보고 있으니 이를 두려워할 줄 알아야 사직을 오래도록 보존할 수 있을 것이다."

**명문장의 활용**

유방이 살던 시대와 달리 민주정치 시대의 힘은 총구에서 나오지 않는다.

# 간단하게 설명하고,
# 지나치게 어렵게 논하지 마라

## 079

文帝曰: "卑¹之, 毋甚高論, 令今可施行也."
문제왈: "비¹지, 무심고론, 령금가시행야."

於是釋之²言秦漢之閒事,
어시석지²언진한지간사,

秦所以失而漢所以興者久之. 文帝稱善.
진소이실이한소이흥자구지. 문제칭선.

—「장석지풍당열전(張釋之·馮唐列傳)」

1  卑(비): 복잡하지 않고 간결하다.
2  釋之(석지): 장석지(張釋之). 자(字)는 계(季). 정위(廷尉) 벼슬을 맡아 사법을 담당했다.

258

▶ 한문제가 말했다. "간단하게 설명하고, 지나치게 어렵게 논하지 말며, 당장 실행할 수 있게 하라." 그리하여 장석지(張釋之)는 진한(秦漢)의 일, 즉 진나라가 멸망하고 한나라가 흥기한 까닭을 오랫동안 이야기했다. 문제가 훌륭하다고 칭찬했다.

---

장석지는 역대 법관 중 가장 추앙받는 인물이다. "장석지가 정위(廷尉)였을 때 천하에 억울한 백성이 없었다"라는 말이 있을 정도이다. 그는 "정위란 천하의 균형을 잡는 자리이다(廷尉天下之平也)"라는 명언을 남겼다.

유복한 집안 출신인 장석지는 재물을 써서 기랑(騎郎)으로 선출되어 문제를 섬겼다. 그러나 10여 년 동안 승진을 못 하자 사직하고 집으로 돌아가려 했다. 원앙은 그의 재주를 알고 있었으므로 사직하는 것을 애석하게 여겨 알자(謁者)에 임명되도록 주청했다. 장석지는 조회가 끝나자 기회를 이용해 앞으로 나아가 나라와 백성을 평안하게 하는 일을 진술했다. 문제의 칭찬을 받은 장석지는 알자복야(謁者僕射)로 승진했다.


**역사를 사로잡은 명문장**

상앙이 처음 진효공(秦孝公)을 알현했을 때 제왕(帝王)의 도에 대해 설명했으나 효공은 도중에 잠들어버렸다. 두번째로 만나 왕도(王道)를 논했으나 효공은 크게 흥미를 보이지 않았다. 세번째로 만나 패도(覇道)를 설명하자 효공은 상앙의 이야기에 집중하여 며칠 동안 이야기를 나누고는 그를 중용했다. 지나치게 어렵지 않은 이야기로 상대방의 흥미를 이끌어내는 것은 유세하는 사람이 갖추어야 할 중요한 미덕이다.

**명문장의 활용**

한문제가 처음 말한 내용은 '좀 더 현실적으로 이야기하고 지나치게 현학적인 이야기는 하지 말라'는 뜻이었다. 그런데 '비지무심고론(卑之毋甚高論)' 중의 '무(毋)'는 '무(無)'와 발음이 같다. 이 때문에 사람들은 '비지무심고론(卑之無甚高論)', 즉 '그다지 고명한 의견이 없다'고 말장난을 하기도 한다.

# 미천한 사람이라
# 가리지 못했다

## 080

上旣聞廉頗、李牧¹爲人, 良說, 而搏髀²曰: "嗟乎!
상 기 문 염 파、이 목¹위 인, 량 열, 이 박 비²왈: "차 호!

　　吾獨不得廉頗、李牧時爲吾將, 吾豈憂匈奴哉!"
　　오 독 부 득 염 파、이 목 시 위 오 장, 오 기 우 흉 노 재!"

唐³曰: "主臣! 陛下雖得廉頗、李牧, 弗能用也."
당³왈: "주 신! 폐 하 수 득 염 파、이 목, 불 능 용 야."

上怒, 起入禁中⁴.
상 노, 기 입 금 중⁴.

良久, 召唐讓曰: "公柰何衆辱我, 獨無閒處乎?"
량 구, 소 당 양 왈: "공 내 하 중 욕 아, 독 무 한 처 호?"

唐謝曰: "鄙人⁵不知忌諱⁶."
당 사 왈: "비 인⁵부 지 기 휘⁶." 　　　　　　　　　　　　　—「장석지풍당열전」

---

1　李牧(이목): 전국시대 조(趙)나라의 장수. 그가 안문관(雁門關)에서 흉노에 대비할 때
　　흉노 병사들은 10년 동안 안문관을 넘보지 못했다. 후에 진(秦)나라의 병사를 크게
　　무찔러 무안군(武安君)에 봉해졌다. 진나라에서 반간책을 써서 이목을 실각시켰고,
　　결국 조나라는 진나라에 멸망당했다.
2　搏髀(박비): 넓적다리를 치다. 격한 동감을 표시한다는 뜻이다.
3　唐(당): 풍당(馮唐). 한문제 시기에 중랑서장(中郞署長)을 맡았다.
4　禁中(금중): 천자가 거주하던 곳.
5　鄙人(비인): 귀한 신분이 아닌 천한 사람. 자신을 가리키는 겸손한 표현이다.
6　忌諱(기휘): 하지 말아야 할 말이나 행동.

▶ 황상(皇上, 문제)이 염파와 이목(李牧)의 사람됨을 이야기하는 것을 듣고 진심으로 기뻐하며 다리를 치고 말했다. "애석하구나. 염파나 이목 같은 사람을 얻어 나의 장수로 삼을 수 없으니! (그들을 얻을 수 있다면) 내가 왜 흉노를 걱정하겠나!" 풍당이 말했다. "황공하옵니다! 폐하께서는 설령 염파나 이목을 얻는다 할지라도 임용하실 수 없습니다." 황상은 화가 나서 몸을 일으켜 궁궐로 돌아갔다. 한참 후에 풍당을 불러 꾸짖었다. "그대는 어찌 사람들 앞에서 나를 모욕했는가? 한가할 때가 없단 말인가?" 풍당이 사죄하며 말했다. "미천한 사람이라 가릴 줄 몰랐습니다."

---

문제가 풍당에게 물었다. "그대는 왜 내가 염파와 이목을 임용할 수 없다고 했는가?" 풍당이 대답했다. "상고시대에는 군왕이 장수를 출정시킬 때 몸소 수레를 밀면서 '성문 안의 일은 군왕이 결정하고 성문 밖의 일은 장군이 결정하라' 했다는 것을 들었습니다. 군공(軍功)을 평가하고 작위와 상을 주는 일은 모두 장군이 결정한 뒤 돌아와 조정에 보고하라 했으니, 이는 헛된 말이 아닙니다. 저의 조부께서 말씀하시길, 이목은 조나라에서 병사들을 이끌고 변경을 지킬 때 군시(軍市)에서 징수하는 조세를 전부 병사들에게 상으로 주었는데, 이는 오직 장군이 결정했으며 조정은 관여하지 않았다 하셨습니다. 그에게 중임을 맡긴 뒤 책임지고 성공하도록 명령했기에 이목은 비로소 그의 재능을 다 발휘한 것입니다. [...] 어리석은 제가 보건대 폐하의 법령은 상을 주는 데는 인색하면서 벌을 주는 데는 엄격합니다. 운중(雲中)군수 위상(魏尙)의 경우 실제로 적군을 참살한 숫자가 보고한 것과 여섯 명 차이가 났을 뿐인데, 폐하께서는 그를 사법관에게 넘겨 죄를 다스리게 하셨습니다. 폐하께서는 설령 염파나 이목을 얻으신

다 할지라도 중용하실 수 없을 것입니다." 문제는 이를 듣고 기뻐했다. 그날로 풍당을 칙사로 임명해 위상을 사면하고 다시 운중군수에 임명했다. 아울러 풍당을 거기도위(車騎都尉)에 임명했다.

**역사를 사로잡은 명문장**

한무제 때 이릉이 흉노를 정벌하다 패해 포로로 잡혔다. 사마천은 이릉을 변호하다가 무제의 노여움을 사 궁형을 당한다. 이 사건은 문제와 무제의 차이점을 보여주는 한 예이다. 사마천이 풍당에 대해 상세하게 서술한 것은 이 이야기를 통해 자신의 애상(哀傷)을 표출한 것이라 볼 수 있다.

**명문장의 활용**

오늘날 '비인(鄙人)'이란 말은 자신을 낮출 때 사용한다. 특히 윗사람의 의견을 거스르는 말을 하기 전에 '비인'이란 말로 자신을 낮춘다면, 경계심을 누그러뜨릴 수 있을 것이다.

# 장군의 문하에서는
# 반드시 장군이 나온다

## 081

趙禹曰: "吾聞之, 將門之下必有將類. [⋯]
조우왈: "오문지, 장문지하필유장류. [⋯]

今有詔舉將軍舍人¹者,
금유조거장군사인¹자,

欲以觀將軍而能得賢者文武之士也.
욕이관장군이능득현자문무지사야.

今徒取富人子上之, 又無智略,
금도취부인자상지, 우무지략,

如木偶人衣之綺繡²耳, 將奈之何?"
여목우인의지기수²이, 장내지하?"

於是趙禹悉³召衛軍舍人百餘人, 以次⁴問之,
어시조우실³소위군사인백여인, 이차⁴문지,

得田仁, 任安, 曰: "獨此兩人可耳.
득전인, 임안, 왈: "독차양인가이.

餘無可用者."
여무가용자."

— 「전숙열전(田叔列傳)」

---

**1** 舍人(사인): 좌우 측근, 혹은 문객(門客)들에 대한 통칭.

**2** 綺繡(기수): 화려하게 수놓은 비단옷.

**3** 悉(실): 전부.

**4** 以次(이차): 차례대로.

▶ 조우(趙禹)가 말했다. "제가 듣기로 장군의 문하에서는 반드시 장군이 나온다고 고 합니다. [⋯] 지금 장군의 사인(舍人)을 천거하라는 명령이 내린 것은 장군이 문무에 능한 자들을 얻을 수 있는지 보기 위한 것입니다. 지금 다만 지략이 없는 부잣집 자식들만 천거하셨는데, 이들은 허수아비에 비단옷을 입힌 것과 같을 뿐입니다. 장차 어찌하시겠습니까?" 조우는 위장군(衛將軍)의 사인 백여 명을 모두 불러 차례로 물어보아 전인(田仁)과 임안(任安) 두 사람을 얻고 말했다. "다만 이 두 사람만 쓸 만할 뿐이고 나머지는 쓸 만한 사람이 없습니다."

---

전인의 부친 전숙은 노왕(魯王)의 재상이었다. 살아서 훌륭한 정치를 펼쳤기에 백성들은 전숙이 죽은 뒤에 그를 기리는 사당을 세우려 했는데 전인이 완곡하게 사양했다.

전인은 임안과 함께 대장군 위청(衛靑)의 사인으로 지냈는데, 둘은 모두 가난했지만 의기가 드높았다. 한무제 때 조칙을 내려 대장군 위청에게 낭(郎, 하급 군관)을 추천하라고 했는데, 위청이 추천하려던 사람들은 모두 비교적 부유한 자들이었다.

마침 대부 조우가 위청을 방문했고, 위청은 그에게 추천하려던 사람들의 명단을 보여주며 평가를 부탁했다. 조우가 그들을 직접 만나 보았으나 쓸 만한 인재가 없었다. 조우가 직접 만나보고 선발한 전인과 임안은 훗날 녹봉 천 석 이상을 받는 고관이 되었다.

**역사를 사로잡은 명문장**

원문 중에 말줄임표로 생략된 부분에서 조우는 『좌전』의 "군주에 대해 모르거든 부리는 사람을 보고, 아들에 대해서 모르거든 친구를 보라(不知其君視其所使, 不知其子視 其所友)"라는 구절을 인용했다. 이를 통해 조우는, 황제가 천거한 사람들을 보고 대장 군의 인재 보는 안목을 결정할 것이기 때문에 이 일이 중요하다는 점을 일깨웠다.

### 명문장의 활용

민남 속담 중에 "첫번째는 문풍(門風)이고 그다음은 조공(祖公, 조상)이다"라는 말이 있다. 풍격이 높은 가문을 중시하는 말로, 본문의 내용과 유사한 의미를 담고 있다. "비슷한 것들끼리 모인다(物以類聚)"라는 말이 있는데, 이는 비슷한 사람이나 사물이 주동적으로 모이는 상황을 말하는 것이고, 본문의 말은 높은 신분의 사람에게 인정받 는 것에 초점을 맞추었다.

# 무당을 믿고
# 의원을 믿지 않는다

## 082

故病有六不治: 驕恣¹不論於理, 一不治也:
고 병 유 육 불 치 : 교 자¹ 불 론 어 리 , 일 불 치 야 :

輕身重財, 二不治也: 衣食不能適, 三不治也:
경 신 중 재 , 이 불 치 야 : 의 식 불 능 적 , 삼 불 치 야 :

陰陽并, 藏氣不定, 四不治也: 形羸²不能服藥,
음 양 병 , 장 기 부 정 , 사 불 치 야 : 형 리² 불 능 복 약 ,

五不治也: 信巫不信醫, 六不治也. 有此一者,
오 불 치 야 : 신 무 불 신 의 , 육 불 치 야 . 유 차 일 자 ,

則重難治也.
즉 중 난 치 야 .

—「편작창공열전(扁鵲倉公列傳)」

1 驕恣(교자): 교만하다. 멋대로 하다.

2 羸(리): 여위다. 약하다.

▶ 그래서 병에는 고칠 수 없는 여섯 가지가 있다. 교만하여 병의 이치를 논하지 않는 것이 첫번째요, 몸을 가벼이 여기고 재물을 중히 여겨 병을 치료하지 않는 것이 두번째요, 입고 먹는 것이 적당하지 않은 것이 세번째요, 음과 양이 함께 있어 오장의 기가 불안한 것이 네번째요, 몸이 허약해 약을 먹을 수 없는 것이 다섯번째요, 무당을 믿고 의원을 믿지 않는 것이 여섯번째이다. 이중 하나만 있어도 매우 치료하기 어렵다.

---

고대의 명의인 편작이 제환후(齊桓侯)를 만나 말했다. "군께서는 피부에 병이 있으니, 치료하지 않으면 병이 깊어질 것입니다." 환후는 병이 없다고 하고는 편작이 물러나자 신하들에게 말했다. "의원들은 이익을 탐해서 없는 병을 만들어 공을 세우려고 한다." 닷새 뒤에 편작이 다시 환후를 찾아 말했다. "군께서는 혈맥에 병이 있으니, 치료하지 않으면 깊어질 것입니다." 환후는 또 병이 없다며 편작을 물리쳤다. 또 닷새 뒤에는 장과 위 사이에 병이 있다고 말했으나 환후는 대답하지 않았다. 다시 닷새 뒤에 편작은 환후를 멀리서 쳐다만 보고 그냥 물러났다. 환후가 그 이유를 묻자 편작이 대답했다. "병이 피부에 있을 때는 탕약을 써서 치료할 수 있고, 위장에 있을 때는 약주를 써서 고칠 수 있습니다. 하지만 일단 골수에 들어가게 되면 저도 어쩔 도리가 없습니다." 닷새가 지나자 과연 증세가 나타났다. 환후는 사람을 보내 편작을 불렀지만 그는 이미 제나라를 떠난 뒤였고, 결국 환후는 병으로 죽었다.

**역사를 사로잡은 명문장**

한고조 유방이 영포(英布)의 반란을 토벌하던 중에 화살에 맞아 병이 들었다. 유방의 아내 여후가 찾아 데려온 의원이 활에 맞은 상처를 살피고는 치료할 수 있다고 했다. 그러자 유방이 욕하며 말했다. "나는 일개 평민으로 세 자 길이의 검을 들어 천하를 쟁취하였으니, 이는 천명이 아니겠느냐? 명이라는 것은 하늘이 정하는 것이다. 지금 내 상처는 설령 편작이 살아오더라도 치료할 수 없을 것이다." 유방은 의원에게 치료를 맡기지 않고 황금을 주어 돌려보냈다. 병세가 나아지는 듯했으나, 일 년이 되지 않아 유방은 세상을 떠났다.

**명문장의 활용**

원시사회에서 무당과 의사는 직분이 분명하게 구분되지 않았다. 병이 들면 굿을 해서 귀신을 쫓아야 한다는 생각은 여기에서 나온 것이다. 사회는 발전했지만 여전히 의사를 믿지 않고 무당을 믿는 경우가 있다.

# 한 사람을 죽여
# 천하에 사죄한다

## 083

盎[1]對曰: "方今計獨斬晁錯[2], 發使赦吳楚七國,
앙[1]대 왈: "방 금 계 독 참 조 조[2], 발 사 사 오 초 칠 국,

復其故削地, 則兵可無血刃[3]而俱罷."
부 기 고 삭 지, 즉 병 가 무 혈 인[3]이 구 파."

於是上嘿然[4]良久, 曰: "顧誠何如,
어 시 상 묵 연[4]량 구, 왈: "고 성 하 여,

吾不愛一人以謝天下." […]
오 불 애 일 인 이 사 천 하." […]

錯衣朝衣斬東市.
조 의 조 의 참 동 시.

—「오왕비열전(吳王濞列傳)」

1  盎(앙): 원앙(袁盎). 한문제 때의 낭중(郎中). 조조(晁錯)와 사이가 좋지 않았다. 문제가
   죽고 경제가 즉위한 뒤 조조의 정책에 불만을 품은 제후들이 반란을 일으키자, 조조를
   죽여 제후들의 불만을 달래달라고 경제에게 간언했다. 훗날 양왕(梁王)의 원한을 사
   피살당했다.
2  晁錯(조조): 문제 때 복생(伏生)에게 상서(尙書)를 전수받았다. 경제 때 어사대부에
   올랐으나, 제후들의 봉지를 삭감하는 정책을 올려 오초칠국(吳楚七國)의 난을 야기했다.
   제후들은 조조를 죽이는 것을 반란의 명분으로 내걸었고, 경제는 결국 조조를 사형에
   처했다.
3  血刃(혈인): 칼에 피를 묻히다. 살육이나 전쟁을 비유한다.
4  嘿然(묵연): 묵묵히, 소리를 내지 않고.

▶ 원앙이 대답했다. "현재의 대책으로는 오직 조조(晁錯)를 처형하고 사신을 보내 오와 초 등 일곱 나라를 사면하여 삭감당한 옛 땅을 회복시켜주는 것뿐이니, 그렇게 하면 칼날에 피를 물들이는 일 없이 모두 해산하게 될 것입니다." 이에 황제가 한동안 침묵하다가 말했다. "참으로 어찌해야 하는가. 짐은 한 사람을 아끼지 않고 천하에 사죄하겠다." [⋯] 조조는 관복을 입고 동쪽 저잣거리에서 참형당했다.

---

한고조 유방이 공신들의 반란을 진압한 이후에 '유씨(劉氏)가 아닌 자는 왕이 될 수 없다'는 원칙이 수립되었다. 그러나 강력한 힘을 가지고 있던 지방 제후들은 중앙 정부에 복종하지 않았고, 한문제와 한경제는 지방 제후 세력을 약화시키기 위해 제후들의 봉지(封地)를 삭감했다.

원앙과 조조 둘 모두 제후들의 봉지를 삭감해야 한다고 주장했다. 원앙은 오나라의 재상을 맡은 적이 있었고, 조조는 한경제가 태자였을 때 그의 스승이었다. 두 사람은 서로 사이가 좋지 않은 정적 관계였다. 칠국의 난이 일어났을 때 조조는 황제에게 '원앙이 반란의 실정을 알고 있었을 것'이라고 모함했고, 원앙은 자리에서 쫓겨났다.

칠국의 난이 수습하기 어려울 지경으로 커졌을 때 대장군 두영(竇嬰)의 추천을 받아 원앙이 다시 복직했고, 원앙은 경제에게 본문과 같이 간언했다. '삭감을 주장한 조조의 목을 베고, 오왕이 반란을 일으킨 죄를 사면해준다'는 조칙을 전하러 간 원앙에게 오왕은 말했다. "나는 이미 동쪽 황제이다. 어찌 누구에게 절할 수 있으리오?" 오왕은 원앙을 만나려고도 하지 않았고, 그를 군중에 머무르게 한 다음 위협하여 장수로 쓰려고 했다. 원앙이 거절하자 그를 구금한 뒤 죽이려 했다. 원앙은 밤을 틈타 겨우 도망쳤다.

### 역사를 사로잡은 명문장

한무제 때 흉노가 화친을 요구하자 왕회(王恢)는 홀로 일전을 벌일 것을 주장했다. 후에 한의 30만 대군은 다섯 갈래로 나뉘어 마읍(馬邑)의 골짜기에 매복하여 흉노를 잡으려고 했으나 실패했다. 이때 왕회는 3만 군대를 이끌고 흉노의 보급 부대를 공격하는 임무를 맡았으나 완수하지 못하고 퇴각했다. 태후(太后)가 왕회를 변호했으나 무제는 말했다. "수십만 군대를 일으킨 것은 왕회의 건의를 들은 것입니다. 만약 지금 그를 죽이지 않으면 천하에 사죄할 길이 없습니다."

### 명문장의 활용

"한 사람을 아끼지 않고 천하에 사죄하겠다"라는 말은, '한 사람을 죽여 천하에 사죄하겠다'의 의미를 담은 완곡한 표현이다. 한 사람을 희생시켜 여러 사람들의 분노를 가라앉힐 수 있다면 대부분의 경우에는 이 전략을 채택할 것이다. 하지만 이러한 전략은 대부분 외부의 불만을 완전히 잠식시키지 못하고 내부의 다툼을 부각시킨다. 본문에서도 원앙은 개인적인 감정 때문에 조조를 죽이라고 권했다. 실제로 조조가 죽은 뒤에도 반란은 진압되지 않았다.

# 뜻을 얻지 못해
# 울적해한다

## 084

魏其¹失竇太后, 益疏不用, 無勢,
위 기¹실 두 태 후, 익 소 불 용, 무 세,

諸客稍稍自引而怠傲, 唯灌將軍²獨不失故.
제 객 초 초 자 인 이 태 오, 유 관 장 군²독 불 실 고.

魏其日默默不得志, 而獨厚遇灌將軍. [⋯]
위 기 일 묵 묵 부 득 지, 이 독 후 우 관 장 군. [⋯]

灌孟³年老, 穎陰侯彊請之, 鬱鬱⁴不得意.
관 맹³년 로, 영 음 후 강 청 지, 울 울⁴부 득 의.

故戰常陷堅, 遂死吳軍中.
고 전 상 함 견, 수 사 오 군 중.

—「위기무안후열전(魏其武安侯列傳)」

---

1 魏其(위기): 위기후(魏其侯) 두영(竇嬰). 두후(竇后)의 조카로 무제 때 승상이 되었다.
  오초칠국의 난 때 대장군으로 임명되어 난을 평정하고 위기후에 봉해졌다.
2 灌將軍(관장군): 관부(灌夫). 사람됨이 강직하고 아첨할 줄 몰랐다. 연회에서 술을 먹고
  욕을 하다가 승상에게 죄를 짓고 종족이 주벌당했다.
3 灌孟(관맹): 관부의 부친.
4 鬱鬱(울울): 울적해하는 모습.

▶ 위기후(魏其侯)는 두태후(竇太后)를 잃고 더욱 소원해져서 임용되지 않았다. 권세가 없어지자 여러 빈객들도 차츰 멀어지며 그를 태만하고 방자하게 대했는데, 오직 관장군(灌將軍)만이 홀로 옛 정분을 잊지 않았다. 위기후는 날마다 묵묵하게 우울히 지냈는데 오직 관장군만을 후하게 대우했다. […] 관맹은 나이가 많았는데 영음후가 그를 억지로 기용했고, 관맹은 뜻대로 되지 않아 우울해했다. 그래서 싸움이 벌어지면 늘 적진의 가장 견고한 곳을 공격했고, 마침내 오(吳)나라 군중에서 죽었다.

---

관장군 관부(灌夫)는 영음(潁陰) 사람이다. 관부의 아버지 장맹(張孟)은 영음후(潁陰侯) 관영(灌嬰)의 가신이었는데, 관영의 총애를 받아 2천 석의 녹봉을 받는 관직에 이르렀고, 동시에 관씨 성을 받아 관맹이 되었다. 연로한 관맹은 오초칠국의 난 때 관영의 뒤를 이은 영음후 관하(灌何)의 천거로 간신히 군중에 남아 있다가 목숨을 잃었다. 관부는 아버지를 따라 종군했는데, 당시 군법에는 부자(父子)가 함께 종군하여 한 사람이 전사하면 유해와 함께 돌아갈 수 있었다. 하지만 관부는 아버지의 원수를 갚겠다며 치열하게 싸워 목숨이 위험할 정도로 부상을 입었다. 장군은 용맹스러운 관부를 잃게 될까 두려워 태위에게 이 일을 말했고, 태위가 그를 말려 중지시켰다. 관부는 이 일로 천하에 이름을 알렸다.

관부는 성격이 강직하고 술을 좋아했다. 술자리에서는 꺼리는 것이 없었으나 오직 위기후 두영에게만은 예를 갖추었다. 두영이 세력을 잃자 두 사람은 서로를 위로했다. 관부는 두영을 위해 당시 실세였던 무안후(武安侯) 전분(田蚡)을 두영의 집으로 초청했는데, 무안후가 그만 약속을 잊었고, 둘은 사이가 틀어졌다.

### 역사를 사로잡은 명문장

관부가 두영에게 공을 들인 것은 실세한 관리가 득세할 것을 대비해 미리 공을 들이는, 관리들 사이에서 흔히 볼 수 있는 행동이었다. 훗날 관부가 죄를 짓자 두영은 관부를 위해 황제에게 상소문을 올렸다. 그러나 두영은 한번 실세한 뒤에 다시 세력을 회복하지 못했고, 결국 왕태후(王太后)와 전분을 당해내지 못하고 죽음을 맞았다. 두영과 전분의 대립은 태후들(두태후와 왕태후)의 외척과도 연관이 있었는데, 이는 사법권을 초월하는 범주였다. 한무제도 이 부분은 관여할 수 없었으니, 한왕조 후기에 외척들의 득세로 혼란에 빠지는 상황은 이 시기에 이미 시작되었던 것이다.

### 명문장의 활용

두영은 세력을 잃고 뜻대로 되지 않아[不得志] 울적해했고, 관부는 노년에 세력을 잃고 울적해했다[鬱鬱]. 이 두 말을 합치면 오늘날 중국인들이 많이 사용하는 "뜻을 얻지 못해 울적해한다(鬱鬱不得志)"가 된다.

# 복숭아와 오얏은 말을 하지 않아도
# 그 아래에 저절로 길이 생긴다

085

余睹李將軍¹悛悛²如鄙人, 口不能道辭.
여 도 이 장 군 전 전 여 비 인, 구 불 능 도 사.

及死之日, 天下知與不知, 皆爲盡哀.
급 사 지 일, 천 하 지 여 부 지, 개 위 진 애.

彼其忠實心誠信於士大夫也.
피 기 충 실 심 성 신 어 사 대 부 야.

諺曰 "桃李不言, 下自成蹊³".
언 왈 "도 리 불 언, 하 자 성 혜".

此言雖小, 可以諭大也.
차 언 수 소, 가 이 유 대 야.

—「이장군열전(李將軍列傳)」

---

1 李將軍(이장군): 이광(李廣). 서한의 명장. 문제 때 무기상시(武騎常侍)가 되었고, 무제
  때 우북평태수(右北平太守)를 역임했다. 흉노는 이광을 두려워하여 "비장군(飛將軍)"
  이라 불렀다.
2 悛悛(전전): 점잖고 착실한 모습.
3 蹊(혜): 작은 길.

▶ 나는 이장군을 본 적 있는데 순박하기가 시골 사람 같았으며 말도 잘하지 못했다. 그가 죽었을 때 천하의 사람들은 그를 알건 모르건 모두 애통해했다. 충성스럽고 성실하여 사대부들의 믿음을 얻었던 것이다. 속담에 이르길 "복숭아와 오얏은 말을 하지 않아도 그 아래에 저절로 길이 생긴다"라고 했다. 이 말은 비록 사소하지만 큰 일에 비유할 수 있다.

---

한(漢)의 '비장군' 이광(李廣)은 평생을 전쟁터에서 앞장서 싸웠고, 공을 세워 상을 받으면 부하들에게 모두 나눠 주었다. 그의 봉록은 2천 석이나 되었으나 40여 년이 지나도록 집안에는 재물이 없었다. 한번은 한문제가 그를 두고 말했다. "애석하게도 시기를 잘못 만났구려. 만약 고조 황제의 시기에 태어났더라면 만호후(萬戶侯)에 봉해지는 것은 일도 아니었을 텐데 말이오." 무제 때 여러 차례 흉노 정벌에 나섰고, 이광은 그때마다 공을 세웠으나 운수가 좋지 못해 후(侯)에 봉해지지는 못했다.

이광이 마지막으로 출정한 것은 60세가 넘어서였다. 당시 대장군 위청이 통솔하는 군대에 배속되었는데, 무제는 위청에게 '이광 장군은 나이가 많고 운수가 좋지 않으니 주력 부대에 배치해서는 안 된다'고 일러두었다. 이광의 부대는 도중에 길을 잃어 약속한 기일에 늦고 말았다. 이광은 늙은 나이에 군리(軍吏)에게 취조당할 수 없다며 자결해버렸고, 사람들은 이 소식을 듣고 모두 슬퍼했다.

### 역사를 사로잡은 명문장

전국시대 조(趙)나라의 명장 조사(趙奢)에게는 괄(括)이라는 아들이 있었다. 조괄은 어려서부터 부친에게 병법을 배워 이론에 능숙했다. 조사는 가끔 조괄의 의견이 잘못되었다고 생각했으나 논리적으로 반박하지는 못했고, 조괄은 부친이 자신을 설복시키지 못하자 자신의 병법이 천하제일이라고 믿게 되었다. 훗날 조괄은 조나라 효성왕에게 중용되었는데, 상을 받으면 모두 자신이 가져갔고, 좋은 전답(田畓)을 사서 재산을 늘렸다. 훗날 진(秦)나라 군대와 결전을 벌일 때 사졸들은 그를 위해 싸우길 원치 않았고, 조괄은 결국 대패하여 수십만 장병이 포로로 잡혔다. 조괄의 이야기에서 이광의 경우와 반대되는 교훈을 얻을 수 있다.

### 명문장의 활용

신문의 구인 광고를 살펴보자. 자기 회사가 얼마나 좋은지 자랑하는 글들이 가득한데, 어떤 회사는 그렇게 좋은 조건에도 불구하고 사람을 구하지 못해 계속해서 광고를 하고 있다. 정말 좋은 회사의 경우에는 수만 명이 알아서 지원한다. 이때 "복숭아와 오얏은 말을 하지 않아도 그 아래에 저절로 길이 생긴다"라는 말을 쓸 수 있다.

# 흉노가 아직 멸망하지 않았는데
# 집을 염두에 둘 수 없다

## 086

驃騎將軍¹爲人少言不泄², 有氣敢任.
표 기 장 군 ¹ 위 인 소 언 불 설 ², 유 기 감 임.

天子嘗欲敎之孫吳兵法, 對曰: "顧方略³何如耳,
천 자 상 욕 교 지 손 오 병 법, 대 왈: "고 방 략 ³ 하 여 이,

不至學古兵法."
부 지 학 고 병 법."

天子爲治第⁴, 令驃騎視之, 對曰: "匈奴未滅,
천 자 위 치 제 ⁴, 영 표 기 시 지, 대 왈: "흉 노 미 멸,

無以家爲也."
무 이 가 위 야."

—「위장군표기열전(衛將軍驃騎列傳)」

---

1 驃騎將軍(표기장군): 한(漢)의 관직명. 여기서는 곽거병(霍去病)을 말한다.
2 不泄(불설): 아는 바를 누설하지 않다.
3 方略(방략): 방법과 계책.
4 治第(치제): 집을 짓다.

▶ 표기장군(驃騎將軍)의 사람됨은 과묵하여 말이 새어 나가는 법이 없었고, 기운차고 과감했다. 천자가 일찍이 그에게 손오병법을 가르치려 하자 그가 말했다. "어떤 전략을 쓸 것인가 생각하면 그만입니다. 옛 병법을 배울 것까지는 없습니다." 천자가 그를 위해 저택을 짓고 보라 하자 그가 말했다. "흉노가 아직 멸망하지 않았는데 집을 염두에 둘 수 없습니다."

---

곽거병(霍去病)은 어린 영웅이었다. 용감했을 뿐 아니라 재능도 넘쳤다. 위청이 세 차례 흉노를 정벌하러 출정했을 때 곽거병은 8백의 기병(騎兵)을 이끌고 앞장서 싸워 2천 명이 넘는 사람들을 죽이거나 포로로 잡아 표기장군이 되었고, 관군후(冠軍侯)에 봉해졌다.

곽거병의 운수는 이광에 비해 좋았다. 혹자는 그가 위청의 외조카이고 위청은 황제의 외숙부였기 때문에 유리한 지위를 선점할 수 있던 것이라고 말하지만, 그가 흉노와 싸우며 세운 공적은 다른 사람과 비교할 수 없을 정도이다.

곽거병은 이광과 마찬가지로 과묵하고 용맹스러웠으며, 재물에 신경 쓰지 않았다. 하지만 이광과는 달리 군사들의 노고를 함께 걱정하지는 않았으니, 군중에 식량이 부족해 굶주리는 사졸이 있을 때 공놀이를 했을 정도였다. 그러나 그는 매번 전투에서 승리를 거두었다. 사람들이 모르는 독자적인 통솔 방법을 알았는지도 모르겠다.

**역사를 사로잡은 명문장**

남송의 악비는 젊었을 때 종택과 서로 알고 지냈다. 종택이 악비에게 진법을 배우려고 하자 악비가 말했다. "진형을 갖추어 싸우는 것은 일반적인 병법에 불과한 것이니, 실제로 교전할 때는 운용의 묘를 마음속에 간직하고 있어야 한다." 이는 곽거병과 닮은 점이다.

악비의 집에는 여종이 없었다. 남송의 명장인 오개(吳价)가 유명한 가기(歌妓)를 사서 악비에게 보내자 악비가 말했다. "주상께서 여전히 나랏일로 근심하고 계신데 대장된 자가 한가롭게 즐길 틈이 있겠는가?" 악비는 오개의 호의를 완곡하게 거절했다.

### 명문장의 활용

"흉노가 아직 멸망하지 않았는데 어찌 집을 염두에 두겠는가(匈奴未滅, 何以家爲)?"라는 말의 뒷부분을 살짝 바꿔서 "어찌 결혼을 하겠는가?(何以爲家)"라는 말로 사용하는 경우가 많다. 글자 순서를 하나 바꾸었을 뿐이지만 적절한 변형이라고 하겠다.

# 비범한 사람이 있고 나서야
# 비범한 일이 있다

## 087

蓋世必有非常之人, 然後有非常之事:
개세필유비상지인, 연후유비상지사:

有非常之事, 然後有非常之功. 非常者,
유비상지사, 연후유비상지공. 비상자,

固常之所異也. 故曰非常之原¹, 黎民²懼焉;
고상지소이야. 고왈비상지원¹, 여민²구언;

及臻³厥成, 天下晏如⁴也.
급진³궐성, 천하안여⁴야.

—「사마상여열전(司馬相如列傳)」

1 原(원): 원류, 시초.
2 黎民(여민): 일반 백성.
3 臻(진): 이르다. 도달하다.
4 晏如(안여): 평안하다. 안정되다.

▶ 대개 세상에는 반드시 비범한 인물이 있고 나서야 비범한 일이 있고, 비범한 일이 있고 나서야 비범한 공적이 있다. 비범함이란 본래 평범한 이들이 이상하게 여기는 것이다. 그래서 비범한 일이 시작될 때 평범한 이들은 두려워하지만, 그것이 완성된 후에는 천하가 편안해진다고 하는 것이다.

---

한(漢)나라 때 서남쪽의 이민족 중에서 야랑(夜郎)의 세력이 가장 강했다. 한번은 야랑의 왕이 한나라 사자에게 "한과 우리를 비교하면 어느 쪽이 더 큰가?"라고 물었다. 여기서 나온 성어가 '야랑자대(夜郎自大)'이다.

한무제는 당몽(唐蒙)을 파견해 야랑에 군(郡)을 설치했다. 동시에 사마상여(司馬相如)를 파견해 사천(四川) 변경의 이민족 지역에 10여 개 현(縣)을 설치해 촉군(蜀郡)의 관할 아래 두었다.

사마상여가 서촉 지역에 도착했을 때 촉 지역의 원로들은 변경의 이민족과 교류하는 것은 소용없다고 했다. 사마상여는 그들을 설득하기 위해 문장을 지었는데, 본문에 나온 말은 그 문장에 등장하는 주요 구절이다. 사마상여는 결국 원로들을 설복시켰다.

사마상여는 젊어서 매우 가난했으며 말도 더듬었다. 하지만 문재(文才)가 뛰어났고, 금(琴) 연주 실력도 탁월했다. 탁왕손(卓王孫)의 딸인 과부 탁문군(卓文君)은 사마상여의 금 소리에 반해 그와 야반도주했다. 두 사람은 성도(成都) 근처에 작은 술집을 열어 생활했다. 처음에는 분노했던 탁왕손도 점차 화를 풀어 재산을 나누어 주었고, 이후로 사마상여의 살림은 넉넉해졌다. 훗날 사마상여는 뛰어난 문장으로 한무제의 마음에 들어 낭관(郎官)의 벼슬에 올랐다.

**역사를 사로잡은 명문장**

삼국시대에 원소가 조조와 싸울 적에, 원소의 수하에 있던 진림(陳琳)이 토벌문을 썼는데, 그중에 "비범한 사람이 있고 나서야 비범한 일이 있다(有非常之人, 乃有非常之事)"라는 구절이 있다. 하지만 여기서 말하는 '비범한[非常]'이란 '대단히 나쁜' 경우를 가리킨다. 진림은 토벌문에서 환관의 양자라는 조조의 출신과 그가 했던 악행들을 날카롭게 비난하며 조조를 도발했다. 진림은 '비상(非常)'이라는 표현을 반대되는 뜻으로 활용한 셈이다.

**명문장의 활용**

모든 개혁은 '비상(非常)', 즉 일상적이지 않은 일이다. 사람들은 변화를 이해하지 못하기 때문에 두려워하거나 진통을 겪는다. 하지만 이 과정을 겪기만 하면 새로 태어나는 기쁨을 누릴 수 있다. 어머니가 아이를 갖고 낳는 일도 역시 평범하지 않은 '비상한 일'이 아니겠는가!

# 베 한 자도
# 꿰맬 수 있다

088

民有作歌歌淮南厲王曰:"一尺布,尙可縫;
민 유 작 가 가 회 남 여 왕 왈 : "일 척 포, 상 가 봉;

一斗粟,尙可舂¹.兄弟二人不能相容."
일 두 속, 상 가 용¹. 형 제 이 인 불 능 상 용."

上聞之,乃嘆曰:"堯舜放逐骨肉,周公殺管蔡,
상 문 지, 내 탄 왈 : "요 순 방 축 골 육, 주 공 살 관 채,

天下稱聖.何者?不以私害公.
천 하 칭 성. 하 자? 불 이 사 해 공.

天下豈以我爲貪淮南王地邪?"
천 하 기 이 아 위 탐 회 남 왕 지 야?"

乃徙²城陽王王淮南故地,
내 사² 성 양 왕 왕 회 남 고 지,

而追尊諡淮南王爲厲王,置園復如諸侯儀³.
이 추 존 시 회 남 왕 위 여 왕, 치 원 복 여 제 후 의³.

—「회남형산열전(淮南衡山列傳)」

1 舂(용): 절구. 절구질하다.
2 徙(사): 옮기다.
3 儀(의): 위의(威儀). 위엄 있고 엄숙한 태도나 차림새.

▶ 백성들이 노래를 지어 회남(淮南) 여왕(厲王)을 노래했다. "베 한 자도 꿰맬 수 있고 곡식 한 말도 절구질할 수 있는데, 형제 두 사람은 서로 용납할 수 없구나." 황상이 노래를 듣고 탄식하며 말했다. "요, 순이 형제를 몰아내고, 주공이 관(管), 채(蔡)를 죽였는데 천하가 그들을 성인이라고 한다. 왜인가? 사사로움으로써 공의를 해치지 않았기 때문이다. 천하는 어째서 짐이 회남왕의 땅을 탐냈다고 하는가?" 마침내 성양왕(城陽王)을 회남의 원래 땅으로 옮겨 왕으로 삼고, 회남왕을 추존하여 여왕(厲王)이라는 시호를 내린 뒤 묘지를 만들어 제후로서의 위의를 갖추어주었다.

---

회남 여왕 유장(劉長)은 한고조 유방의 가장 어린 아들로, 한문제와는 형제지간이다. 유장은 자신이 황족이라는 것을 믿고 함부로 법을 어기고 방자하게 굴었다. 자신만의 연호를 제정하고 법령을 바꾸었을 뿐 아니라, 황제만이 행할 수 있는 예법을 그대로 따라 했다. 교만함을 두고 볼 수 없었던 문제는 버릇을 고치기 위해 유장을 귀양 보냈는데, 이를 견딜 수 없었던 유장은 밥을 굶어 자살했다. 동생이 원인 제공을 한 잘못이 있긴 하지만 결과적으로 형인 문제가 동생인 회남왕을 죽인 모양새가 되어 사람들이 이를 풍자하는 노래를 부른 것이다.

**역사를 사로잡은 명문장**

삼국시대 위문제(魏文帝) 조비(曹丕)는 동생 조식(曹植)을 핍박하여「칠보시(七步詩)」를 짓게 했다. 그중의 "본래 같은 뿌리에서 태어났건만, 어찌 이리 다급하게 볶아대는가(本是同根生, 相煎何太急)"라는 구절은 천고의 명구로 회자된다. "베 한 자도 꿰맬 수 있다"라는 구절에 비해 비유가 훨씬 절묘하다고 하겠다.

**명문장의 활용**

사실 평범한 집안의 형제들은 '베 한 자를 나누고, 곡식 한 말을 나눠 먹을 수' 있다. 오히려 집안에 재산이 많을수록 이를 두고 다투느라 더욱 격렬하게 싸우는 경향이 있다. 바꿔서 말하자면 베 한 자는 나눠 입을 수 있지만, 베 만 자는 나눠 입기 어려운 것이다.

# 밤에 문을 걸어 잠그지 않고,
# 길에 떨어진 물건을 주워 가지 않는다

## 089

子産¹爲相一年, 竪子不戱狎²,
자 산¹ 위 상 일 년, 수 자 불 희 압².

斑白³不提挈⁴, 僮子不犁畔⁵. 二年, 市不豫賈⁶.
반 백³ 부 제 설⁴, 동 자 불 리 반⁵. 이 년, 시 불 예 가⁶.

三年, 門不夜關, 道不拾遺. 四年, 田器⁷不歸.
삼 년, 문 불 야 관, 도 불 습 유. 사 년, 전 기⁷ 불 귀.

五年, 士無尺籍⁸, 喪期不令而治.
오 년, 사 무 척 적⁸, 상 기 불 령 이 치.

—「순리열전(循史列傳)」

1 子産(자산): 공손교(公孫僑), 춘추시대 정(鄭)나라의 대부로, 자(字)가 자산이다.
  정나라가 강대국인 진(晉)나라와 초나라 사이에 끼어 있을 때 정치적인 수완을 발휘해
  나라를 무사히 지켰다.
2 戱狎(희압): 함부로 장난치다.
3 斑白(반백): 흰머리의 노인.
4 提挈(제설): 손으로 물건을 들다.
5 犁畔(리반): 농사를 짓다.
6 豫賈(예가): 가격을 속이다.
7 田器(전기): 밭에서 쓰는 기물. 농기구.
8 尺籍(척적): 군령을 적은 장부.

▶ 자산(子産)이 재상이 된 지 일 년이 지나자 젊은이들이 함부로 장난치지 않았고, 반백의 노인들이 직접 짐을 들고 다니는 일이 없었으며, 어린아이들이 밭을 갈지 않았다. 2년이 지나자 시장에서는 값을 높게 부르는 일이 없어졌다. 3년이 지나자 밤에 문을 잠그지 않았고, 길에 떨어진 물건을 주워 가지 않았다. 4년이 지나자 농기구를 그대로 밭에 두고 다녔고, 5년이 지나자 병사들에게 군령 표지가 필요 없어졌으며, 명령하지 않아도 상복을 입는 기간을 지켰다.

---

정(鄭)나라를 다스린 자산은 중국의 지식인들이 말한 "배우고 여유가 있으면 벼슬한다(學而優則仕)"의 이상을 실현한 가장 훌륭한 본보기이다. 그가 쓴 방법은 도덕적 예속을 바탕으로 한 '교화(敎化)'에 기본을 두고 있다. 자산은 동시에 언론 자유를 주장한 선구자였다. 당시 정나라 사람들이 향교에 모여 정치에 대해 비판하자, 일부에서는 향교 폐지를 주장했으나 자산은 이에 동의하지 않았다. 그는 26년간 정나라의 재상으로 있었는데, 그가 죽자 백성들이 모두 슬퍼했다.

### 역사를 사로잡은 명문장

"길에 떨어진 물건을 주워 가지 않는다(道不拾遺)"라는 표현은 『사기』의 「혹리열전(酷吏列傳)」에도 나온다. 한무제 때 왕온서(王溫舒)는 광평군(廣平郡)의 도위(都尉)로 관리들의 비리를 장악했는데, 도적을 체포하는 실적이 부족한 경우에 그들의 추문을 들추어내 처벌했다. 이 과정에서 가족이 몰살당한 이도 있었다. 관리들은 어쩔 수 없이 최선을 다해 도적을 잡아냈고, 부근의 도적들은 감히 그 지역에 들어갈 수 없었다. 비록 치안 문제는 해결했으나 백성들도 그만큼 공포에 떨어야 했기 때문에, 왕온서의 업적을 자산과 함께 논하기는 적절하지 않다.

### 명문장의 활용

고대사회는 단순했기 때문에 백성들에 대한 교화나 강압적인 수단을 통해 '밤에 문을 걸어 잠그지 않고, 길에 떨어진 물건을 주워 가지 않는' 상황을 만들 수 있었다. 복잡한 현대사회에서는 생각하기 힘든 일이다.

# 한 명이 출세하고 한 명이 천해지면
# 비로소 우정이 드러난다

## 090

始翟公爲廷尉, 賓客闐[1]門; 及廢,
시 적 공 위 정 위, 빈 객 전[1] 문 ; 급 폐,

門外可設雀羅[2]. 翟公復爲廷尉, 賓客欲往,
문 외 가 설 작 라[2]. 적 공 부 위 정 위, 빈 객 욕 왕,

翟公乃大署其門曰: "一死一生, 乃知交情.
적 공 내 대 서 기 문 왈 : "일 사 일 생, 내 지 교 정.

一貧一富, 乃知交態. 一貴一賤,
일 빈 일 부, 내 지 교 태. 일 귀 일 천,

交情乃見."
교 정 내 현 ."

—「급정열전(汲鄭列傳)」

1 闐(전): 가득하다.
2 雀羅(작라): 새를 잡는 그물.

291

▶ 애초에 적공(翟公)이 정위가 되었을 때 빈객들이 문에 가득했는데, 그가 실세하자 문밖이 새 잡는 그물을 칠 수 있을 정도로 한산해졌다. 적공이 다시 정위가 되어 빈객들이 왕래하려 하자 적공은 대문에 다음과 같이 크게 써 붙였다. "한 명이 죽고 한 명이 살아 있으면 비로소 우정의 진심을 알게 되고, 한 명이 가난하고 한 명이 부유하면 비로소 우정의 태도를 알게 되고, 한 명이 출세하고 한 명이 천해지면 비로소 우정의 진심이 드러난다."

---

사마천은 「급정열전」에서 급암(汲黯)과 정당시(鄭當時)에 대해 논하면서 마지막 평어에 적공의 말을 실어놓았다. 이 둘은 모두 청관(淸官)으로 이름난 고위 관리였다. 이들이 죽고 난 뒤에 확인해보니 평소 집안에 쌓아둔 재물이 없었다. 둘은 실각했을 때 빈객들에게 냉대를 받았던 공통점도 있었다. 이들의 가장 큰 가치는 '정직(正直)'에서 찾을 수 있다.

한무제가 급암을 파견해 하내(河內)의 화재 사건을 조사하게 했다. 조사를 마친 급암은 하남(河南)으로 나오는 중에 수재(水災)를 입어 고생하는 백성들을 보고는, 황제가 준 부절을 이용해 관가의 창고를 열어 백성들을 구제했다. 조정에 돌아와서는 황제의 명을 사칭한 죄를 받길 청했으나 황제는 이를 용서해주었다.

정당시는 태사(太史)가 된 뒤, 자신을 찾아오는 손님은 지위 고하를 막론하고 문에 세워두는 일이 없도록 주의시켰다. 높은 지위에 있으면서도 자신을 찾아오는 손님들을 배려했던 것이다. 본시 청렴하여 재물에 관심이 없었기 때문에 황제에게 받는 녹봉만으로 빈객들을 대접했다. 다른 사람과 논쟁하면서 자신과 의견과 다른 부분이 있더라도 그 속에서 장점을 찾아내 황제에게 서둘러 보고했다.


### 역사를 사로잡은 명문장

당태종이 소우(蕭瑀)에게 내린 시 중에, "빠른 바람이 불 때 굳센 풀을 알고, 정국이 혼란할 때 충신을 안다(疾風知勁草, 板蕩識忠臣)"라는 구절이 있다. 문천상(文天祥)은 「정기가(正氣歌)」에서 "시국이 곤궁할 때 절개 있는 선비가 드러난다(時窮節乃見)"라고 했다. 이 구절들은 모두 어려운 상황이 되어야 진정성이 드러난다는 의미를 가지고 있다.


### 명문장의 활용

인정(人情)이란 것은 본래 '(목마른) 사람이 물을 마시는 것(如人飮水)'처럼 각자의 필요에 의해 결정된다. 이보다 조금 높은 경지는 '추운 날씨에도 찬물을 마시는(寒天飮氷水)' 단계일 것이다. "날씨가 추워진 뒤에 소나무와 잣나무가 늦게 시드는 것을 안다(歲寒然後知松柏之後凋)"라는 말을 확인할 수 있는 인간관계를 보기 힘들어졌다.

# 정치는 말을 많이 하는 데
# 있지 않다

## 091

天子使使束帛[1]加璧安車駟馬[2]迎申公. […]
천 자 사 시 속 백[1]가 벽 안 거 사 마[2]영 신 공 . […]

天子問治亂之事, 申公時已八十餘, 老,
천 자 문 치 란 지 사 , 신 공 시 이 팔 십 여 , 로 ,

對曰: "爲治者不在多言, 顧力行何如耳."
대 왈 : " 위 치 자 부 재 다 언 , 고 력 행 하 여 이 ."

是時天子方好文詞, 見申公對, 默然.
시 시 천 자 방 호 문 사 , 견 신 공 대 , 묵 연 .

— 「유림열전(儒林列傳)」

---

1 束帛(속백): 한 묶음의 비단. 예물로 쓰였다.

2 安車駟馬(안거사마): 편안하고 화려한 말과 수레.

▶ 천자(天子. 무제)가 비단에 구슬을 더한 예물을 사신에게 주어 네 마리 말이 끄는 수레로 신공(申公)을 모셔 오게 했다. […] 천자가 치란(治亂)에 대해 묻자 신공은 그때 이미 여든이 넘은 늙은 나이였는데 다음과 같이 대답했다. "정치는 말을 많이 하는 데 있지 않고 다만 얼마나 힘써 행하는가에 달려 있습니다." 당시 무제는 문사(文詞)를 좋아했던 터라 신공의 대답을 듣고 침묵했다.

---

초나라 태자의 스승이었던 신공은 태자가 학문을 좋아하지 않아 고민했다. 태자는 즉위한 후에 신공을 해임해 시장에서 절구질을 하게 했다. 신공은 노나라로 돌아와 문을 걸어 잠그고 빈객들을 만나지 않았으나, 각지에서 그에게 수업을 받으러 온 제자가 백여 명이나 되었다.

한무제의 신하 중에 낭중령 왕장(王臧)과 어사대부 조관(趙綰)은 모두 신공의 제자였다. 그들은 무제에게 신공을 추천했고, 무제는 신공을 환대했으나 이야기를 나눠본 결과 본인의 뜻에 맞지 않아 중용하지 않았다. 훗날 조관과 왕장은 두태후에게 죄를 얻어 하옥되어 자살했고, 신공은 파면되어 노나라로 돌아갔다.

### 역사를 사로잡은 명문장

신공은 정치판의 희생양이었다. 한무제가 막 즉위했을 때 조모인 두태후가 실권을 쥐고 있었다. 두태후는 노자(老子)의 학설을 좋아했다. 어리고 야심에 찬 황제는 조모에게서 실권을 가져오고 싶어 했고, 유가의 학설을 존중하여 유학을 공부한 인재들을 선발해 지지 기반을 다졌다. 신공이 언급한 '말을 많이 하지 않는 것'은 노자의 사상에 가

까웠다.

청말(淸末) 광서제(光緒帝)의 '백일유신(百日維新)'도 태후에게서 실권을 가져오기 위한 시도였다. 강유위(康有爲)와 담사동(譚嗣同) 등 6군자는 '난당(亂黨)'으로 몰려 강유위가 해외로 도피하는 등 모두 해를 입었다. 청나라는 이후 종말의 길을 걷는다.

### 명문장의 활용

"정치는 말을 많이 하는 데 있지 않다"라는 말의 핵심은 그다음 구절인 "다만 얼마나 힘써 행하는가에 달려 있다"일 것이다. 수표를 발행했더라도 지불 능력이 없으면 '부도수표'가 되어버린다. 정책을 제안하지 못하고 실행할 능력도 없다면 '자리만 지키고 공밥을 먹는 사람'에 불과하다. 공밥을 먹는 무능한 위정자들이 "정치는 말을 많이 하는 데 있지 않다"라는 말로 국민의 입을 막아서는 안 될 것이다.

# 이런 어머니가 아니라면
# 이런 자식을 낳을 수 없다

## 092

湯¹死, 家産直不過五百金, 皆所得奉賜, 無他業.
탕¹사 . 가산직불과오백금 . 개소득봉사 . 무타업 .

昆弟諸子欲厚葬湯, 湯母曰: "湯爲天子大臣,
곤제제자욕후장탕 . 탕모왈: "탕위천자대신 .

被汙惡言而死, 何厚葬乎!"
피오악언이사 . 하후장호!"

載以牛車, 有棺無槨². 天子聞之, 曰:
재이우차 . 유관무곽² . 천자문지 . 왈:

"非此母不能生此子."
"비차모불능생차자 ."

乃盡案誅三長史. 丞相靑翟自殺, 出田信.
내진안주삼장사 . 승상청적자살 . 출전신 .

―「혹리열전(酷吏列傳)」

---

1  湯(탕): 장탕(張湯). 무제 때의 어사대부. 형벌을 가혹하게 적용한 이름난 혹리(酷吏)
   였다. 후에 참소를 받아 옥에서 자살했다.
2  槨(곽): 내관(內棺) 바깥에 있는 외관(外棺).

▶ 장탕(張湯)이 죽은 후에 보니, 가산은 5백 금에 지나지 않았으며, 모두 봉록과 하사금이었고 다른 재산은 없었다. 형제와 자식들이 장탕의 장례를 후하게 치르려고 하자 장탕의 모친이 말했다. "장탕은 천자의 대신으로 악명을 입고 죽었는데 어찌 후한 장례를 치를 수 있겠는가!" 소달구지에 시체를 실었는데 내관은 있으나 외관은 없었다. 천자가 이를 듣고 말했다. "이런 어머니가 아니라면 이런 아들을 낳을 수 없다." 마침내 사건의 전모가 밝혀져 세 명의 장사는 주살되었다. 승상 청적(靑翟)은 자살했고, (장탕의 막료였던) 전신(田信)은 석방되었다.

---

서한 시기에는 혹리(酷吏)가 많았는데 장탕은 그중에서도 제일가는 혹리로 꼽힌다. 그는 강력한 사법 정책을 써서 한무제의 통치 기반을 공고하게 다졌으며, 특히 '무고(巫蠱)의 화(禍)'를 처리할 때는 철저하게 조사해 거의 모든 파벌들을 찾아냈다. 그 정도 규모의 대형 사건은 장탕이 아니었다면 다루기 힘들었을 것이다. 이런 성격 때문에 장탕은 많은 정적을 두었고, 결국 정적들에게 모함당해 하옥되고 만다. 장탕은 옥중에서 황제에게 글을 올려 자신을 모함한 사람들을 밝힌 뒤에 자살했다.

한무제의 입장에서 보면 장탕은 살아서는 자신에게 충성했고 죽어서는 청렴함을 보여주었으며, 그의 모친마저 그에게 감동을 주었다. 무제가 장탕을 해친 사람들을 엄중하게 처벌한 것은 당연한 일이었다.

### 역사를 사로잡은 명문장

장탕의 아들 장안세(長安世)는 훗날 부친보다 더욱 뛰어난 재능을 발휘해 부평후(富平侯)의 작위를 받았고, 관직은 대사마거기장군(大司馬車騎將軍), 위장군(衛將軍), 상서(尚書)의 직분을 겸직했다. 그는 일생 동안 주도면밀하고 조심스럽게 행동해 원한 관계를 만들지 않았다. 장안세의 세 아들은 모두 후(侯)에 봉해졌다. 부친의 기풍을 이어받았지만 부친보다 훨씬 뛰어난 인물들로 평가받는다.

### 명문장의 활용

속담에 "용은 용을 낳고, 봉황은 봉황을 낳으며, 쥐새끼는 구멍을 잘 판다"라는 말이 있다. 이 속담은 본문과 비슷한 내용을 담고 있지만 폄하하는 의도가 강하다. "이런 어머니가 아니라면 이런 자식을 낳을 수 없다"라는 말은 감탄하는 어감이 강하다.

# 협객은 무력으로
## 금령을 어긴다

**093**

韓子曰:"儒以文亂法,俠以武犯禁."
한 자 왈 : "유 이 문 란 법 , 협 이 무 범 금 ."

二者皆譏,而學士多稱於世云.[…]今游俠**¹**,
이 자 개 기 , 이 학 사 다 칭 어 세 운 . […] 금 유 협 **¹**,

其行雖不軌於正義,然其言必信,其行必果,
기 행 수 불 궤 어 정 의 , 연 기 언 필 신 , 기 행 필 과 ,

已諾必誠,不愛其軀,赴士之阨困,
이 낙 필 성 , 불 애 기 구 , 부 사 지 액 곤 ,

既已存亡死生矣,而不矜**²**其能,羞伐**³**其德,
기 이 존 망 사 생 의 , 이 불 긍 **²** 기 능 , 수 벌 **³** 기 덕 ,

蓋亦有足多者焉.
개 역 유 족 다 자 언 .

—「유협열전(游俠列傳)」

---

**1** 游俠(유협): 사람 사귀기를 좋아하고 의리를 중시하여 다른 사람의 위험한 상황을
적극적으로 구해주는 사람.

**2** 矜(긍): 뽐내다.

**3** 伐(벌): 뽐내다.

▶ 한비(韓非)가 말했다. "유자(儒者)는 법을 어지럽히고, 협객은 무력으로 금령을 어긴다." 그는 선비와 협객을 모두 비난하는데, 선비들은 세상의 칭송을 받는 경우가 많다. […] 지금 유협의 경우 그 행위가 반드시 정의에 맞는 것은 아니지만 그들의 말에는 반드시 신용이 있고, 행동은 과감하며, 한번 승낙한 일에는 성의를 다하고, 자신의 몸을 아끼지 않고, 남의 고난에 뛰어들 때는 생사를 돌보지 않으며, 자신의 능력을 자랑하지 않고, 공덕을 내세우는 것을 수치로 여기는 점은 역시 충분히 칭찬할 만하다.

---

「유협열전」에서 가장 많은 비중을 차지하고 있는 사람은 곽해(郭解)이다. 곽해는 어려서 싸움을 좋아했고 나쁜 짓이란 것을 모두 해보았지만 운이 좋아서 잘 도망쳐 숨어 지내다가 사면령을 받았다. 의협심이 강했던 그는 다른 사람의 어려움을 해결해주면서도 자신의 공을 자랑하지 않아 점차 명망이 높아졌고, 사람들은 그에게 분규를 해결해달라고 청했다. 죄를 짓고 도망치던 사람이라도 부탁하면 감춰주고 힘써 비호해주니 명성이 널리 퍼졌다.

한무제 때 천하의 부호들을 무릉(茂陵)으로 이주시켰는데, 곽해도 그때 이주했다. 무릉의 호걸들은 앞다투어 그와 교류하려고 했다. 후에 어떤 자가 곽해를 욕하고 다니자 곽해의 식객 중 한 사람이 그의 혀를 잘라버렸다. 관리들은 증거가 부족하다는 이유로 곽해를 무죄로 판결했지만, 승상 공손홍(公孫弘)은 "곽해는 평민의 몸으로 협객 노릇을 하면서 권력을 휘둘렀으니, 비록 실정을 몰랐다고 하더라도 그의 죄는 직접 죽인 것보다 더 크다."라며 곽해를 '대역무도(大逆無道)'라 판결했고, 곽해의 일가족은 몰살당했다.

### 역사를 사로잡은 명문장

극히 드물지만 폭력배들 중에도 사마천이 말한 유협의 미덕을 갖추고 있는 경우가 있다. 그렇다고 해도 다스리는 입장에서는 공손홍과 같은 판결을 내릴 수밖에 없다. 사회 질서를 유지해야 하는 사람의 입장에서 공공연하게 법을 어기며 함부로 개인적인 원한을 갚는 상황을 묵과할 수 없기 때문이다.

### 명문장의 활용

"협객은 무력으로 금령을 어긴다"라는 말은 분명 집정자들이 용납하지 못하는 상황이다. 이를 간과할 경우 백성들을 통제할 방법이 없기 때문이다. 하지만 집정자들이 임의로 법률을 해석하여 백성들을 괴롭히는 경우는, 사실 여기서 말한 협객이 무력으로 법률을 어기는 경우보다 더 심각한 위협이 된다.

# 한 말을 마셔도 취하고, 한 섬을 마셔도 취한다

## 094

威王大說, 置酒後宮, 召髡賜之酒.
위 왕 대 열, 치 주 후 궁, 소 곤 사 지 주.

問曰: "先生能飲幾何而醉?"
문 왈 : "선 생 능 음 기 하 이 취 ?"

對曰: "臣飲一斗[1]亦醉, 一石[2]亦醉."
대 왈 : "신 음 일 두[1] 역 취, 일 석[2] 역 취."

威王曰: "先生飲一斗而醉, 惡[3]能飲一石哉!
위 왕 왈 : "선 생 음 일 두 이 취, 오[3] 능 음 일 석 재 !

其說可得聞乎?"
기 설 가 득 문 호 ?"

髡曰: "[…]"
곤 왈 : "[…]"

以諷諫焉. 齊王[4]曰: "善." 乃罷長夜之飲.
이 풍 간 언. 제 왕[4] 왈 : "선." 내 파 장 야 지 음.

—「골계열전(滑稽列傳)」

1 一斗(일두): 한 말.
2 一石(일석): 한 섬.
3 惡(오): 어찌. 의문사로 쓰였다.
4 齊王(제왕): 제나라의 위왕(威王).

▶ 위왕이 몹시 기뻐하며 후궁에 주연을 준비해 순우곤(淳于髡)을 불러 술을 내리며 물었다. "선생은 어느 정도 마셔야 취하시오?" 순우곤이 말했다. "저는 한 말을 마셔도 취하고, 한 섬을 마셔도 취합니다." 위왕이 말했다. "한 말을 마시고 취하는데 어찌 한 섬을 마실 수 있단 말이오! 그 이유를 들려줄 수 있겠소?" 순우곤이 대답했다. "[…]" 이로써 풍간(諷諫, 완곡한 표현으로 잘못을 고치도록 간함)한 것이다. 위왕이 말했다. "좋소." 위왕은 그 후로 밤새워 술 마시는 것을 그만두었다.

---

본문에서 생략된 순우곤의 말은 다음과 같다.

"대왕께서 술을 내리실 때 법을 집행하는 관리가 곁에 서 있고 어사가 뒤에 있으면 저는 두려워하며 엎드려 마시므로 한 말을 못 넘기고 바로 취합니다. 만일 어버이께 귀한 손님이 오시면 저는 옷매무새를 단정히 하고 꿇어앉아 모시면서 가끔 잔을 받기도 하고 자주 일어나 술잔을 들어 손님의 장수를 빌어야 하니, 두 말을 마시기 전에 즉시 취합니다. 만약 사귀던 친구를 오랜만에 만나면 기뻐하며 지난 일들을 이야기하고 사사로운 생각이나 감정까지 터놓게 되니, 대여섯 말을 마시면 취합니다. 같은 고향 마을에 모여 남녀가 한데 섞여 앉아 서로 상대방에게 술을 돌리고 놀면서 짝을 짓고, 남자와 여자가 손을 잡아도 벌을 받지 않고 뚫어져라 쳐다보아도 금하는 일이 없으며, 앞에 귀걸이가 떨어지고 뒤에 비녀가 어지럽게 흩어지는 경우라면 여덟 말쯤 마셔도 약간 취기가 돌 뿐입니다. 그러다 날이 저물어 술자리가 끝났을 때 술 단지를 한군데에 모아놓고 자리를 좁혀 남녀가 한자리에 앉고, 신발이 뒤섞이고 술잔과 그릇이 어지럽게 흩어지고 마루 위의 불이 꺼집니다. 주인은 저만 머물게 하고 다른 손님들을 돌려보냅니다. 이윽고 얇은 비단 속옷의 옷깃이 열리는가 싶더니 은은한 향내가 퍼집니다. 이런 경우라면 술을 한 섬은 마실 수 있습니다. 이에 '술이 극도에 이르면 어지럽고, 즐거움이 극도에 이르면 슬퍼진다'고 했으니, 모든 일이 이와 같습니다. 사물이란 지나치면 안 되며, 지나치면 반드시 쇠합니다."

순우곤은 이 말을 통해 위왕에게 지나친 즐거움을 경계할 것을 간언했고, 순우곤의 뜻을 알아차린 위왕은 밤새워 마시면서 건강을 해치고 정사(政事)에 영향을 미치는 지나친 술자리를 그만두었다.

### 역사를 사로잡은 명문장

오대십국(五代十國) 때 민왕(閩王)은 주유악(周維岳)이 한없이 술을 마시는 모습을 보고 물었다. "너는 키가 이렇게 작은데도 어찌 이리 술을 많이 마시는가?" 곁에 있던 사람이 대답해주었다. "폐하, 이런 것을 바로 술 먹는 배가 따로 있다고 하는 것입니다."

시선(詩仙) 이백(李白)은 일 년 내내 술을 마시고 매일 같이 취해 있었지만 그에 대해 나쁜 이미지는 없다. 그 또한 술 먹는 배가 따로 있었던 것 같은데, 시 짓는 재주가 뛰어났기 때문에 용서받았을 것이다.

### 명문장의 활용

순우곤은 "한 말을 마셔도 취하고, 한 섬을 마셔도 취한다"라는 말로 청자의 흥미를 이끌어낸 뒤에, 단계에 따라 술 먹는 즐거움에 대해 논했다. 순우곤의 장황한 말은 중국인이 즐겨 사용하는 "술이 마음에 맞는 사람을 만나면 천 잔의 술도 적고(酒逢知己千杯少), 말이 통하지 않으면 반 마디도 많다(話不投機半句多)"라는 표현으로 요약될 수 있다.

# 그때는 그때이고,
# 지금은 지금이다

時會聚宮下博士諸先生與論議, 共難之¹曰:
시 회 취 궁 하 박 사 제 선 생 여 론 의, 공 난 지¹ 왈:

"蘇秦、張儀一當萬乘²之主, 而都卿相之位,
"소 진、장 의 일 당 만 승² 지 주, 이 도 경 상 지 위,

澤及後世. 今子大夫 [⋯] 官不過侍郎³,
택 급 후 세. 금 자 대 부 [⋯] 관 불 과 시 랑³,

位不過執戟⁴, 意者尚有遺行邪? 其故何也?"
위 불 과 집 극⁴, 의 자 상 유 유 행 야? 기 고 하 야?"

東方生曰: "是固非子所能備也. 彼一時也, 此一時也,
동 방 생 왈: "시 고 비 자 소 능 비 야. 피 일 시 야, 차 일 시 야,

豈可同哉! [⋯] 使張儀、蘇秦與僕并生於今之世,
기 가 동 재! [⋯] 사 장 의、소 진 여 복 병 생 어 금 지 세,

曾不能得掌故⁵, 安敢望常侍侍郎乎?"
증 불 능 득 장 고⁵, 안 감 망 상 시 시 랑 호?"

—「골계열전」

---

1 共難之(공난지): 함께 그를 곤란하게 만들다. '難(난)'은 '곤란하게 하다'라는 뜻이다.
2 萬乘(만승): 만 대의 수레. 천자가 거느릴 수 있는 병거(兵車)의 수. '천자'를 지칭한다.
3 侍郎(시랑): 관직명. 진한(秦漢) 때 낭중령(郎中令)의 속관(屬官).
4 執戟(집극): 관직명. 진한 때 궁정의 시위관(侍衛官).
5 掌故(장고): 관직명. 한대에 궁정 예절을 관리, 감독했다.

▶ 한번은 궁에 모인 박사와 여러 선생들이 서로 의논을 하다가 함께 동방삭(東方朔)을 비난했다. "소진과 장의는 일단 군주를 만나기만 하면 경상(卿相)의 지위에 올랐으며, 은택이 후대에까지 미쳤다. 지금 그대는 대부이다. [⋯] 관직은 시랑(侍郞)에 지나지 않고 지위는 집극(執戟)에 불과하다. 혹시 무슨 잘못이 있었는가? 이유가 무엇인가?" 동방삭이 말했다. "이것은 진실로 당신들이 알 수 없는 것이오. 그때는 그때이고, 지금은 지금이니 어찌 함께 논할 수 있겠소! [⋯] 가령 장의나 소진이 나와 함께 지금 시대를 살고 있다면 장고(掌故)의 자리조차 얻지 못했을 것이오. 어찌 감히 상시(常侍)나 시랑이 되길 바랄 수 있었겠소?"

---

동박삭은 박학다식함으로 이름을 알렸다. 한무제가 천하의 인재들을 모집한다는 조칙을 내렸을 때 동방삭이 장안에 와서 3천 편의 목간에 글을 적어 올렸는데, 무제가 두 달 동안 그 문장을 다 읽었다는 이야기가 있다. 무제가 그렇게 오랜 시간 글을 읽었다는 것은 동방삭의 글이 무제의 마음을 움직였다는 뜻일 것이다. 이후 무제는 동방삭을 낭관(郞官)에 봉했고, 종종 불러 면담을 나누었다. 황제가 이토록 그를 총애하자 주변의 신하들은 그를 질투하며 기회가 있을 때마다 그를 골탕 먹이려고 했는데 동방삭은 늘 재치 있는 구변으로 그들을 눌렀다.

**역사를 사로잡은 명문장**

삼국시대 제갈량은 벼슬길에 나서기 전에 자신을 관중과 악의에 비유했다. 이들은 춘추전국시대의 유명한 재상과 장군으로, 난세를 당한 제갈량이 롤모델로 삼은 인물들이다. 하지만 후대 사람들은 제갈량을 평가하면서 그를 이윤(伊尹)이나 주공(周公)에 비유했으며, 어떤 이는 그가 소하나 조참보다 못하다고도 했다. 이렇게 다른 평가가 나오는 것은 시대적 상황이 다르면 제대로 된 평가를 내리기 어렵기 때문이다. 다른 시대의 인물들을 나란히 놓고 진지하게 우열을 평가하는 일은 지양해야 한다.

### 명문장의 활용

"그때는 그때이고, 지금은 지금이다(彼一時也, 此一時也)"라는 말을 이 순서대로 사용하지 않고 "지금은 지금이고, 그때는 그때이다(此一時也, 彼一時也)"라고 말한다면, 일이 벌어진 후에 책임을 회피하는 변명이 된다. 이 경우에는 "때에 따라 적당히 행동한다(因時制宜)"라는 표현을 쓰는 것이 더 적당하다.

# 늙어 죽을 때까지
## 서로 왕래하지 않는다

096

老子曰:"至治之極, 鄰國相望, 鷄狗之聲相聞,
노 자 왈 : " 지 치 지 극 , 인 국 상 망 , 계 구 지 성 상 문 ,

民各甘其食, 美其服, 安其俗, 樂其業,
민 각 감 기 식 , 미 기 복 , 안 기 속 , 락 기 업 ,

至老死不相往來."
지 노 사 불 상 왕 래 ."

必用此爲務, 輓¹近世涂²民耳目, 則幾無行矣.
필 용 차 위 무 , 만¹근 세 도²민 이 목 , 즉 기 무 행 의 .

―「화식열전(貨殖列傳)」

---

1 輓(만): '晩(만)'과 통한다. '輓近(만근)'은 '현재와 가까운 시기'라는 뜻이다.
2 涂(도): 가리다.

▶ 노자가 말했다. "지극히 잘 다스려지는 시대에는 이웃 나라끼리 바라볼 수 있고 닭 우는 소리와 개 짖는 소리가 서로 들릴 정도인데, 백성들은 제각기 자기 음식을 달게 먹고 자기 옷을 아름답다 여기며, 자기 습속을 편히 여기고 자신들의 일을 즐기며, 늙어 죽을 때까지 서로 왕래하지 않는다." 이런 것들을 요즘 세상에 이루려면 백성들의 귀와 눈을 막아야 하니 아마도 실행할 수 없을 것이다.

---

노자는 중국의 유명한 사상가로, 현재까지 회자되는 많은 명언을 남겼다. 그가 이상적으로 생각했던 것은 원시 부락 사회였다. 천자는 함께 모시는 주인[共主]에 불과했고, 제후의 '국(國)'도 도성 안과 그 주변 지역에 불과했기 때문에 원문에서 인용한 구절처럼 말했던 것이다.

진(秦)나라는 6국을 멸한 뒤에 문자와 도량형을 통일시키고 도로를 정비했으며, 무제(武帝)의 시기에는 화폐를 통일해 경제 규모가 비약적으로 커졌다. 그래서 「화식열전」의 첫머리에 노자의 말을 인용하기는 했지만 그것이 현실 상황에 맞지 않는다는 단서를 달아둔 것이다.

### 역사를 사로잡은 명문장

진대(晉代) 도연명(陶淵明)이 쓴 「도화원기(桃花源記)」를 보면, 작은 마을에 살고 있는 한 무리의 사람들이 등장한다. 그들이 살고 있는 마을은 닭 우는 소리와 개 짖는 소리가 서로 들릴 정도로 작았다. 어부가 길을 잃고 그곳으로 찾아오자 사람들은 그를 환대했다. 그들은 원래 진(秦)의 폭정을 피해 그곳에 정착한 사람들로, 바깥세상의 일에 대해서는 아무것도 알지 못한 채 그 안에서 행복하게 살고 있었다. 그들은 떠나는 어부를 향해 절대로 이곳을 다른 사람에게 알리지 말아달라고 당부했다.

작가 도연명은 적은 봉록 때문에 소인배에게 허리를 굽히는 일이 싫어 유유자적한 전원생활을 택한 사람이다. 그의 작품에서 노자의 분위기가 느껴지는 것은 이상하지 않다. 그러나 도화원과 같은 이상향이 실재하지 않는 이상, 현실에 염증을 느낀 사람이 택할 수 있는 방법은 혼자 은거하면서 외부와 교류하지 않는 것뿐이다.

### 명문장의 활용

"늙어 죽을 때까지 서로 왕래하지 않는다"라는 말은 오늘날에 좋았던 관계가 틀어져 서로 만나지 않는 경우에 자주 쓰인다. 현대사회에서는 같은 아파트에 살며 같은 엘리베이터를 타면서도 이야기를 나누지도, 안부를 묻지도 않는다. 이것은 노자가 말한 본래의 의도와는 사뭇 다르다.

# 비싼 물건은 오물을 버리듯이 내다 팔고, 싼 물건은 구슬을 손에 넣듯이 사들인다

## 097

昔者越王句踐困於會稽之上, 乃用范蠡、計然[1].
석 자 월 왕 구 천 곤 어 회 계 지 상, 내 용 범 려, 계 연[1].

計然曰: "[…]論其有餘不足, 則知貴賤.
계 연 왈: "[…]논 기 유 여 부 족, 즉 지 귀 천.

貴上極則反賤, 賤下極則反貴.
귀 상 극 즉 반 천, 천 하 극 즉 반 귀.

貴出如糞土, 賤取如珠玉.
귀 출 여 분 토, 천 취 여 주 옥.

財幣欲其行如流水."
재 폐 욕 기 행 여 유 수."

—「화식열전」

---

1  計然(계연): 춘추시대 사람으로 이름은 신연(辛硏), 계산에 정통해서 '계연(計然)'이란
별칭을 갖게 되었다. 월나라에서 벼슬했고, 범려는 그를 스승으로 삼아 만금(萬金)을
모았다.

▶ 옛날에 월왕 구천은 회계산에서 고통을 겪으면서 범려와 계연(計然)을 등용했다. 계연이 말했다. "[…] 물건이 남아도는지 모자라는지 알면 그것이 귀한지 천한지 알 수 있습니다. 비쌀 대로 비싸지면 헐값으로 돌아가고, 쌀 대로 싸지면 비싼 값으로 돌아갑니다. 비싼 물건은 오물을 버리듯이 내다 팔고, 싼 물건은 귀한 구슬을 손에 넣듯이 사들입니다. 물건과 돈은 흐르는 물처럼 원활하게 유통시켜야 합니다."

---

계연의 선조는 진(晉)나라에서 망명한 공자였다. 계연은 월왕 구천에게 열 개의 정책을 제안했는데, 10년간 그중 다섯 개를 시행하자 나라가 부강해졌다. 창고는 가득 차고 무기는 풍족해졌으며, 사졸들은 적을 두려워하지 않는 용맹함을 갖추었다. 마침내 월나라는 오왕 부차를 격파하고 중원을 제패했다.

범려는 공을 이루고 난 뒤 물러나서 계연의 계책을 상업에 응용해 보기로 마음먹었다. 배를 타고 월나라를 떠난 범려는 과연 거부(巨富)가 되었다.

**역사를 사로잡은 명문장**

계연의 이론은 현대의 금융 정책에도 도입할 수 있다. 시대가 달라지면서 사회가 변했지만 사람들의 본성과 경제 법칙에는 변하지 않는 부분이 있기 때문이다. 증권시장을 놓고 보아도 본문에서 말한 계연의 말이 그대로 적용되는 것을 확인할 수 있다. 다만 기본 원칙이 동일하다고 해도 현대의 경제 상황은 이전보다 훨씬 복잡하기에 보다 많은 변수를 고려해야 한다.

**명문장의 활용**

"비싼 물건은 오물을 버리듯이 내다 팔고, 싼 물건은 구슬을 손에 넣듯이 사들인다".

이는 일종의 역발상이다. 경제 원리에 대해 통달하고 대단한 실천력을 지닌 사람이어

야만 실행할 수 있다. 이 말은 다음에 살펴볼 "남들이 버리면 나는 취하고, 남들이 취하

면 나는 준다(人棄我取, 人取我與)"와 통하는 면이 있다.

# 남들이 버리면 나는 취하고, 남들이 취하면 나는 준다

## 098

當魏文侯時, 李克務¹盡地力, 而白圭樂觀時變.
당 위 문 후 시, 이 극 무¹진 지 력, 이 백 규 락 관 시 변.

故人棄我取, 人取我與. [⋯]
고 인 기 아 취, 인 취 아 여. [⋯]

趨時²若猛獸摯鳥³之發.
추 시²약 맹 수 지 조³지 발.

故曰: "吾治生産, 猶伊尹、呂尙之謀, 孫吳用兵,
고 왈: "오 치 생 산, 유 이 윤、여 상 지 모, 손 오 용 병,

商鞅行法是也."
상 앙 행 법 시 야."

—「화식열전」

---

1 務(무): 힘쓰다.

2 趨時(추시): 때에 맞추어 행동하다.

3 摯鳥(지조): 사나운 새. 맹금(猛禽).

▶ 위문후 때 이극은 토지의 생산력을 발휘시키는 데 힘을 기울였고, 백규(白圭)는 시세 변동을 살피기를 좋아했다. 그래서 백규는 사람들이 버리고 돌아보지 않을 때는 사들였고, 사람들이 사들일 때는 팔아넘겼다. 시기를 보아 나아가는 것이 마치 사나운 짐승이나 새처럼 빨랐다. 그는 이렇게 말했다. "나는 산업을 운영할 때 이윤(伊尹)과 여상(呂尙)이 계책을 꾀하듯이, 손자(孫子)와 오자(吳子)가 군사를 쓰듯이, 상앙이 법을 시행하듯이 한다."

---

이윤은 상(商)의 개국공신인 재상으로, 탕임금을 보좌해 하의 걸왕을 물리쳤다. 이후 외병(外丙), 중임(中壬), 태갑(太甲)을 보좌했는데, 태갑이 방탕하게 굴자 그를 쫓아내고 직접 정치를 담당했으며, 훗날 태갑이 뉘우치자 다시 불러와 복위시켰다. 이윤은 정책을 시행할 때 반드시 널리 포고하여 알린 뒤에 시행했다. '강태공(姜太公)'이라는 이름으로 잘 알려진 여상은 주무왕을 도와 주왕을 물리친 재상으로, 매사에 철저히 계획을 세운 뒤에 실행했다.

손자와 오기는 병법의 대가이다. 상앙은 변법을 시행하여 진(秦)나라를 부강하게 만들었다. 그는 우선 믿음을 얻은 뒤에 강하고 공정하게 정책을 시행해 백성들을 복종시켰다.

백규의 '술(術)'은 수요를 파악하고 싼 물건을 사서 비싸게 파는 것이 기본이었지만, 그의 '도(道)'는 이윤이나 강태공과 마찬가지로 계획적이었고, 손자나 오자처럼 신속했으며, 상앙처럼 위엄과 신의를 세우는 식이었다.

### 역사를 사로잡은 명문장

훌륭한 제왕들을 보좌했던 여러 장수와 재상 들의 전략은 경제정책에도 그대로 적용할 수 있다. 구천, 위문후, 진효공, 한무제, 청건륭(淸乾隆) 등이 모두 좋은 예이다.

실제로 전쟁이란 것은 많은 자본을 필요로 하는 일이다. 국고(國庫)를 풍족하게 하고 민생을 안정시키는 것은 국제 무대에서 위신을 떨치기 위한 중요한 사전 작업이다. 이런 준비가 되어 있지 않으면 전쟁을 벌여도 패배할 수밖에 없다. 이런 면에서 대규모 토목공사로 재정을 낭비하고 대외 원정에서 패배한 수양제는 좋은 반면교사라고 할 수 있다.

### 명문장의 활용

"남들이 버리면 나는 취하고, 남들이 취하면 나는 준다"라는 말은 단순하게 '네가 버리면 나는 줍는다'는 것이 아니라, 보다 적극적으로 수요과 공급을 조절한다는 의미를 담고 있다. 정부가 이 일을 훌륭하게 해낼 수 있다면 백성들의 삶은 윤택해질 것이다.

# 순응하는 사람은 번창하고, 거스르는 사람은 망한다

## 099

夫陰陽四時、八位、十二度、二十四節各有教令[1],
부 음 양 사 시 、 팔 위 、 십 이 도 、 이 십 사 절 각 유 교 령[1].

順之者昌, 逆之者不死則亡. 未必然也.
순 지 자 창, 역 지 자 불 사 즉 망. 미 필 연 야.

故曰"使人拘[2]而多畏". 夫春生夏長, 秋收冬藏,
고 왈 "사 인 구[2]이 다 외". 부 춘 생 하 장, 추 수 동 장,

此天道之大經[3]也, 弗順則無以爲天下綱紀.
차 천 도 지 대 경[3]야, 불 순 즉 무 이 위 천 하 강 기.

故曰"四時之大順, 不可失也".
고 왈 "사 시 지 대 순, 불 가 실 야".

—「태사공자서(太史公自序)」

---

1 敎令(교령): 나라에서 반포하는 조례(條例).
2 拘(구): 속박, 구속.
3 大經(대경): 사람이 지켜야 할 당연한 도리, 상도(常道).

▶ 대저 음양가는 사시(四時), 팔위(八位), 십이도(十二度), 이십사절(二十四節)마다 각각 교령(敎令)이 있어, 여기에 잘 따르면 번창하고, 역행하면 죽거나 망한다고 했다. 하지만 음양가의 말이 반드시 옳은 것은 아니기에 (앞에서 음양가에 대해 논할 때) "사람으로 하여금 구속을 받게 하고 꺼리는 것이 많다"라고 했다. 봄에 태어나고, 여름에 성장하고, 가을에 거두어들이고, 겨울에 저장한다고 하는 것은 자연계의 대법칙이니, 여기에 순종하지 않는다면 천하의 기강을 바로 세울 수 없기 때문에 (앞에서) "사계절이 돌아가는 큰 순서는 놓쳐서는 안 된다"라고 했다.

---

사마천은 「태사공자서」를 맨 뒤에 두어 자신의 집안, 공부한 내용, 저작 동기 등을 기술하고 아울러 철학과 역사관 및 가치관에 대해서도 언급했다.

그가 말한 '육가(六家)'는 음양가, 유가, 묵가, 명가, 법가, 도가를 말한다. 이에 관해 말하면서 『주역(周易)·계사(繫辭)』를 인용해 "천하의 학설은 하나이나 여기에 이르기 위해 온갖 생각을 다 하고, 비록 길은 다르지만 귀착점은 같다"라고 한 뒤에 육가의 학설을 하나하나 논했다. 각 학파의 장점과 단점을 조목조목 설명했다.

**역사를 사로잡은 명문장**

한 해의 운수가 좋지 않은 때를 만난 사람은 이른바 '안태세(安太歲)'라는 의식을 행하기도 한다. '태세'는 원래 목성을 가리키는데, 서양에서는 제우스가 목성의 신에 해당한다. 중국에서는 목성의 공전주기가 약 12년이라는 이유로 십이지를 담당하는 별로 여기고 '세성(歲星)'이라 불렀다. 또한 도교에서는 '대세성군(大歲星君)'이라는 이름으로 신격화되어 흉신(凶神)의 대표 격으로 가장 두려워했다. 때문에 그 해에 불길한 운수를 가진 띠를 가진 사람은 '범태세(犯太歲)', 즉 태세의 뜻을 거슬렀다고 하여 태세를 안정시킬 필요가 있다고 생각한 것이다. 이런 미신은 음양가의 학설과 연관이 깊다.

### 명문장의 활용

"순응하는 사람은 번창하고, 거스르는 사람은 망한다"라는 말은 정치 사회의 각 방면에서 두루 활용할 수 있는 말이다. 예전에는 하늘의 뜻을 따르는 것이 가장 중요했지만, 민주 사회에서는 하늘 대신에 백성이란 말을 넣어서 응용할 수 있다.

터럭 끝만큼 틀렸어도
천 리나 차이가 난다

# 100

春秋之中, 弑君三十六, 亡國五十二,
춘 추 지 중, 시 군 삼 십 육, 망 국 오 십 이,

諸侯奔走不得保其社稷[1]者不可勝數.
제 후 분 주 부 득 보 기 사 직[1] 자 불 가 승 수.

察其所以, 皆失其本已. 故易曰, "失之毫釐[2]
찰 기 소 이, 개 실 기 본 이. 고 역 왈, "실 지 호 리[2]

差以千里". 故曰, "臣弑君, 子弑父,
차 이 천 리". 고 왈, "신 시 군, 자 시 부,

非一旦一夕之故也, 其漸久矣".
비 일 단 일 석 지 고 야, 기 점 구 의".

故有國者不可以不知春秋.
고 유 국 자 불 가 이 부 지 춘 추.

—「태사공자서」

---

**1** 社稷(사직): 본래 토지 신과 곡식 신을 지칭하는 것에서 비롯하여 '나라'를 나타낸다.
**2** 毫釐(호리): 대단히 미세한 정도를 비유한다.

▶ 『춘추』에는 시해당한 군주가 36명이고, 멸망한 나라가 52개국이며, 달아나 유랑하면서 자신의 사직마저 보존하지 못한 제후들은 헤아릴 수 없이 많다. 그 원인을 살펴보면 근본을 잃어버렸기 때문이었다. 그러므로 『주역』에서는 "터럭 끝만큼 틀렸어도 천 리나 차이가 난다"라고 했다. 또 "신하가 군주를 시해하고 아들이 아버지를 시해하는 일은 하루아침의 원인으로 일어나는 사건이 아니니, 그 원인이 오랫동안 쌓인 것이다"라고 했다. 그런 까닭에 나라를 가진 자가 『춘추』를 몰라서는 안 된다.

---

사마천은 자신을 『춘추』를 지은 공자에 비유했다. 또 그는 "주공으로부터 공자까지 5백 년이 흘렀고, 공자가 세상을 떠난 뒤로 지금까지 5백 년이 되었으니, 내가 어찌 이 책임을 감히 미루겠는가!"라고, 보다 직접적으로 언급하기도 했다.

공자가 『춘추』를 짓자 난신적자(亂臣賊子)들이 두려워했다. 공자는 난신적자들을 직접적으로 성토하는 한편, 은회(隱晦), 즉 은연중에 비난의 뜻을 드러내는 방식으로 부덕한 군주가 나라를 잃게 되는 상황을 우회적으로 비난했다.

후대의 보수파들은 사마천의 『사기』를 '비방서(誹謗書)'로 규정하기도 했다. 사마천이 궁형을 당한 뒤에 한을 품고 한(漢) 천자들의 잘못을 숨김없이 폭로했다는 것이다. 그러나 실록을 기술하는 것이 역사가의 의무라면 황제의 잘못을 감추어버리는 것이야말로 직분을 저버리는 것이 된다.

### 역사를 사로잡은 명문장

당태종 이세민(李世民)은 말했다. "구리로 거울을 만들어 의관(衣冠)을 바로 고칠 수 있고, 역사를 거울삼아 흥망을 알 수 있다." 그는 늘 여러 신하들에게 "수양제가 왜 멸망했는가?"라고 물었다.

책의 앞부분에서 여러 차례 언급했듯이 한고조 유방도 신하들에게 늘 물었다. "항우는 왜 천하를 잃었으며, 나는 왜 천하를 얻었는가?" 자신의 승리를 뽐내고 싶은 마음도 있었겠지만 동시에 이전에 망한 자들을 경계로 삼으려는 뜻도 찾아볼 수 있다. 이 말은 사마천이 했던 경고에도 부합한다.

### 명문장의 활용

국가를 이끄는 지도자의 정치 철학은 반드시 명확해야 한다. 활을 쏠 때 약간의 어긋남이 있으면 화살이 과녁에 도달했을 때는 크게 빗맞을 수밖에 없다. 마찬가지로 백성을 위해서가 아니라 자신의 권위를 위해 정치를 펼친다면, 그 정책은 아무리 좋은 것이라도 결국에는 크게 어그러질 수밖에 없다.

# 사기(史記)의 저술 배경과 과정 양중석

## 한漢 왕조王朝의 성립

> 항우는 포학했지만 한왕은 공을 세우고 덕을 베풀었다. 촉한(蜀漢)에 봉해지
> 자 분노하여 돌아와 삼진을 평정했다. 항우를 죽여 제왕의 업적을 이루었으
> 며, 천하가 안정되자 제도를 고치고 풍속을 바꾸었다. 고조본기 8권을 지었
> 다. 『사기·태사공자서(太史公自序)』

진(秦)은 육국(六國)을 병합하여 전국시대(戰國時代)의 혼란을 종식하
고 제국을 건설했지만 강압적인 통치로 인해 민심을 얻지 못했다. 결
국 짧은 시간을 지배한 뒤 멸망했고, 중원은 다시 혼란기에 접어든다.
항우와의 마지막 싸움에서 승리하고 혼란기를 끝낸 한 고조 유방은,
『사기』에서 묘사하고 있는 것처럼 잔혹한 공신 숙청의 과정을 거친
뒤 제국의 기틀을 완성했다.

　통일 이후 한의 통치자들은 진이 짧은 시간 안에 육국(六國)을 멸
망시키고 패권을 차지했다가 얼마 못 가고 망한 이유에 대해서 고민
했다. 가의(賈誼)는 「과진론(過秦論)」에서 진이 단명한 이유 중 하나로
'인의(仁義)를 베풀지 않았기 때문'이라는 답을 내놓았다. 사실 가의
가 분석을 내놓기 전 뛰어난 정치 감각을 가진 유방은 이미 상황을 간

파하고 효과적인 해결책을 제시했다.

패공(沛公) 유방은 여러 현의 어른들과 호걸들을 불러놓고 말했다. "어르신들께서 진의 가혹한 법령에 오랫동안 시달리셨습니다. 그동안 조정을 비방하는 사람은 멸족의 화를 당했고 모여서 의론하는 사람들은 저잣거리에서 사형을 당했습니다. 저는 제후들과 제일 먼저 관중에 진입하는 자가 왕이 되기로 약조했으니, 마땅히 관중의 왕이 될 것입니다. 이제 어르신들에게 세 가지 법령만을 약속합니다. 사람을 죽이는 자는 사형에 처하고 사람을 다치게 하는 자와 남의 물건을 훔치는 자는 그 죄에 따라서 처벌할 것입니다. 이밖에는 진나라의 법령을 모두 폐지하여 모든 관리와 백성들이 예전처럼 안락한 생활을 누리게 할 것입니다. 제가 이곳에 온 것은 어르신들을 위해서 해악을 없애려는 것이지 포학한 짓을 하려는 것이 아닙니다. 두려워하지 마시지요."

유방은 약법삼장(約法三章)으로 대표되는 유순한 통치 방식을 통해 성공적으로 민심을 획득한다. 유방이 진 왕조에게 수혜를 받은 면도 분명히 존재한다. 예를 들면 진이 실시한 분서갱유와 같은 일들이다. 전국시대 학술 부흥의 산물인 제자백가의 다양한 학파들은 일원적인 국가체제를 정립하기 위해서 어떤 방식으로든 정리될 필요가 있었다. 진이 이들을 정리해 주었기에 한은 통일제국 초기에 겪게 될 근심 하나를 덜게 되었다. 아울러 유방이 백성들의 마음을 빠르게 얻을 수 있었던 것은 진이 펼친 잔혹한 폭정 덕분이기도 했다.

　승리를 거둔 유방의 신분은 원래 항우에 견줄 수 없을 만큼 미천했으며, 그를 따르던 사람들도 대부분 시정잡배라고 불리는 자들이었다.『사기』에서는 당시의 상황을 다음과 같이 생동감 있게 서술하고 있다.

여러 신하들은 술만 마시면 자신의 전공(戰功)을 경쟁적으로 내세웠다. 술에 취하면 함부로 큰 소리로 부르짖거나, 칼을 뽑아 궁전의 기둥을 치기도 했다…. 숙손통(叔孫通)은 천자가 싫어하는 것을 알아채고 다음과 같이 아뢰었다. "대체로 유학자는 나아가 빼앗는 일에는 참여하기 어려우나 이미 이루어진 일을 함께 지키기에는 적합합니다. 부디 노나라의 여러 학자를 부르시어 저의 제자들과 함께 조정의 의례 법식을 제정토록 하여 주십시오." 그러자 고조가 물었다. "어렵지 않게 할 수 있겠는가?" 이에 숙손통이 대답했다. "옛날에 오제는 각각 음악을 다르게 정했고, 삼왕은 각기 예법을 달리 정했습니다. 이러한 것은 상황이나 인정에 의하여 간략하게도 하고 또 이리저리 꾸미기도 하는 것입니다. … 저는 고대의 예와 진의 예법을 두루 취하여 종합하여 만들려고 합니다." "한번 만들어 보시오. 그러나 알기 쉽게 하고 내가 실행할 수 있는가를 헤아려서 만들도록 하시오."

항우를 물리치고 처음 한을 건설했을 당시, 유협집단 속에서 권위를 세우지 못해 전전긍긍하고 하던 유방은 마침내 숙손통의 건의를 받아들여 왕실의 의례를 제정하기로 결심한다. 평소 형식만을 중시하는 유학자들을 무시해왔던 유방이었지만, 말 위에서 천하를 얻었다고 말 위에서 천하를 다스릴 수는 없는 노릇이었다.

유방을 설득하는 숙손통의 '진의 예법을 두루 취하여'라는 말을 보면, 막 중원을 제패한 한이 진을 답습하는 일은 당시에도 크게 금기시 할 사실은 아니었던 것으로 보인다. 훗날 왕망(王莽)에 반발해서 봉기했던 군웅들이 대부분 전한(前漢)을 재건할 것을 기치로 삼았던 것에 비하면, 진의 폭정에 반발했던 사람들은 진을 물리치겠다는 공통점이 있었을 뿐 재건하고자 하는 일정한 대상이 없었다. 포악한 진을 무너뜨리겠다는 일념으로 싸워서 승리한 집단에서, 타도 대상이었던 진의 제도를 참고하겠다며 건의하고 이를 수용하는 과정이 아무렇지도 않게 그려지고 있는 점은 흥미롭다. 숙손통은 유방의 당부를 지켜 '알기 쉽게 실행할 수 있도록' 의례를 제정했다.

고제가 말했다. "나는 오늘에야 비로소 황제가 존귀하다는 것을 알았다." 마침내 숙손통을 태상(太常)에 임명하고 황금 5백 근을 하사했다. 숙손통이 나아가 말했다. "제자인 유생들은 오랫동안 저를 따랐고, 함께 의례를 제정했습니다. 바라옵건대 폐하께서는 그들에게 벼슬을 내려주십시오." 고제는 그들은 모두 낭관에 임명했다.

연회는 비로소 품위를 갖추게 되었고 숙손통을 따랐던 유학자들은 포상을 받았다.

이후 잔혹한 공신 숙청의 과정을 거친 뒤 황제의 권위는 확립되었다. 고조 사후에 여후(呂后)에 의해 섭정(攝政)이 이루어지고 여씨 일족에 의해 유씨의 천하가 위협을 받기도 했지만, 문제(文帝)와 경제(景帝)의 치세로 무제시기의 한은 전성기를 맞이한다.


## 무제 시기의 왕조 부흥, 사기 저술의 사회적 기반

사마천이 살았던 시기의 황제 무제는 문경지치의 '경'에 해당하는 경제의 아들이다. 경제는 14명의 황자(皇子)를 두고 있었는데, 황후와의 사이에는 아들이 없었고 첩실 율희(栗姬)가 낳은 황자가 첫번째 황태자였다. 경제의 누이인 관도장공주(館陶長公主)는 자신의 딸을 황태자의 비로 들여 세력을 공고히 하려고 했으나, 율희는 이를 거부했다. 관도장공주는 경제에게 황태자를 다시 옹립할 것을 요구했고, 다시 옹립된 것이 바로 일곱 살의 무제였다. 무제의 고모인 관도장공주는 자신의 딸을 정처로 맞이하라는 조건을 걸고 무제를 지지했다. 경제가 붕어한 뒤 무제가 황제의 자리에 오르자 약속대로 고모의 딸은 그의 황후가 되었다. 바로 무제의 첫번째 황후인 진황후(陳皇后)이다.

　문제와 경제의 시기를 거치면서 반세기 이상 지속된 평화 덕분에 다져진 기틀 위에서 젊은 황제는 예악의 매력에 끌리게 되었으나, 도교(道敎)에 심취되어 있던 무제의 할머니 두태후(竇太后)는 손자인 젊은 황제가 유학에 몰입하는 것을 걱정했다. 두태후는 자신의 딸이자 무제의 장모인 관도장공주를 이용하여 손자인 무제를 견제한다. 진황후를 정처로 맞이한 덕분에 황제의 자리에 오르게 되었지만, 주변 상황은 무제에게 그다지 편하지만은 않았다. 이 때 무제의 누이였던 평양공주(平陽公主)의 주선으로 위자부(衛子夫)를 만나게 되었다. 그녀가 바로 두번째 황후인 위황후이다. 위황후는 세 명의 황녀를 낳았다. 두태후가 세상을 떠난 뒤에도 무제는 계속해서 모친인 왕씨(王氏) 일가의 간섭을 받았다. 그 중심에는 왕태후의 이부제(異父弟)인 전분(田蚡)이 있었다. 『사기』에서는 젊은 황제와 외척 사이의 갈등을 다음과 같이 묘사하고 있다.

**전분은 종종 평민을 추천하여 단숨에 이천 석의 녹봉을 받는 벼슬로 올렸다. 그의 권세는 주상을 움직일 정도였다. 결국 황제가 말했다. "그대는 관리 임명이 끝났는가? 나도 관리를 임명하고 싶구나." 한번은 승상이 집을 늘리려**

고 도구를 만드는 관청에 속한 땅을 청하자 황제가 화를 내며 말했다. "그대는 어찌 나라의 무기창고를 청하지 않는가?"

무제의 나이 26세, 전분이 죽고 나서야 간섭에서 벗어나 뜻을 펼칠 수 있게 되었다. 무제는 위자부의 남동생 위청(衛靑)을 만나본 뒤 바로 무관에 발탁하고 다른 형제들에게도 작위를 내린다. 전분이 죽은 이듬해, 무고(巫蠱)에 연루된 진황후는 실각되어 장문궁(長門宮)으로 축출된다. 이후 위황후는 황태자를 낳았지만, 무제 나이 예순 살이 넘었을 때 강충(江充)의 모함을 받은 황태자는 반란을 일으키고 자결한다. 훗날 무제는 황태자의 억울함을 알고, 사자궁(思子宮)과 귀래망사(歸來望思)라는 대(臺)를 지어 자신의 잘못을 후회했다.

무제는 세대를 거치면서 공고해진 중앙집권 체제를 바탕으로, 대외적으로는 주변 이민족들을 복속시키고 대내적으로는 정치 개혁과 인재 모집을 통해 통치제도를 정비한다. 진이 단명한 원인을 다각도로 분석하는 과정에서 나온 학술적 부흥과 서한 시기의 문화적 발전이 가져다준 풍부한 사료의 확보는 『사기』 저술의 밑바탕이 되었다. 진의 분서갱유로 소실되었던 많은 자료들은 정책적으로 정리되었다. 『춘추(春秋)』, 『상서(尙書)』, 『좌전(左傳)』, 『국어(國語)』, 『전국책(戰國策)』 등의 서적이 없었다면 『사기』와 같은 대작은 완성되기 힘들었을 것이다.

## 사마천의 가문과 부친의 유언

승리자의 업적이 주를 이루는 역사서의 속성상, 황제나 그의 조상에 대한 기록은 어느 정도 과장되기 마련이다. 사마천은 자신의 역사서 맨 마지막에 자서를 붙여놓았는데, 여기에서 사마천의 조상에 대한 상세한 기록을 발견할 수 있다. 선조에 대한 상세한 내력 소개는 사마 담이 유언에서 말한 '양명(揚名)'의 구체적인 실현을 보여준다. 「태사공 자서(太史公自序)」에서 밝히고 있는 가문의 내력은 대략 다음과 같다.

> 전욱제의 신하였던 북정(北正) 여(黎)의 후손인 휴보(休甫)는 주(周) 선왕(宣王) 때에 관직을 잃고 사마씨(司馬氏)가 된 이래로, 대대로 주(周)나라의 역사(歷史)를 주관했다. 이후 주(周)를 떠나 진(晉)에 들어갔다가, 진의 장수 수회(隨會)가 진(秦)으로 망명할 적에 그를 따라 다시 소량(少梁)으로 이주했다. 진 혜문왕 앞에 서 장의와 논쟁을 벌여 승리했던 사마조(司馬錯)는 사마천의 8대조이다. 논쟁에서 승리한 사마조는 직접 군대를 이끌고 촉(蜀)을 정벌하고 마침내 촉(蜀)의 태수(太守)가 되었다. 사마조의 손자 사마근(司馬靳)은 무안군(武安君) 백기(白起)를 섬겼다. 사마근의 손자인 사마창(司馬昌)은 진의 주철관(主鐵官)을 지냈고, 그의 손자 사마희(司馬喜)는 오대부(五大夫)를 지냈다. 사마희의 아들인 사마담(司馬談)은 태사령(太史令)이 되어 천관(天官)을 맡았는데, 그가 바로 사마천의 부친이다.

무제가 옛 왕들의 봉선의식(封禪儀式), 즉 산천(山川)에 대한 제사 의식을 재현하여 천하를 차지했음을 널리 알리고자 했을 때, 천관을 맡고 있던 사마담은 여기에 참여하지 못했다. 결국 실의한 채 맞게 되는 죽음을 앞두고 아들 사마천에게 다음과 같은 유언을 남긴다.

우리 조상은 주(周)나라 왕실의 태사(太史)였다. 우리는 우하(禹夏) 시대에 공명을 높이 세운 이래로 천문에 관한 일을 주관해왔다. … 내가 죽은 뒤에 너는 반드시 태사가 되어야 한다. 태사가 되어서 내가 하고 싶어 했던 논저를 잊어버리지 말고 네가 이루어주기 바란다. … 유왕(幽王)과 여왕(厲王) 이후로 왕도가 사라지고 예악이 쇠퇴하자 공자께서 예로부터 전해 내려오던 전적을 정리하고 폐기되었던 예악을 다시 일으켜 『시』, 『서』를 논술하고 『춘추』를 지으시니, 학자들은 오늘날까지도 그것을 준칙으로 삼고 있다. … 이제 한나라가 흥성하여 천하가 통일되었는데, 그간에는 훌륭한 군주, 현명한 임금, 충신(忠臣), 의(義)를 위해 목숨을 바친 사(士)들이 많았지만, 나는 태사령의 직위에 있으면서도 천하의 역사를 폐기하고 말았다. 나는 이 점이 매우 두렵다. 너는 내 이런 심정을 잘 살펴주기 바란다!

사마담이 유언 중에 역사서술의 당위성에 대해 말하면서 『춘추』를 거론하고 있는 점은 주목할 만하다. 주지하다시피 『춘추』는 공자가 지은 역사책이다. 공자는 스스로 술이부작(述而不作), 즉 기술하되 새로운 글을 짓지는 않았다고 말했다. 하지만 사마담의 평가에 따르면 공자는 단순히 지난 역사를 기술만 한 것이 아니라 폐기되었던 예악을 일으켰으며, 역사에 대한 평가를 통해 후인들에게 삶의 지표를 제시하는 중대한 업적을 이루었다. 사건에 대한 준엄한 평가를 통해 난신적자(亂臣賊子)를 두려움에 떨게 만든 『춘추』를 지은 공자가 소왕(素王), 즉 무관(無冠)의 왕으로 칭송되는 점을 상기해보면, 사마담의 포부가 결코 작지 않음을 확인할 수 있다. 그는 유언을 통해 아들에게 실제로 왕자(王者)가 될 수 없는 사람이 후대에 명성을 얻을 수 있는 가장 커다란 길을 제시했던 것이다.

## 발분저서發憤著書 - 『사기』의 탄생

사마천은 「태사공자서」에서 자기 가문에 대한 서술이 끝난 뒤, 자신의 일생에 대해 다음과 같이 기술했다.

나 사마천은 천은 용문 (龍門)에서 태어나 황하의 서쪽과 용문산의 남쪽에서 농사를 짓고 목축을 했다. 나이 열 살이 되었을 때 고문 (古文)을 낭송했다. 20세가 되어서는 남쪽으로 장강과 회하로 유력하고, 회계산에 올라 우혈을 탐방하고 구의산을 살펴보고, 원과 상 두 강에서는 배를 탔다. 북쪽으로 문수, 사수를 건너가서 제와 노나라의 수도에서는 학술을 강론하고 공자의 유풍을 관찰했으며, 추와 역에서는 향사를 참관했다. 파, 설, 팽성 등에서는 한동안 곤란과 재액을 겪다가 양, 초를 거쳐 돌아왔다. 이 때 천은 낭중이 되어 조정의 사명을 받들어 서쪽으로는 파촉 이남 방면을, 남쪽으로는 공, 작, 곤명 등의 지방을 공략하고 돌아와 복명했다.

사마천 자신이 밝힌 젊은 시절의 행적은 그가 준비된 역사가라는 인상을 주기에 충분하다. 덧붙여 말하자면 역사의 진실을 찾아 떠난 그의 여행은 이상을 실현하기 위해 떠났던 공자의 주유천하를 연상시킨다. BC 108년, 사마담이 세상을 떠난 지 3년 뒤 38세의 나이로 태사령에 임명된 사마천은 5년이 지난 후 본격적인 역사 서술을 시작하던 중, 49세 때 이릉을 변호하다가 궁형을 당한다.

앞서 밝힌 대로 애초에 무제는 황위다툼에서 유리한 위치가 아니었으나 혼인관계를 통해 지위를 공고히 할 수 있었고, 황제의 자리에 오른 뒤에도 태후의 눈치를 보지 않을 수 없었다. 무제는 자신이 사랑했던 이부인(李夫人)의 혈육인 이광리(李廣利)를 중용했지만, 애석하게도 이광리는 무제의 기대에 부응하지 못했다. 이런 상황에서 사마천이 눈치 없게 감행했던 이릉(李陵)에 대한 변호는 이광리에 대한 비난으로 오해받았다. 무제의 역린(逆鱗)을 건드린 사마천은 옥에 갇히는데, 이릉이 항복한 뒤에 흉노의 병사들을 훈련시킨다는 오보는 사마천의 비극을 절정으로 치닫게 했다. 사형 선고를 받은 사마천은 속죄금이 없었기 때문에 살기 위해서 궁형(宮刑)을 선택했다. 궁형이라는 고난을 겪은 뒤 저술에 대한 뜻을 공고하게 다지는데, 이것이 「태사공자서」에서 밝힌 이른바 '발분저서(發憤著書)'이다.

> "대체로 시경과 서경의 뜻이 은미하고 말이 간략한 것은 마음속으로 생각하는 바를 펼쳐 보이려 했기 때문이다. 옛날 서백(西伯)은 유리(羑里)에 갇혀 주역을 풀이했고 공자는 진(陳)나라와 채(蔡)나라에서 고난을 겪고 춘추를 지었으며, 굴원(屈原)은 쫓겨나는 신세가 되어 이소(離騷)를 지었고, 좌구명(左丘明)은 눈이 멀어 국어(國語)를 남겼다. 손자(孫子)는 다리를 잘리고 병법을 논했고, 여불위(呂不韋)는 촉(蜀)나라로 좌천되어 세상에 여람(呂覽)을 전했고, 한비(韓非)는 진(秦)나라에 갇혀 세난(說難)과 고분(孤憤)편을 남겼다. 시 300편은 대체로 현인과 성인이 발분하여 지은 것이다. 이런 사람들은 모두 마음속에 울분이 맺혀 있는데, 그것을 발산시킬 수 없기 때문에 지나간 일을 서술하여 앞으로 다가올 일을 생각한 것이다."

예로부터 훌륭한 저술을 남겼던 선인들은 모두 큰 고난을 경험했다. 고난에서 쌓인 울분은 불후의 명작으로 이어졌다. 이 예시에 공자가 포함되어 있는 점은 주목할 만하다. 사마천은 자신을 공자에 견줄 경우에 닥치게 되는 위험을 피하기 위해서 어쩔 수 없이 거리두기를 하고 있으면서도, 마치 독자가 자신의 변명을 그대로 믿어버릴 것을 우려하는 것처럼 계속해서 상기시키고 있다. 사마천이 공자와 거리두기를 하는 이유는 자서에서 밝힌 호수(壺遂)의 질문을 통해 알 수 있다.

> 공자 시대에 위로는 밝은 군주가 없었고, 아래로는 공자 자신이 아무런 직위에도 임용되지 못했습니다. 그래서 공자는『춘추』를 지어 효력 없는 문장에 기탁하여 예의를 단정하여 이로써 제왕의 법전으로 삼는 수밖에 없었습니다. 그러나 선생은 위로는 밝은 천자를 만났고 아래로는 관직에 올라 있으니, 모든 일이 이미 갖추어졌고 국가의 모든 일이 제자리를 찾아 질서정연하다고 하겠는데, 선생의 논저에는 무엇을 밝히려고 하십니까?

만일『사기』와『춘추』를 동일시한다면 당시를 난세라고 인식한다는 위험한 고백이 되어버린다. 이 때문에라도 사마천은 공자와의 거리두기를 할 수 밖에 없는 것이다. '효력 없는 문장'이라 풀이한 '공문(空文)'이라는 말은 공자가 관직에 있던 것이 아니기 때문에 당세에 실질적인 영향력을 미칠 수 없었다는 표현이지, 공자의 문장에 대해 쓸데없다는 폄하를 한 것은 아니다. 물론 사마천이 부친의 당부와는 별개의 목적을 가지고『사기』를 창작했고, 호수에게 대답한 그의 말은 꾸밈이 없는 진심일 수도 있다. 그렇지만 여러 정황을 고려해보면 호수의 질문에 대한 사마천의 대답, 자신은 결코『춘추』를 본받은 것이 아니라는 항변은 어쩔 수 없는 변명으로 보인다.

당세의 민감한 사안에 대해 직접적으로 비판하는 것은 어려운 일이지만, 지나치게 감추어서 후세 사람들이 행간을 읽지 못하게 된다면 곤란하기는 마찬가지이다. 사마천은 이릉의 화를 당한 뒤 발분하여『사기』를 저술하게 된 상황을 설명하면서 다음과 같은 설명을 덧붙이고 있다.

**마침내 요순이래로 한 무제가 기린을 잡아 글쓰기를 마친 일까지 서술했으니, 황제(黃帝)에서부터 시작된다.**

사마천 자신은 결코 감히 공자의 작업을 따라하는 것이 아님을 재삼 강조했다. 하지만 획린(獲麟), 즉 기린을 잡은 사건에서 마무리를 짓겠다는 언급은 사마천의 변명을 그대로 믿을지도 모를 사람들을 어리둥절하게 만든다. 획린은 일각에서『춘추』를 저술하던 공자가 절필하게 된 계기로 드는 사건이다. 이 주장에 따르면 공자는 난세였던 노(魯) 애공(哀公) 시기에 치세의 길조(吉兆)로 여겨지는 기린이 잡혔다는 소식을 듣고 붓을 꺾었다. 이런 사실들을 놓고 보면 공자와 사마천,『춘추』와『사기』를 연결 짓지 말라는 사마천의 변명을 그대로 믿기에는 너무 많은 행적이 겹쳐진다.

　『춘추』와 마찬가지로『사기』에서도 단순히 역사를 기술[述]하는 데 그치는 것이 아니라, 사실에 덧붙여 적극적인 해석을 시도하고 있다. 일종의 평론이라고 할 수 있는 '태사공왈(太史公曰)'로 시작되는 논찬(論贊)은,『춘추』의 경문(經文)과『좌전』의 평가를 동시에 시도한 증거로 볼 수 있다. 사마천은 공자의 역할을 수행하는 동시에 본인의 메시지가 다른 사람에게 그대로 전달되길 바라는 욕망을 가지고 있었다. 공자의 애매한 표현은 후대 사람들에 의해 자의적으로 변용될 위험성이 있다. 사마천은 그 자신이 직접 상세한 설명을 덧붙임으로서 타인에 의한 자의적 변용의 위험을 막으려고 시도했다.

본인은 극구 부인하고 있지만, 사마천은 공자가 『춘추』를 쓴 것과 유사한 목적으로 『사기』를 저술했다. 『사기』가 담고 있는 과격한 내용을 생각해보면 이를 감춘 것이 자신을 감히 공자와 견줄 수는 없다는 겸양에서 비롯된 것만은 아니다. "명산에 감춰두고 수도에 부본을 두어 후세 성인군자들의 관람을 기다린다."는 사마천의 말을 남긴 속뜻은 여기에서 확인할 수 있다. 끝으로 한고조 유방에 대한 이야기는 사타케 야스히코 지음, 권인용 옮김, 이산 출판의 『유방』을, 항우에 관한 행적과 승패의 원인을 분석한 부분은 왕리췬 지음, 홍순도, 홍광훈 옮김, 김영사 출판의 『항우강의』를, 무제에 대한 자세한 행적은 요시카와 고지로 지음, 이목 옮김, 천지인 출판의 『한무제』에 각각 상세하고 흥미롭게 서술되어 있어 참고할 만하다.

# "성문 앞의 수레바퀴 자국이 두 마리 말이 만든 것이겠는가?"

이 책은 한 중국인 언론가가 『사기』에서 명구 백 개를 골라 쓴 모음집이다. 역자는 번역하는 과정에서 최대한 흔적을 남기지 않으려고 했다. 저자가 놓친 사기 원문의 사소한 오류를 수정할 때에도 굳이 이를 밝히지 않았고, 역주를 달아 이해를 도울 필요가 있는 부분에 대해서는 문장 안에서 풀어 설명을 덧붙였다. 출판사 측은 번역하는 과정에서 역자의 목소리를 낼 수 있는 권한을 충분히 주었지만, 역자는 다른 사람의 책을 우리말로 바꾸어 소개한다는 본연의 역할을 명심했다.

『사기』는 부연설명이 필요 없는 대작이다. 이에 관해서는 이미 많은 번역서와 해설서가 나와 있다. 역자가 알고 있는 한 최초의 완역서라고 부를 만한 책은 성균관대 중문과 연구자들이 공동 작업한 도서출판 까치의 번역본이다. 사실상 최초의 완역이라는 점을 인정한다면 이 번역본이 가진 사소한 몇 가지 문제들, 몇 군데 번역상의 오류라든지, 공동 작업이기 때문에 문체의 통일이 되어 있지 않다는 점을 지나치게 비판하는 것은 온당치 않다. 반외팔목(盤外八目)이라고 하지 않았던가? 옆에서 훈수 두는 사람들과 마찬가지로 타인의 번역에서 실수를 잡아내긴 쉽지만, 막상 그만큼 작업하기란 쉽지 않은 일이다. 첫 머리의 『맹자』 구절은 그런 의미에서 꺼내보았다. 이후에 나온

책들은 음으로 양으로 이 첫번째 완역본의 도움을 받았으리라 생각한다. 역자 역시 『사기』를 읽으면서 까치의 번역본에 의지한 바 크다.

　『사기』의 맛을 절실하게 느끼기 위해서는 원문으로 접하는 것이 가장 좋은 방법이지만 이는 현실적으로 쉽지 않다. 시중에 나와 있는 많은 사기관련 번역서나 해설서와 비교하자면, 이 책은 원문과의 거리감을 좁혀줄 수 있다는 장점을 갖고 있다. 전체가 아닌 짧은 명구만을 원문으로 보는 것은 그야말로 빙산의 일각이지만, 빙산의 전모를 보기 위해서는 일각을 보는 것에서 시작하는 것도 나쁘지 않은 방법이다. 이 책 『사기 명문장 100구』는 독자들에게 현란하진 않지만 성실한 길라잡이가 되어줄 것이라 믿는다.

　"현란하진 않지만 성실한" 이 책을 번역하면서, 역자가 이해한 내용을 가급적 있는 그대로 독자들에게 전달하려고 노력했다. 후기의 첫머리에서 흔적을 남기지 않으려 했다며 책임을 회피했지만, 책 속의 우리말이 이해되지 않는다면 그 부분은 분명 피할 수 없는 역자의 책임이다. 이 책을 통해 『사기』라는 거대한 빙산에 대한 독자들의 호기심을 조금이라도 만족시킬 수 있었으면 하는 바람이다.

2015년 8월

양중석

양중석 한양대 중문과를 졸업하고, 서울대 중문과에서 "사기 열전의 중출(重出) 사건 서
술양상"으로 석사 학위를, "한서의 사기 변용을 통해 본 사관의 글쓰기"로 박사
학위를 받았다. 현재 서울대, 한양대, 시립대 등에서 사기 관련 강의를 하고 있다.
『사기』와『한서』의 차이점과 각각의 저술 의도를 밝히는 데에 관심을 두고 연구하
고 있다. 역서로『문선』(공역)이 있다.

**온고지신 인문학 역사 2**

성공과 실패의 세상사 들여다보기
# 사기 명문장 100구

1판 1쇄 찍음 2015년 10월 22일
1판 1쇄 펴냄 2015년 11월 2일

**지은이** 공손책
**옮긴이** 양중석
**펴낸이** 정성원 · 심민규
**펴낸곳** 도서출판 눌민

**출판등록** 2013. 2. 28 제2013-000064호
**주소** 서울시 마포구 양화로 156, 1624호 (121-754)
**전화** (02) 332-2486    **팩스** (02) 332-2487
**이메일** nulminbooks@gmail.com

한국어판 ⓒ 도서출판 눌민 2015

Printed in Seoul, Korea

ISBN 979-11-956464-2-5 04140
     979-11-956464-0-1 (set)

이 도서의 국립중앙도서관 출판예정도서목록(CIP)은 서지정보유통지원시스템 홈페이지
(http://seoji.nl.go.kr)와 국가자료공동목록시스템(http://www.nl.go.kr/kolisnet)에서
이용하실 수 있습니다. (CIP제어번호: CIP2015028260)